KB168427

IT 분야 1위 저자 집필!

세상의 속도를
따라잡고 싶다면

Do it!

Java 8~20
모든 버전 가능!

초고속 입문서

비전공자도 첫날부터 실습하는

점프 투 자바

현직 자바 개발자가 핵심만 골랐다!
키보드 잡고 15일이면
자바 기초를 끝낸다!

위키독스 운영자 **박응용** 지음

특별 부록
'챗GPT와 자바'

이지스퍼블리싱

세상의 속도를 따라잡고 싶다면 **Do it!**
변화의 속도를 즐기게 됩니다.

Do it!
점프 투 자바

초판 2쇄 • 2024년 9월 9일
초판 발행 • 2023년 7월 20일

지은이 • 박응용
펴낸이 • 이지연
펴낸곳 • 이지스퍼블리싱(주)
출판사 등록번호 • 제313-2010-123호
주소 • 서울특별시 마포구 잔다리로 109 이지스빌딩 3층(우편번호 04003)
대표 전화 • 02-325-1722 | **팩스** • 02-326-1723
홈페이지 • www.easyspub.co.kr | **페이스북** • www.facebook.com/easyspub
Doit! **스터디룸 카페** • cafe.naver.com/doitstudyroom | **인스타그램** • instagram.com/easyspub_it

총괄 • 최윤미 | **기획 및 책임편집** • 신지윤 | **기획편집 2팀** • 한승우, 신지윤, 이소연
교정교열 • 박명희 | **표지 및 본문 디자인** • 박세진 | **인쇄** • 보광문화사
마케팅 • 권정하 | **독자지원** • 박애림, 김수경 | **영업 및 교재 문의** • 이주동, 김요한(support@easyspub.co.kr)

ISBN 979-11-6303-487-2 13000
가격 21,000원

《점프 투 자바》를 먼저 만난 독자들이 여러분께 추천합니다!

- 이 책 덕분에 자바를 정말 쉽게 이해할 수 있었습니다. ―로* 님
- 정독하면서 컴퓨터로 실습하니까 정말 이해하기 쉬워요! ―승* 님
- 위키독스를 통해 '점프 투 자바'를 먼저 읽었는데, 저자분 글솜씨가 좋아서 그런지 이해하기가 쉬워서 재미있었습니다. ―kha*** 님
- 다른 책들보다 자바를 이해하기 쉽게 설명해서 아리송했던 개념들을 한 번에 잘 정리했습니다. ―Wan*** 님
- 진짜 꼭 필요한 것만 모아 놓았어요! ―Ha*** 님
- 《점프 투 파이썬》으로 공부했는데, 《점프 투 자바》도 있네요! 두 권 모두 잘 정리해 주셔서 매우 유익했습니다. ―권** 님
- 쉽게! 뚜렷하게! 이해됩니다. ―상* 님
- 자바의 기본 개념을 이렇게 쉽게 설명한 책은 처음 봐요! ―Da**** 님
- 완전 '쌩' 초보자라서 다른 입문서는 봐도 이해하기 힘들었는데 이렇게 자바를 자세히 설명한 책이 있네요! ―은* 님

이런 분께 추천합니다!

- 비전공자이지만 자바를 배우고 싶은 코딩 초보자
- 자바를 배웠지만 어떻게 쓰이는지 다시 익히고 싶은 자바 입문자
- 자바를 예습하고 싶은 컴퓨터 전공생
- 자바를 복습하고 최신 기술을 익히고 싶은 개발자

현직 개발자가 자바의 핵심만 골랐다!

IT 분야 1위 저자가 집필한 《점프 투 자바》로 프로그래밍을 시작하자!

필자는 《Do it! 점프 투 파이썬》의 저자로 잘 알려져 있다. 파이썬 저자가 자바에 대한 책을 쓴다고 의구심을 품을 수도 있지만 사실 저자는 파이썬보다 자바와 함께 보낸 시간이 훨씬 많다. 자바를 주로 사용하는 우리나라의 기업에서 개발자로 일하기 위해서는 자바는 선택이 아닌 필수이기 때문이다. 필자 역시 첫 직장을 시작할 때부터 지금까지 자바 코드를 만들고 다듬어 왔다. 필자와 오랜 시간을 항상 함께 해온 정겨운 벗, 이제 자바에 대한 이야기를 해 볼까 한다.

위키독스에서 10년간 성장한 '점프 투 자바'

여러분이 들고 있는 이 책은 최근에 새롭게 만들어진 것이 아니다. 사실, 이 책은 2013년에 '위키독스(wikidocs.net)'라는 온라인 사이트를 통해 처음으로 공개되었다. 자바가 버전 업을 하며 진화하는 동안 이 책 또한 위키독스에서 자바의 변화와 독자들의 요구에 발맞추어 진화를 거듭해 왔다. 그래서 이 책은 필자 한 사람에 의해 만들어진 책이 아니다. 위키독스의 '점프 투 자바'에 달린 무수한 댓글이 증명하듯, 이 책은 많은 독자들과 함께 만들었다. 댓글을 통해 독자들이 어려워하는 부분을 찾아 더욱 알기 쉽게 풀어 썼고, 이해하기 힘든 부분은 없는지 독자 입장에서 다시 한번 살펴볼 수 있었다.

자바 개발을 시작하는 데 꼭 필요한 핵심 지식을 전달한다

이 책은 자바의 문법을 알려 주기보다는 이해 위주의 지식을 전달하고자 한다. 예를 들어 자바에서 잘 파악하기 힘든 개념 중 하나가 인터페이스(Interface)인데, 인터페이스가 무엇인지를 설명하기보다 인터페이스가 도대체 왜 필요한지, 인터페이스를 쓰면 어떤 장점이 있는지를 더 중요하게 다룬다.

또한 이 책은 핵심적인 내용 위주로 진행된다. 관심을 흐리는 비주류의 내용은 과감하게 생략했다. 즉, 이 책의 목표는 여러분이 자바 개발을 시작하는 데 꼭 필요한 핵심 지식을 전달하는 데 있다.

감사의 말씀을 전하며…

'점프 투 자바'가 온라인에서 계속 공개될 수 있도록 도움을 주신 이지스퍼블리싱 이지연 대표님과 책의 내용을 초보자 입장에서 이해하기 쉽게 만들어 준 편집자 신지윤 씨에게 감사의 마음을 전하고 싶다. 그리고 오랜 시간 동안 이 책을 검토하고 읽어 주신 '점프 투 자바'의 독자 여러분 모두에게 무한한 감사를 전한다.

박응용 드림
pahkey@gmail.com

◈ 독학을 위한 30일 계획표

이 계획표에 따라 하루 한 시간씩 한 달을 공부하면 자바 프로그래밍 초보를 탈출할 수 있습니다. 여러분이 목표한 날짜를 기록하며 자바를 스스로 학습해 보세요.

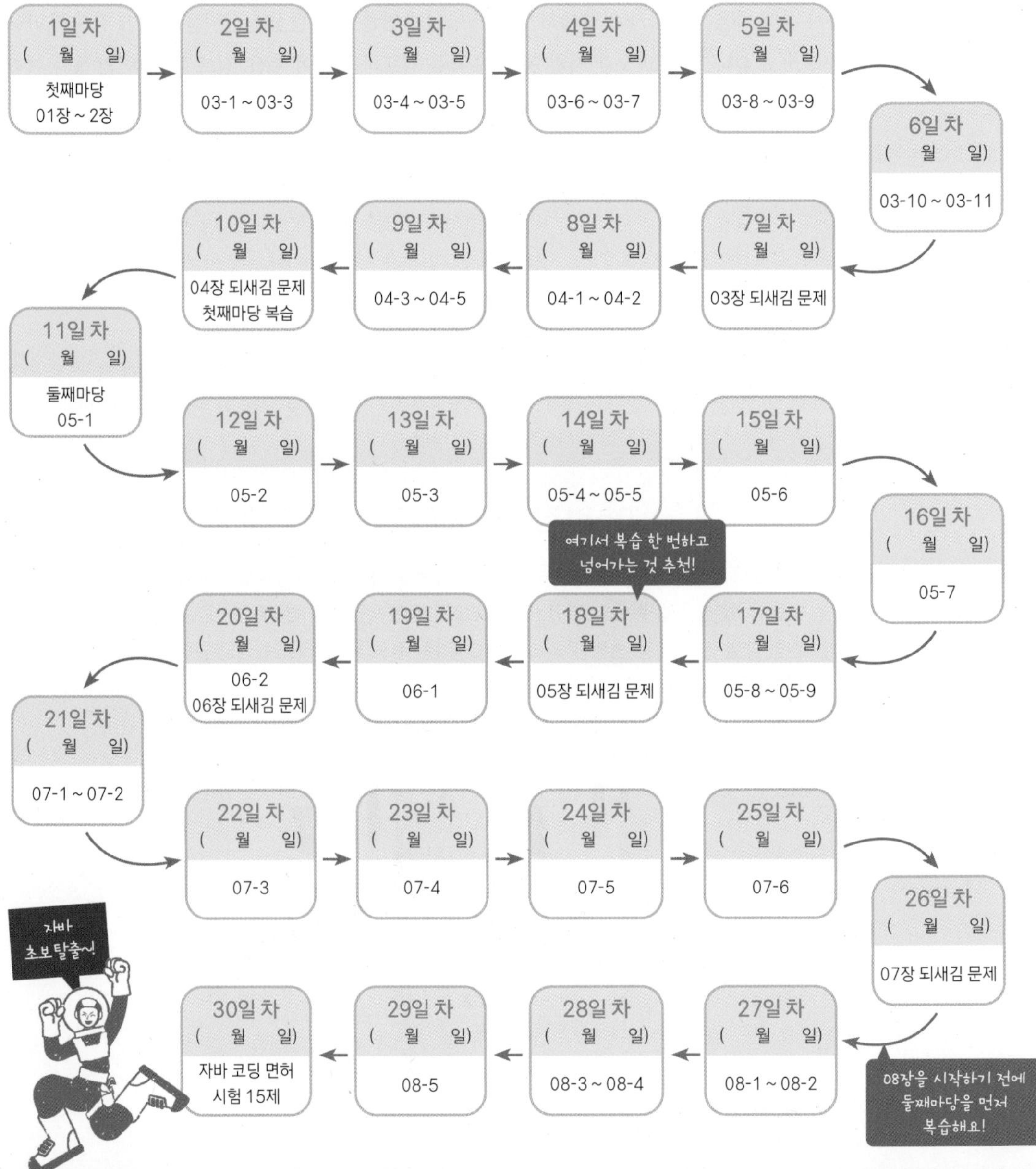

◈ 강의 및 중급자를 위한 15회 진도표

이 진도표에 따라 한 학기 수업이 가능합니다. 또는 이미 프로그래밍 경험이 있거나 자바의 기본 이해가 있다면 15일 계획표에 맞춰 자바를 학습해 보세요.

회	진도	주요 키워드	날짜
1회	01장 자바란 무엇인가? 02장 자바 시작하기	자바의 개념, 개발 환경, 실행 방법, 자바 코드의 구조, 변수, 자료형, 명명 규칙, 주석 등	(/)
2회	03장 자바의 기초, 자료형 I (03-1~03-5)	숫자, 불, 문자, 문자열, StringBuffer 등	(/)
3회	03장 자바의 기초 - 자료형 II (03-6 ~ 03-9)	배열, 리스트, 맵, 집합 등	(/)
4회	03장 자바의 기초 - 자료형 III (03-10 ~ 03-11) 03장 되새김 문제	상수 집합, 자료형 변환, final 등	(/)
5회	04장 제어문 이해하기 04장 되새김 문제	if 문, switch/case 문, while 문, for 문, for each 문 등	(/)
6회	05장 객체 지향 프로그래밍 I (05-1 ~ 05-3)	객체 지향 프로그래밍, 클래스, 객체, 객체 변수, 메서드, 매개 변수, 인수 등	(/)
7회	05장 객체 지향 프로그래밍 II (05-4 ~ 05-7)	값에 의한 호출, 객체에 의한 호출, 상속, 메서드 오버라이딩과 오버로딩, 생성자 등	(/)
8회	중간고사 또는 중간 점검		
9회	05장 객체 지향 프로그래밍 III (05-8 ~ 05-9) 05장 되새김 문제	인터페이스, 디폴트 메서드, 스태틱 메서드, 다형성, 추상 클래스 등	(/)
10회	06장 자바의 입출력 06장 되새김 문제	콘솔 입출력, 파일 입출력 등	(/)
11회	07장 자바 날개 달기 I (07-1 ~ 07-4)	패키지, 접근 제어자, 스태틱 변수, 싱글톤 패턴, 예외 처리, throws, 트랜잭션 등	(/)
12회	07장 자바 날개 달기 II (07-5 ~ 07-6) 07장 되새김 문제	스레드, 함수형 프로그래밍, 람다, 스트림 등	(/)
13회	08장 자바 프로그래밍, 어떻게 시작해야 할까? (자바 프로그램 만들기)		(/)
14회	자바 코딩 면허 시험 15제		(/)
15회	기말고사 또는 최종 점검		

학습에 필요한 소스 파일 내려받기

코딩해 보세요, 되새김 문제, 코딩 면허 시험 15제의 소스 파일은 이지스퍼블리싱 홈페이지 자료실 또는 저자 깃허브에서 내려받을 수 있습니다.

- **이지스퍼블리싱:** www.easyspub.co.kr → 자료실 → 도서명 검색
- **저자 깃허브:** github.com/pahkey/jump2java

이지스 소식지 구독하기 — 매달 전자책 한 권 무료 공개!

이지스퍼블리싱 홈페이지에서 회원 가입을 해보세요! 신간과 책 관련 이벤트 소식을 누구보다 빠르게 확인할 수 있습니다. 매달 전자책 한 권을 공개하는 이벤트도 진행 중이랍니다.

Do it! 스터디룸 활용하기 — 공부하고 책 선물도 받고!

네이버 카페 'Do it! 스터디룸'에서 같은 고민을 하는 친구들과 함께 공부해 보세요. 직접 질문을 하거나 질문에 답변하며 Do it! 스터디룸에 방문하여 공부단을 신청하고 완주하여 책 선물도 받아 가세요!

- **Do it! 스터디룸:** cafe.naver.com/doitstudyroom

공부단을 완주하면 책 선물을 드려요!

■ Do it! 공부단 ■
- Do it! 공부단 공지
  - 베스트 스터디 노트
  - 공부단 신청
  - 공부단 스터디 노트
  - 공부단 완독 인증

유튜브 동영상 시청하기

박응용 선생님의 유튜브 채널에서《Do it! 점프 투 자바》학습에 도움이 되는 정보를 얻을 수 있습니다. 동영상과 함께 책을 더 효과적으로 공부해 보세요.

- **박응용 유튜브:** www.youtube.com/@pahkey

저자가 만든 지식 공유 웹 서비스, 위키독스

'위키독스'는 온라인에서 책을 만들고 공유할 수 있는 서비스입니다. 여기에서《Do it! 점프 투 자바》가 시작되었습니다. 또한《Do it! 점프 투 파이썬》,《Do it! 점프 투 장고》,《Do it! 점프 투 플라스크》,《Do it! 점프 투 파이썬 — 라이브러리 예제 편》이 출간되었습니다. 이곳은 여러분도 참여할 수 있는 공간입니다. 'Do it! 점프 투' 시리즈 독자 여러분도 자신의 지식과 경험을 다른 사람과 공유해 보는 기쁨을 누려 보세요!

- **위키독스 살펴보기:** wikidocs.net/book/20

WikiDocs

위키독스는 온라인 책을 제작 공유하는 플랫폼 서비스입니다.

자세히 알아보기 »

위키독스와 챗GPT 연계 시작 (2023년 5월)

위키독스 포인트 광고 서비스 출시 (2023년 2월)

추천책 공개책 전자책

추천순 인기순 최신순 책검색

저자와 소통할 수 있는 웹 서비스, 파이보

책을 읽다가 궁금한 내용이 생기면 저자가 제공하는 웹 서비스 공간인 '파이보'에 질문을 남겨 보세요. 저자 또는 다른 독자들과 함께 고민하며 문제를 해결할 수 있습니다. 책과 관련된 질문뿐만 아니라 다양한 개발 이야기도 남겨 보세요.

- **파이보에서 질문하기:** pybo.kr

첫째마당

자바 기초 익히기

01장 자바란 무엇인가?

02장 자바 시작하기

03장 자바의 기초 — 자료형

04장 제어문 이해하기

« 둘째마당

자바 실력 키우기

05장 객체 지향 프로그래밍

06장 자바의 입출력

07장 자바 날개 달기

08장 자바 프로그래밍, 어떻게 시작해야 할까?

« 첫째마당

자바 기초 익히기

01장
자바란 무엇인가?

02장
자바 시작하기

03장
자바의 기초
— 자료형

이 책은 프로그래머를 꿈꾸며 자바 입문서를 찾는 사람들을 위한 책이다. 이 책은 자바의 문법을 하나하나 자세히 알기 보단 어렵게 느껴지는 자바를 쉽고 재미있게 이해하는 것을 목표로 삼고 있다. 예를 들어 인터페이스와 같은 개념에 대한 정의보다는 어디에, 어떻게 쓰이는지, 왜 필요한지 등에 초점을 맞춰 설명한다. 이 책을 통해 여러분은 직접 자바 코딩을 실습하며 프로그래밍 원리는 물론 실무에서 쓰이는 자바 기능들을 함께 익힐 수 있다.

이 책과 함께 여러분의 프로그래밍 여정이 더욱 빛나길 바란다!

04장

제어문 이해하기

01

자바란 무엇인가?

이번 장에서는 자바를 간단히 소개한 뒤 설치 방법과 실행 방법을 알아보고 간단한 프로그램도 만들어 볼 것이다. 이 장의 목표는 여러분에게 자바로 프로그래밍하는 전체 과정을 대략 보여 주는 것이다. 그러고 나서 다음 장부터 자바 기초를 차근차근 하나씩 살펴보자.

01-1
자바란?

자바는 썬 마이크로시스템즈의 제임스 고슬링James Gosling과 연구원들이 개발한 객체 지향 프로그래밍 언어로 1995년에 발표되었다. 처음에는 가전제품에 탑재해 동작하는 프로그램을 만들기 위해 탄생했으나 지금은 웹과 모바일 앱 개발에서 가장 많이 사용하는 언어로 성장했다.

객체 지향 프로그래밍은 객체를 중심으로 프로그램을 작성하는 방법을 의미한다. 자세한 내용은 05장에서 다룬다.

자바 공식 로고

자바는 특히 우리나라에서 쓰이는 프로그래밍 언어 중 사용 빈도가 매우 높다. 기업에서 사용하는 프로그램의 80% 이상은 자바로 만들어졌다고 해도 과언이 아니다. 또한 오랜 시간 굳건히 생태계를 구축하고 유지해 왔기 때문에, 자바를 기반으로 한 수많은 라이브러리들이 존재한다. 따라서 우리나라 기업에서 개발자로 일하고 싶다면 자바를 배울 것을 강력히 추천한다.

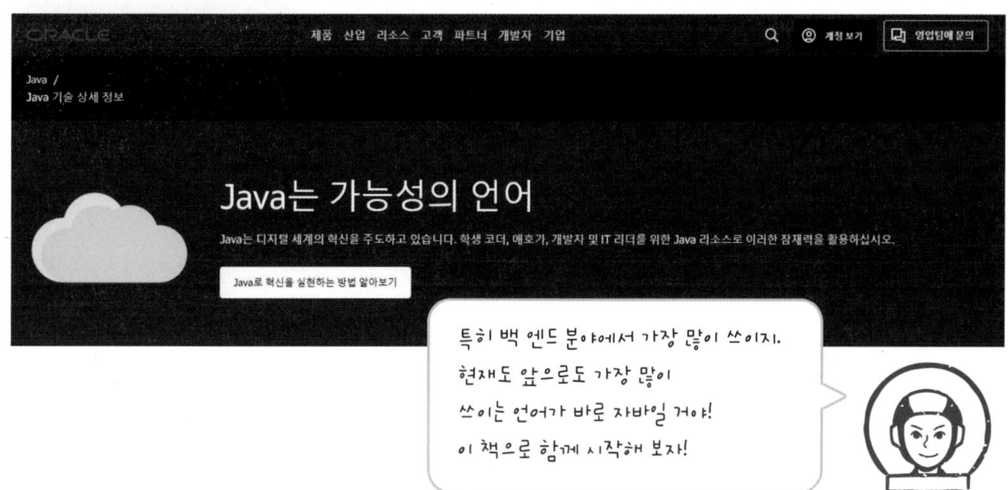

01-2
자바로 무엇을 할 수 있을까?

프로그래밍 언어를 좋은 언어와 나쁜 언어로 구별할 수 있을까? 사실 이런 구별은 의미가 없다. 어떤 언어든지 강점과 약점이 존재하기 때문이다. 그러므로 어떤 일을 할 때 어떤 프로그래밍 언어가 가장 효율적인지를 안다는 것은 프로그래머의 생산성을 크게 높일 수 있는 힘이 된다. 그렇다면 자바로 하기에 적당한 일과 적당하지 않은 일은 무엇일까? 자바를 배우기 전에 먼저 간단히 알아보자.

자바로 할 수 있는 일

▶▶ 웹 프로그래밍

일반적으로 MS 엣지, 크롬, 파이어폭스 같은 브라우저로 인터넷을 사용한다. 누구나 웹 사이트의 게시판이나 방명록에 글을 남겨 본 적이 있을 것이다. 그러한 게시판이나 방명록을 바로 웹 프로그램이라고 한다. 자바는 웹 프로그램 개발에 널리 사용되며, 서버 사이드(백 엔드) 개발에 특히 강점이 있다. 예를 들어 서블릿Servlet, JSP, 스프링 프레임워크 등과 같은 기술들을 사용하여 웹 프로그램을 만들 수 있다.

▶▶ 안드로이드 애플리케이션 개발

자바는 안드로이드 애플리케이션 개발을 할 때 사용하는 메인 언어이다. 안드로이드 스튜디오와 함께 자바를 사용하면 쉽게 모바일 앱을 개발할 수 있다.

▶▶ 게임 개발

자바를 이용해 게임 개발도 가능하다. 여러분이 사용하는 안드로이드 게임의 대부분은 자바로 개발되었다. 게임 개발을 위한 대표적인 자바 라이브러리로는 LWJGL이 있고, 자바 프레임워크로는 libGDX가 있다. 이들을 활용하면 멀티플랫폼 게임도 쉽게 개발할 수 있다.

▶ 데이터베이스 처리

데이터를 저장하고 조회하기 위해서는 데이터베이스 시스템이 반드시 필요하다. 자바는 이러한 데이터베이스 시스템에 연결하여 데이터를 관리하는 데 매우 적합한 언어이다.

▶ 빅 데이터 및 분산 처리

빅 데이터는 대규모의 복잡한 데이터를 의미하며, 전통적인 데이터 처리 방식으로는 분석이 어렵다. 이를 효과적으로 처리하기 위해 분산 처리 기술이 사용된다. 분산 처리는 여러 컴퓨터 또는 클러스터에서 데이터와 연산을 분산시켜 병렬 처리하는 방식이다. 자바는 하둡, 스파크와 같은 빅 데이터 처리에 필요한 도구와 프레임워크를 제공한다.

자바로 할 수 없는 일

▶ 시스템 프로그래밍

자바는 시스템 프로그래밍에 적합하지 않다. 운영체제, 드라이버, 커널 등의 Low Level 시스템 개발에는 C, C++ 같은 언어가 더 적합하다.

▶ 높은 성능을 요구하는 프로젝트

자바는 가비지 컬렉션Garbage Collection, GC과 JITjust-in-time 컴파일러와 같은 기능 때문에 실행 속도가 다소 느릴 수 있다. 따라서 고성능이 중요한 분야에서는 C, C++, 또는 Rust와 같은 언어가 적합하다.

가비지 컬렉션은 프로그램에서 사용되지 않는 메모리를 자동으로 회수하는 메모리 관리 기법이다.

JIT 컴파일러는 프로그램 실행 시점에 바이트 코드를 기계어로 변환하는 기술이다.

▶ iOS 애플리케이션 개발

자바는 안드로이드 애플리케이션 개발의 주요 언어이지만, iOS 애플리케이션 개발에 제한적이다. iOS 개발은 주로 스위프트Swift 또는 오브젝티브-CObjective-C를 사용한다. 또한, 일부 네이티브 데스크톱 애플리케이션 개발에서도 자바의 사용이 제한적일 수 있다.

가장 많이 사용되는 프로그래밍 언어 중 하나가 자바라더니
웹 서비스, 모바일 앱, 시스템 구축 등 정말 많은 분야에서 활용되는구나.
IT 기업들이 자바를 많이 채택하는 이유가 있었어!

01-3
자바 둘러보기

프로그래밍 언어를 배울 때 첫 번째 예제로 다루는 Hello World를 출력하는 자바 프로그램을 만들어 보자. 자바는 다른 언어와 달리 'Hello World' 프로그램만 제대로 공부하면 자바 언어의 절반 이상을 익히는 것과 다름없다고 한다. 왜냐하면 Hello World를 출력하는 프로그램을 작성하려면 JDK와 IDE를 설치하는 방법과 클래스, 함수, public, static의 개념을 이해하고 실행하는 방법까지 모두 알아야 하기 때문이다.

자바가 처음에 어렵게 느껴지는 이유는 Hello World와 같은 간단한 예제를 실행하려고 해도 어떤 것을 알아야 하고 어떤 것은 몰라도 되는지 구분하기가 힘들기 때문이다.

자바를 처음 배운다면 'Hello World' 프로그램부터 딜레마에 빠지게 돼.
가장 쉬운 것조차 클래스부터 배워야 하니 말이야.

여러분이 처음 배우는 언어로 자바를 선택했다면 자바가 아닌 다른 언어를 먼저 공부하기를 추천한다. 예를 들면 파이썬 같은 쉬운 언어 말이다. 배우기 쉬운 언어로 먼저 시작하여 프로그래밍이란 어떤 것인지, 클래스란 무엇인지 등에 대하여 알고 난 후에 자바를 공부하면 무척 쉽게 느껴질 것이다.

자바는 처음 프로그래밍을 배우는 사람이 쉽게 적응하기 어려운 언어라고 할 수 있다. 왜냐하면 이것은 언어가 추구하는 방향성 때문이기도 한데, 모든 것이 클래스 기반에서 동작해야 하는 자바의 특징이 나중에는 무척 편리하지만 처음 시작하기에는 넘기 힘든 장벽이 되기 때문이다. 이 책을 읽는 여러분도 자바에 대해서 쉬운 것부터 차례로 설명하기 어려운 이유를 이해해 주기를 바라며 이제 본격적인 자바 학습에 들어가 보도록 하자.

JDK 설치하기

자바 코딩을 시작하기 전에 먼저 개발 환경을 구축해 보자. 개발 환경이란 프로그램을 작성할 수 있는 컴퓨팅 환경을 의미한다.

자바 프로그래밍의 필수 도구인 JDK(Java development kit)를 먼저 설치해 보자. 자바 프로그램을 만들기 위해서는 꼭 설치해야 한다. JDK는 자바 코드를 작성하는 도구, 소스를 컴파일하는 컴파일러 등으로 이루어져 있으며 온라인에서 무료로 내려받아 설치할 수 있다.

컴파일이란 프로그래머가 작성한 소스 코드를 컴퓨터가 이해할 수 있는 말(기계어)로 바꾸는 행위이다.

자바는 기본적으로 무료로 사용할 수 있지만 기업용·상업용에 따라 조건이 달라질 수 있다.

1. JDK를 내려받을 수 있는 URL에 접속한다. 만약 URL이 유효하지 않다면 '검색 창'에서 JDK Download로 검색하고 들어가면 된다.

```
https://www.oracle.com/java/technologies/downloads/
```

2. 다음 화면이 보인다면 다음과 같이 표시된 부분을 클릭해 내려받아 설치하면 된다. 이 책은 실습할 때 윈도우 운영체제를 사용한다고 가정하고 진행한다.

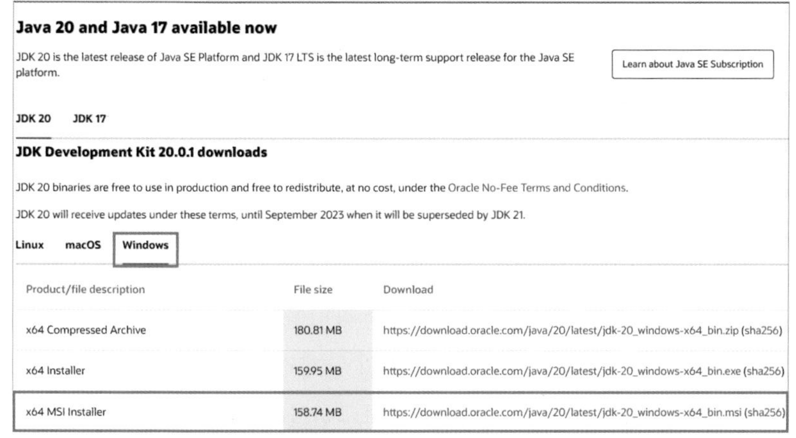

리눅스나 macOS와 같은 다른 OS 사용자도 설치 과정을 제외하면 나머지 내용은 모두 동일하게 따라 할 수 있다.

3. 기본값으로 설정하고 설치를 모두 마치면 JDK는 아마도 다음과 비슷한 디렉터리에 설치되어 있을 것이다. 이때 C:₩program files₩java 이후의 디렉터리명은 JDK 버전에 따라 다를 수 있다. JDK 디렉터리는 앞으로 실습할 때 필요하니 위치를 꼭 기억해 놓자.

```
c:\program files\java\jdk-20  ← JDK 버전에 따라 다르다.
```

여기서 디렉터리란 파일이 저장되는 위치를 말한다. 폴더라고 생각하면 쉽다.

자바 파일과 컴파일 알아 두기

인텔리제이IntelliJ를 사용하여 자바 프로그램을 작성하기 전에 한 가지 알아 두어야 할 것이 있다. 바로 인텔리제이를 설치하고 나면 사용할 기회조차 없는 javac와 java라는 명령어이다. JDK를 설치했다면 JDK가 설치된 디렉터리의 하위 디렉터리인 bin에 javac.exe와 java.exe 파일이 저장되어 있을 것이다.

인텔리제이는 뒤에서 더 자세히 설명할 것이므로, 자바 프로그램 작성을 도와주는 도구라는 정도로만 알고 넘어가자.

만약 bin 디렉터리에 java.exe만 있고 javac.exe가 없다면 JDK가 아닌 JRE를 설치한 것이므로 다시 JDK를 설치해야 한다.

JRE란?

JREJava Runtime Environment는 JDK보다 작은 개념으로, 자바가 실행될 수 있는 최소한의 파일들이 설치되어 있는 환경이라고 생각하면 된다. JRE에는 javac.exe와 같은 자바 파일을 컴파일하기 위한 도구는 포함되지 않는다.

javac는 java compiler의 줄임말이다. 즉, 자바 파일을 컴파일할 때 사용하는 것이 바로 javac.exe 파일이다. 컴파일이란 프로그래머가 작성한 코드를 컴퓨터가 이해할 수 있는 말(기계어)로 바꾸는 것인데, 모든 프로그래밍 언어에는 코드를 기계어로 번역하는 프로그램인 컴파일러 또는 그와 비슷한 기능을 하는 것들이 있다.

그럼 자바 파일은 무엇일까? 바로 우리가 작성해야 할 자바 프로그램을 말한다. 자바 프로그램은 확장자가 .java인 파일로 저장되는데, 이때 .java 파일을 자바 파일 또는 자바 소스라고 한다.

만약 MyProgram.java라는 자바 파일을 작성했다면 프로그램이 정상으로 동작하는지 확인하기 위해 프로그램을 실행하고 싶을 것이다. 자바로 작성한 파일을 실행하려면 두 단계를 거쳐야만 한다. .java 파일을 .class 파일로 바꾸어 주는 컴파일 단계와 이어서 .class 파일을 실행하는 단계이다. 이렇게 두 단계를 거치면 작성한 자바 프로그램을 실행할 수 있다.

다음 그림을 통해 자바 프로그램을 작성하고 실행하는 과정을 좀 더 자세히 살펴보자. 이 그림에서 컴파일러는 javac.exe에, 자바 가상 머신Java Virtual Machine, JVM은 java.exe에 해당한다.

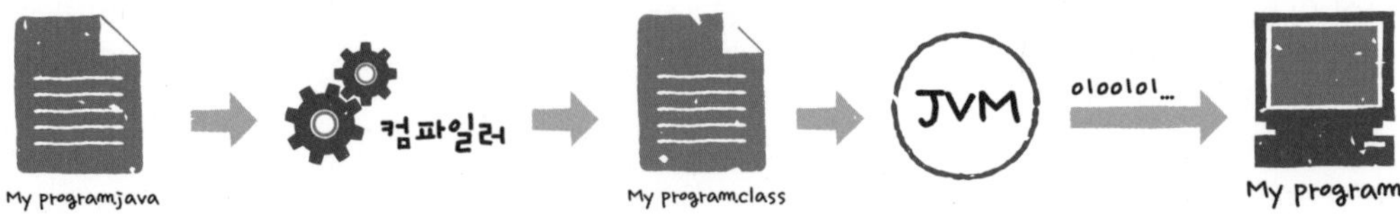

❶ 소스 코드인 MyProgram.java 파일을 작성한다.

❷ 컴파일러compiler는 자바 소스 코드를 이용하여 클래스 파일인 MyProgram.class를 생성한다. 이때 MyProgram.class는 JVM이 인식할 수 있는 이진 파일binary file이다.

❸ JVM은 클래스 파일의 이진 코드binary code를 해석하여 프로그램을 실행한다.

❹ MyProgram의 실행 결과가 컴퓨터에 반영된다.

자바를 컴파일하고 나면 왜 exe 파일이 아닌 class 파일이 생성될까?

C 또는 C++ 등으로 작성된 프로그램은 최종 결과물로 exe 파일을 만들어 낸다. 이 exe 파일은 계산기와 같은 프로그램이거나 게임일 수도 있다. 사용자는 그냥 단순히 exe 프로그램을 실행하기만 하면 프로그램을 실행할 수 있다. 그런데 자바는 왜 실행하기도 어려운 class라는 걸 만들어서 귀찮게 하는 걸까?

물론 자바도 exe 프로그램으로 만들어 낼 수는 있다. 다만 JVM이 exe에 포함되는 형식이어야 하므로 exe 파일이 무척이나 커진다는 단점이 있다.

C, C++와 같은 언어는 컴파일된 실행 파일을 모든 운영체제에서 사용할 수는 없다. 즉, 윈도우에서 컴파일한 프로그램을 리눅스에서는 사용할 수 없다는 얘기다. 왜냐하면 자바의 JVM처럼 중간 단계 역할을 수행하는 것이 없기 때문인데, 이 부분에서 장단점이 명확하게 나누어진다. C, C++ 등의 언어에서 만든 실행 파일은 JVM 같은 중간 단계를 거치지 않기 때문에 속도가 빠르다. 하지만 운영체제마다 실행 파일을 따로 작성해야 한다는 단점이 있다. 반대로 자바는 JVM이라는 중간 단계가 있으므로 C, C++ 등의 언어보다 속도가 느리다. 하지만 한 번 작성한 클래스 파일은 어떤 운영체제에서도 사용할 수 있다는 장점이 있다. 한 번 작성한 것을 여러 곳에 재활용하는 것이 자바의 가장 큰 특징이자 장점이라고 할 수 있다.

자바 또한 JITjust-in-time을 도입하는 등의 발전을 거듭하여 실행 속도도 하드웨어를 직접 제어하는 경우만 아니라면 거의 C, C++를 따라잡았다.

간단한 프로그램 작성하기

앞에서 말한 'Hello World' 프로그램을 실제로 작성해 보자.

1. 먼저 명령 프롬프트 창을 열어 보자. '(프로그램 및 파일)검색' 창에서 cmd를 입력하고 Enter 키를 누르거나 또는 ⊞ + R 를 누르면 나오는 '실행' 창에서 cmd를 입력하면 다음과 같은 명령 프롬프트 창이 열린다.

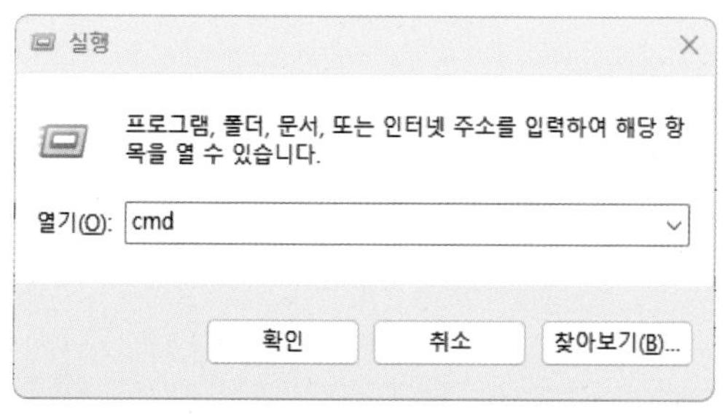

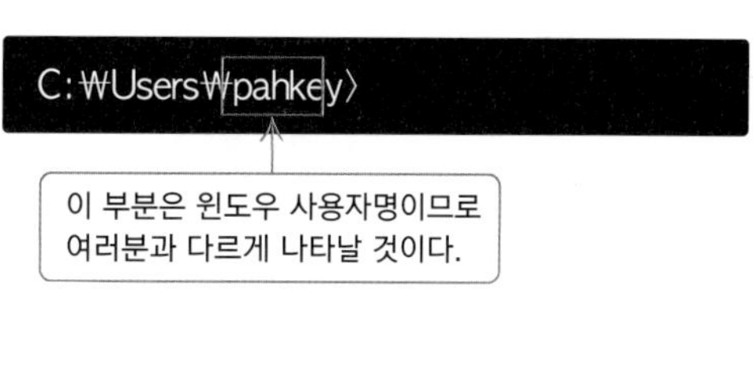

2. 그다음에 javac 명령어를 입력해 보자.

```
C:₩Users₩pahkey>javac
'javac'은(는) 내부 또는 외부 명령, 실행할 수 있는 프로그램, 또는
배치 파일이 아닙니다.
```

만약 이런 결과가 나온다면 다음처럼 set 명령어를 이용하여 PATH 환경 변수에 jdk₩bin 디렉터리를 추가하자. 여기에서 사용한 디렉터리 이름은 여러분이 설치한 자바 디렉터리와 다를 수 있으므로 01-3절에서 지정한 JDK 디렉터리로 수정하면 된다.

01-3절에서 지정한 JDK 디렉터리를 사용해야 한다.

```
C:₩Users₩pahkey>set PATH=%PATH%;"C:₩program files₩java₩jdk-20₩bin"
```

3. 다시 javac 명령을 수행해 보자. 다음처럼 javac가 성공적으로 수행된다면 PATH가 정확히 설정된 것이다.

```
C:₩Users₩pahkey>javac
Usage: javac <options> <source files>
where possible options include:
  -g                          Generate all debugging info
  -g:none                     Generate no debugging info
  -g:{lines,vars,source}      Generate only some debugging info

(... 생략 ...)
```

명령 창을 닫고 다시 열면 PATH 환경 변수가 사라진다. PATH값을 영구 설정하려면 '검색' 창에 '고급 시스템 설정 보기'를 검색해 클릭한 후, [시스템 속성 → 고급 → 환경 변수 → PATH]에 앞에서 사용한 jdk₩bin경로(예: C:₩program files₩java₩jdk-20₩bin)를 추가해야 한다.

여기까진 어렵지 않네!
다음 내용을 학습할 땐 24쪽에서
살펴본 과정을 떠올려보자.

4. 이제 자바 파일(.java)을 작성할 차례이다. HelloWorld.java라는 이름으로 파일을 작성해 보자. 여기서는 copy con 명령을 이용해서 java 파일을 작성했다. 노트패드나 다른 에디터를 사용해서 HelloWorld.java 파일을 생성해도 상관없다. copy con을 이용한다면 파일에 더 이상 적을 내용이 없을 때 ^Z를 입력하고 Enter 를 누르면 파일이 생성된다.

다음과 같은 내용의 자바 파일이 작성되었다. 작성한 자바 파일의 내용이 궁금하더라도 잠시 덮어 두자. 지금은 javac와 java 명령어를 어떻게 사용하는지에만 집중하자.

5. 다음과 같이 입력해 자바 파일을 컴파일해 보자. 아무런 반응 없이 프로그램이 종료될 것이다.

6. 이번에는 dir 명령어로 class 파일이 생성되었는지 확인해 보자. HelloWorld.class 파일이 생성된 것을 확인할 수 있다.

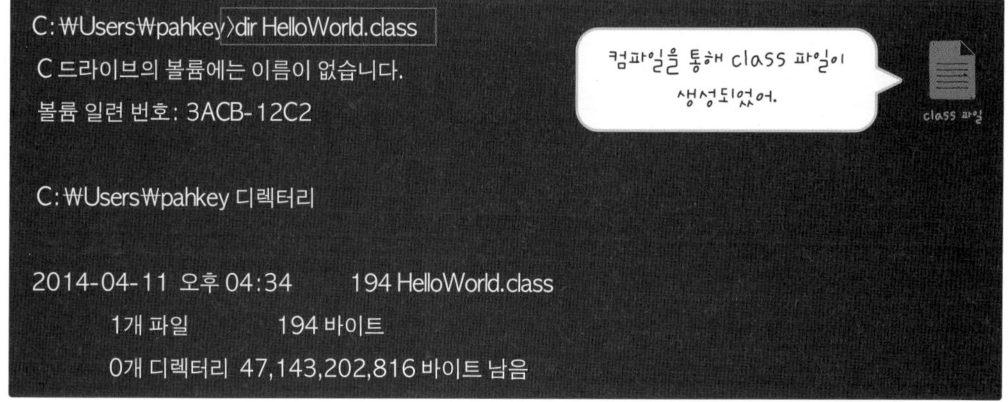

7. 클래스 파일에는 어떤 내용이 있을까? 파일 내용을 확인할 수 있는 시스템 명령어인 type 명령어로 파일 내용을 확인해 보자.

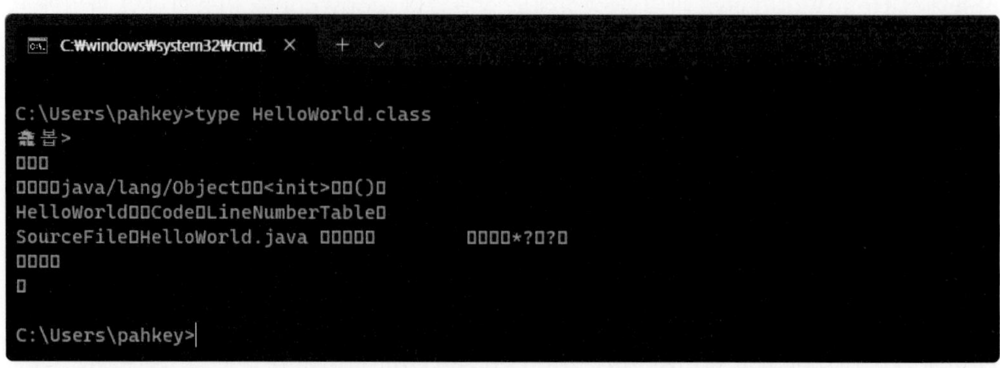

이처럼 필자의 화면에는 위와 같이 깨진 문자들이 표시되었다. .class 파일은 JVM만 해석할 수 있는 이진 코드이므로 파일 내용을 우리 눈으로 보고 해석할 수는 없다.

8. 이번에는 생성한 클래스 파일을 실행해 보자. 클래스를 실행하는 명령어는 java.exe이다. 명령 창에서 명령어를 실행해 보자. 클래스 파일은 이처럼 'java 클래스 파일명'(여기서는 java HelloWorld)과 같이 실행한다. 단, 클래스 파일명에서 .class 확장자 부분은 제외하고 이름만 입력하여 실행해야 한다.

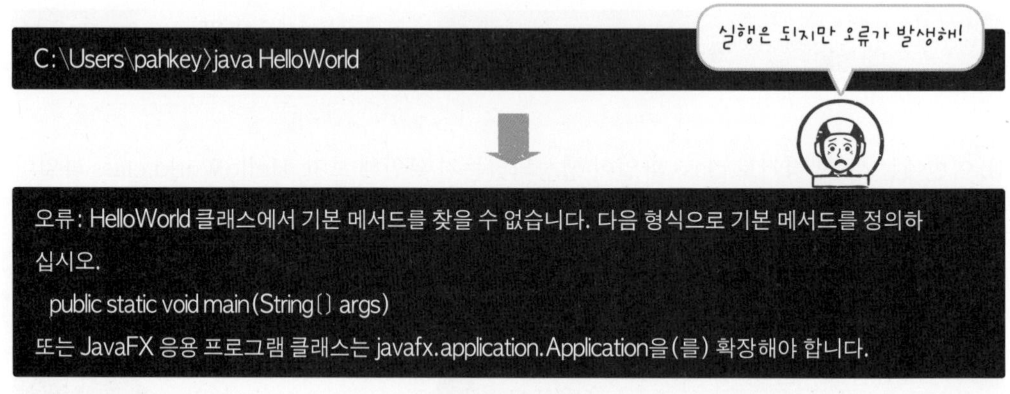

비록 오류는 발생했지만 여러분은 첫 번째 자바 프로그램을 만들고 실행해 보았다. 아주 큰 걸음을 한발 내딛은 것이다.

오류 메시지는 때에 따라 영문으로 나타나기도 하는데 내용은 같다.

인텔리제이 설치하기

인텔리제이 공식 로고

JDK를 설치했다면 이번에는 자바 프로그램 작성을 도와주는 도구인 인텔리제이[IntelliJ]를 설치해 보자. 문서 작성을 도와주는 도구로 MS 워드나 한글이 있는 것처럼 프로그래밍 언어로 프로그램을 작성할 때에도 도와주는 도구들이 있다. 이러한 도구를 IDE[Intergrated Development Environment] 또는 통합 개발 환경이라고 한다. 자바 프로그래밍을 도와주는 IDE 중에서 가장 많이 추천하는 도구가 바로 **인텔리제이**이다.

자바 IDE로 이클립스도 많이 사용하지만 이 책에서는 인텔리제이를 사용한다.

앞서 명령 프롬프트에서 발생한 오류는 프로그램을 실행하는 main 메서드가 없기 때문이다. 이 오류를 해결하려면 HelloWorld.java 파일을 수정해야 한다. 이 파일은 노트패드와 같은 에디터로 쉽게 수정할 수 있지만 여기에서는 자바의 편집 도구인 인텔리제이를 이용해 보자.

1. 다음 URL에 접속해 인텔리제이를 내려받자. Ultimate와 Community 버전이 있는데 무료인 Community 버전을 선택해서 설치하자.

```
https://www.jetbrains.com/ko-kr/idea/download/
```

JET BRAINS 개발자 도구 팀 도구 교육 솔루션 지원 스토어

IntelliJ IDEA 새로운 기능 기능 리소스 가격 책정 다운로드

다운로드 IntelliJ IDEA

Windows macOS Linux

Ultimate
Java 및 Kotlin용 최고의 IDE
다운로드 .exe
30일 무료 평가 이용 가능

Community Edition
순수 Java 및 Kotlin 개발을 위한 IDE
다운로드 .exe
무료, 오픈 소스로 빌드됨

버전: 2023.1
빌드: 231.8109.175
2023년 3월 28일
릴리스 노트↗

설치하기 어려운 과정은 없다. 디폴트(기본값)로 설정한 대로 진행하면 된다.

동의를 구하는 팝업 창에서는 '동의'를 하고 설치를 계속 진행한다. 데이터 공유에 관한 팝업 창에서는 내용을 읽어보고 원하는 항목을 선택하면 된다.

2. Community 버전을 모두 설치했다면 인텔리제이를 실행해 보자. 다음 창이 나타나면 [New Project]를 클릭하자.

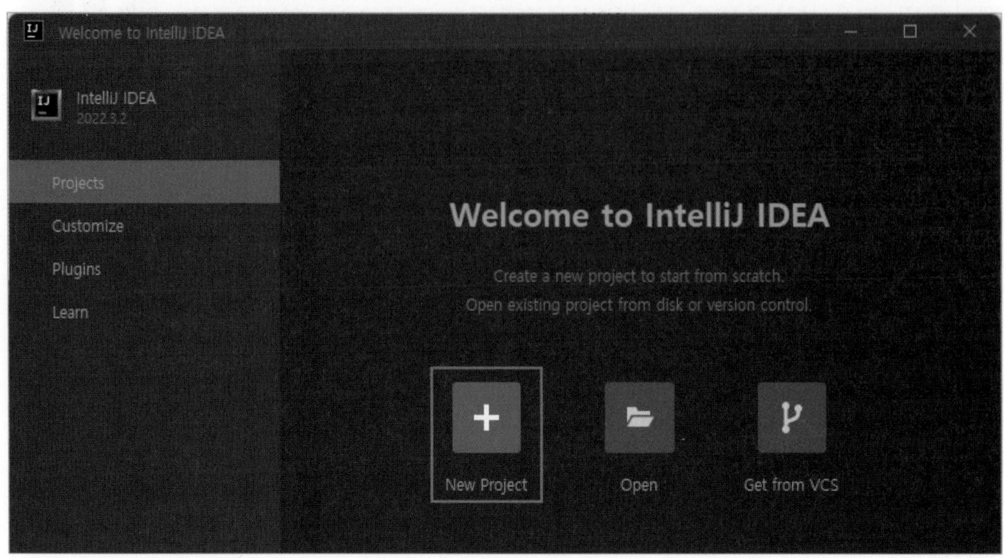

3. [Name]에 jump2java를 입력하고 [Location]에는 jump2java 프로젝트를 저장할 디렉터리를 선택하여 입력하자. [Language]는 [Java]를 선택한 뒤, 마지막으로 [Create] 버튼을 클릭하자.

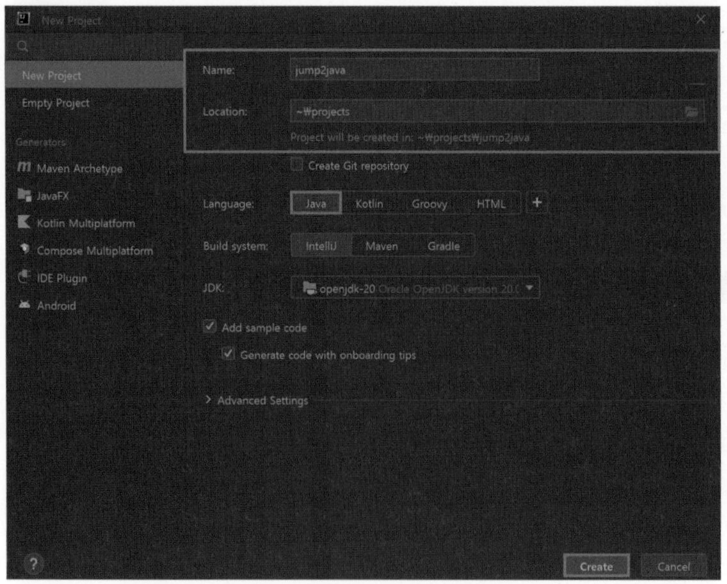

4. 다음과 같이 jump2java라는 이름의 자바 프로젝트가 시작된다. 화면 왼쪽에 src 폴더가 보일 것이다. src 폴더에는 .java 파일들이 저장된다.

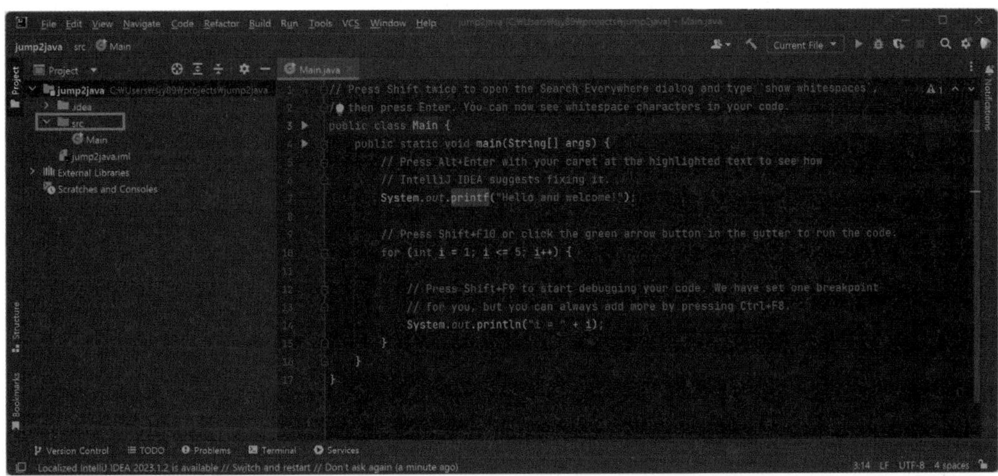

jump2java.iml은 현재 프로젝트의 환경값을 저장하는 인텔리제이의 설정 파일이다.

인텔리제이를 처음 실행하면 src 폴더에 Main.java 파일이 생성될 수도 있다. 사실 이 파일은 필요 없으므로 선택한 뒤, 마우스 오른쪽 버튼을 눌러 Delete 를 클릭해 삭제하자.

5. 이제 HelloWorld.java 파일을 생성해 보자. 먼저 src를 선택하여 마우스 오른쪽 버튼을 누르고, [New → Java Class] 순서로 클릭해 보자.

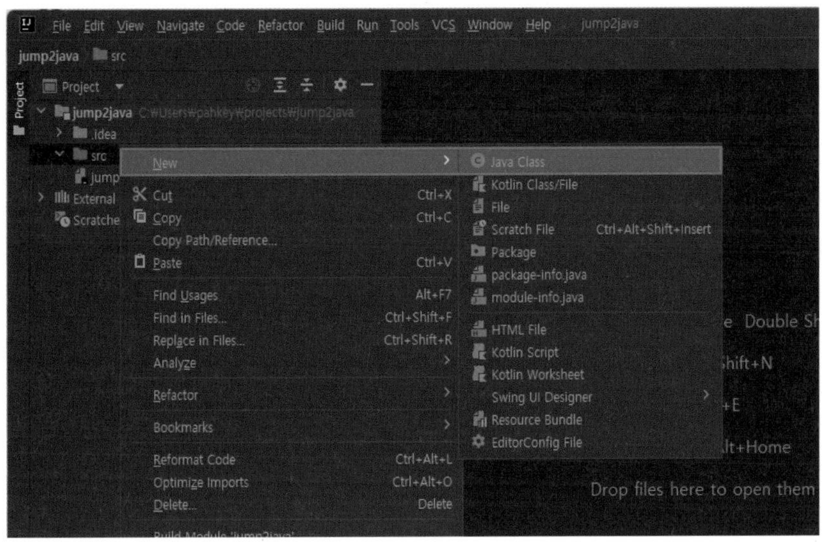

6. 신규 클래스를 생성할 수 있는 화면이 나타나면 [Name]에 HelloWorld를 입력하고 Enter 키를 누르자. 그러면 다음 내용의 HelloWorld.java 파일이 생성되는 것을 확인할 수 있다.

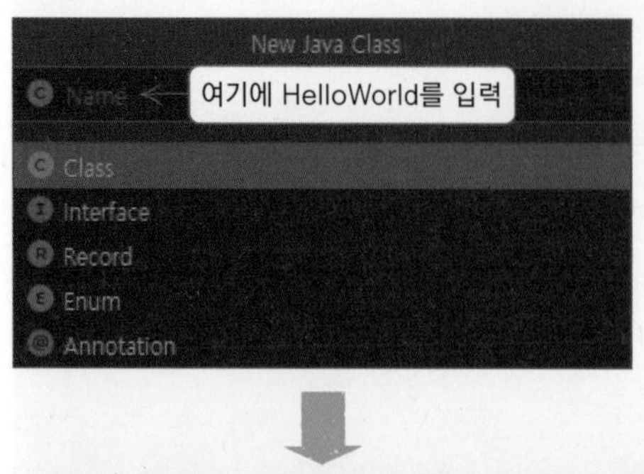

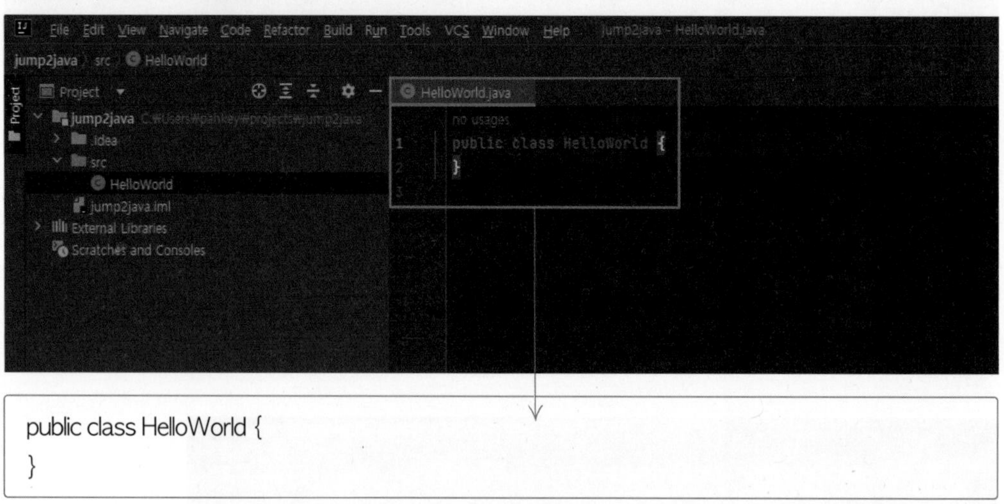


```
public class HelloWorld {
}
```

class 앞에 사용한 public 키워드는 자바 프로그래밍할 때 사용하는 접근 제어자인데, class명 앞에 사용하면 조금 다른 의미로 쓰인다. HelloWorld.java라는 이름으로 자바 파일을 작성하면 파일은 하나이지만 그 안에 클래스를 여러 개 작성할 수 있다. 다만 클래스명과 파일명이 같으면 그 class 앞에 public을 붙여 주어야 한다는 관례적인 규칙이 있다.

HelloWorld.java의 파일명과 HelloWorld 클래스의 이름은 같다.

main 메서드 이해하기

앞에서 작성한 HelloWorld 클래스를 실행해 보자. HelloWorld 클래스를 실행하려면 main 메서드를 작성해야 한다. 어떤 프로그램이든지 시작과 끝이 있는데 이것을 관리하는 것이 바로 main 메서드이다.

HelloWorld.java 파일에 main 메서드를 추가해 보자.

```
public class HelloWorld {
    public static void main(String[] args) {
        System.out.println("Hello World");
    }
}
```

main 메서드 추가

아직 배우지 않은 public, static, void, String[], args, System.out.println 등이 등장했다. 일단 가볍게 알아보자.

- public: 메서드의 접근 제어자로, 누구나 이 메서드에 접근할 수 있다는 의미이다.
- static: 메서드에 static이 지정되어 있으면 이 메서드는 인스턴스를 생성하지 않아도 실행할 수 있다는 것을 의미한다.
- void: 메서드의 리턴값이 없음을 의미한다(void는 '텅 빈'을 의미한다.).
- String[]: String은 문자열을 나타내는 자바의 자료형이다([]는 값이 여러 개로 이루어진 배열이라는 것을 의미한다.).
- args: String[] 자료형의 변수명이다.
- System.*out*.println: 표준 출력으로 데이터를 보내는 자바의 내장 메서드로 문자열을 화면에 출력한다.

이제 자바의 HelloWorld 프로그램을 설명하기가 얼마나 힘든지 이해할 수 있을 것이다. public, static, void 등을 다루려면 시간이 많이 걸릴 뿐 아니라 자세히 설명할 수도 없다. public, static 등을 설명하려면 인스턴스, 객체를 먼저 이해하고 있어야 하기 때문이다.

하지만 이번 장에서는 일단 무시하고 넘어가자! 다만 main 메서드는 프로그램을 실행하려면 반드시 필요하며 앞에서 보여 준 형태만 가능하다는 점을 기억하자. 자바의 규칙이라고 생각하면 된다.

앞에서 main 메서드를 준비했으므로 이제 프로그램을 실행할 수 있다. [Run → Run → HelloWorld] 순서로 선택하여 프로그램을 실행하자.

실행 결과는 인텔리제이 하단의 콘솔 창에 다음과 같이 표시된다.

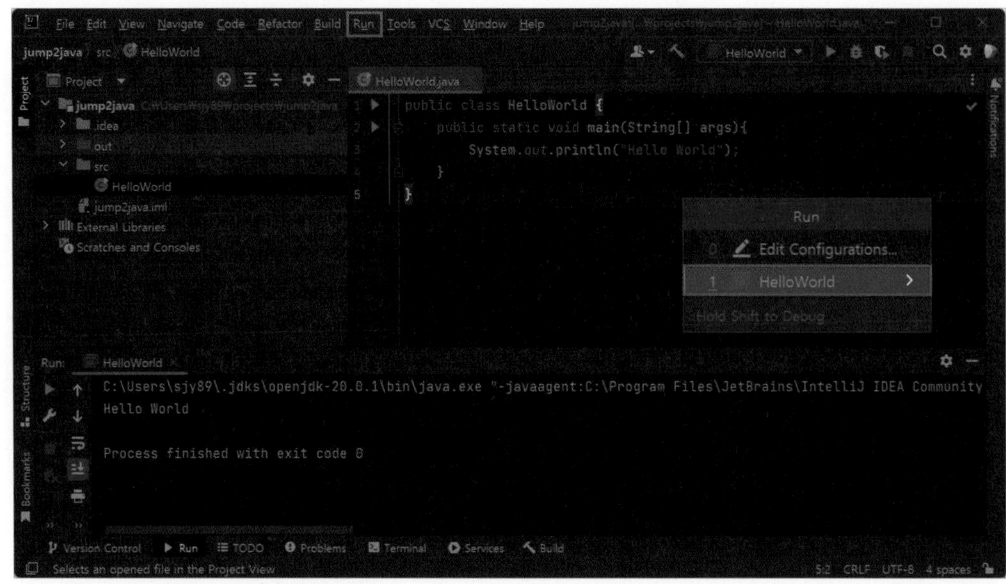

인텔리제이에서 작성한 자바 파일을 Run 명령으로 실행하면 .class 파일을 만드는 컴파일 과정(javac.exe)과 실행 과정(java.exe)이 자동으로 진행된다.

자바의 8가지 특징

다음은 자바를 정의하는 단어이다. 이 가운데 자바의 8가지 중요한 특징을 살펴보자.

> A **simple**, **object-oriented**, distributed, **interpreted**, **robust**, **secured**, architecture neutral, portable, high-performance, **platform independent**, **multi-threaded**, and **dynamic** language

간단하다 simple

자바는 C++에 가깝지만 훨씬 간단하다. 자바는 고급 언어에 들어 있는 여러 요소 중에서 불필요하다고 판단되는 것을 모두 제거했다.

객체 지향적이다 object-oriented

자바는 숫자(int, float, long 등)나 논릿값(true, false)을 제외하면 거의 모두 객체로 구성된다. 실제로 자바는 Object 클래스에서 모든 클래스를 파생한다.

자바에서는 int, float, long, true, false 등을 원시 자료형이라고 한다.

인터프리터 언어이다 interpreted

자바는 정확하게 말하면 컴파일 언어인 동시에 인터프리터 언어이다. 자바는 먼저 텍스트 소스를 컴파일하여 이진 파일(클래스 파일)로 만든 다음, 자바 런타임이 이 클래스 파일을 인터프리트 interpret하면서 실행한다. 자바는 먼저 시스템과 무관한 이진 파일을 만듦으로써 컴파일 언어에 가까운 속도와 함께 시스템의 독립성을 얻을 수 있었다.

인터프리터 언어는 코드를 한 줄씩 작성하고 실행하여 결과를 바로 확인할 수 있다.

강력하다 robust

자바는 포인터 연산을 지원하지 않는다. 이는 잘못된 주소를 가리킬 가능성을 사전에 없앤 것이다. 자바는 모든 메모리 접근을 자바 시스템이 관리하고 제한하며, 또한 예외 처리까지 하므로 시스템이 붕괴될 우려가 없다. 예를 들어 자바는 리소스 관리(garbage collection)를 하는데 사용이 끝난 리소스를 시스템이 메모리에서 삭제하는 방식을 채택하고 있어 프로그래머가 메모리 유출을 걱정할 필요가 없다.

포인터 연산은 C 또는 C++와 같은 언어에서 메모리 주소를 조작하는 연산으로 배열이나 구조체 멤버에 접근할 때 사용한다.

안전하다 secured

자바는 프로그램을 작성할 때 자료형 타입에 매우 민감하다. 이것은 마치 코딩할 때 잔소리꾼이 끊임없이 따라다니며 잘못된 코드를 작성하지 않게 지적하는 것과 같다. 그래서 자바는 일단 컴파일만 되면 실행할 때 오류 발생률이 다른 언어에 비해 현저히 낮다. 파이썬과 같은 동적 언어에 익숙한 프로그래머라면 자바의 고지식한 면을 싫어할 수도 있다. 하지만 자바의 이런 족쇄 같은 자료형 체크는 코드를 매우 명확하게 만들어 준다.

플랫폼이 독립적이다 platform independent

자바의 실행 파일은 이진 코드(클래스)이므로 자바 런타임을 설치한 시스템에서는 어디서나 실행할 수 있다. 즉, 자바로 작성한 프로그램이라면 운영체제와 상관없이 어디서든 실행할 수 있다는 뜻이다. 왜냐하면 자바 프로그램은 가상 머신으로 실행되기 때문이다. 처음에는 이 방식이 느리고 부담스러웠지만, 지금은 하드웨어의 눈부신 발전과 여러 기술이 개발되면서 이러한 단점은 대부분 사라져 버렸다.

멀티 스레드를 지원한다 multi-threaded

멀티 스레드를 지원하면 프로그램 단위가 같은 스레드를 동시에 수행할 수 있다. 자바는 멀티 프로세서 하드웨어를 지원하도록 설계되었으므로 멀티 CPU 시스템에서 효율이 높다.

동적이다 dynamic

자바 인터페이스를 이용하면 모듈을 갱신할 때 다른 모듈까지 모두 갱신할 필요가 없다. 인터페이스가 인스턴스 변수와 도구의 실행문을 모두 배제한 채 객체 간의 상호 작용을 정의하기 때문이다.

인스턴스와 객체는 05-2절에서 자세히 설명한다.

02
자바 시작하기

02장에서는 자바 프로그래밍을 처음 접하는 사람들이 알아야 할 기본 지식을 다룬다. 자바 코드의 구조, 변수와 자료형, 클래스나 메서드 등의 이름 짓는 규칙, 그리고 주석을 차근차근 배워 보자. 이곳에서 설명하는 자바의 기본 개념과 구조를 잘 숙지하면 쉽고 효율적으로 학습할 수 있다.

02-1

자바 코드의 구조 살펴보기

자바 코드의 구조를 알아보자. 일반적으로 자바 코드는 다음과 같은 형태로 작성한다.

```
/* 클래스 블록 */
public class 클래스명 {

  /* 메서드 블록 */
  [public|private|protected] [static] (리턴자료형|void) 메서드명1(입력자료형 매개변수, ...) {
    명령문(statement);
    ...
  }

  /* 메서드 블록 */
  [public|private|protected] [static] (리턴자료형|void) 메서드명2(입력자료형 매개변수, ...) {
    명령문(statement);
    ...
  }

  ...
}
```


자바 코드의 가장 바깥쪽 영역은 클래스 블록이다. 클래스명은 사용자 마음대로 지을 수 있다. 단, 클래스명은 소스 파일의 이름(예: 클래스명.java)과 똑같이 사용해야 한다. 그리고 클래스 블록은 여러 메서드 블록을 포함한다.

public 클래스는 https://wikidocs.net/262에서 자세하게 알 수 있다.

이제 메서드 블록을 살펴보자.

[public|private|protected]는 public, private, protected가 오거나 아무것도 오지 않을 수 있다는 의미이다. public, private, protected는 메서드의 접근 제어자이다.

접근 제어자는 07-2절에서 자세히 다룬다.

[static]은 static 키워드가 올 수도 있고 오지 않을 수도 있다는 의미이다. static이라는 키워드가 붙으면 static 메서드가 된다.

static 메서드는 07-3절에서 자세히 다룬다.

(리턴 자료형|void)는 메서드가 실행된 후 리턴되는 값의 자료형을 의미한다. 리턴값이 있을 경우에는 반드시 리턴 자료형을 표기해야 하며, 만약 리턴값이 없는 경우라면 void로 표기해야 한다. 이 항목은 void 또는 리턴 자료형이 반드시 있어야만 한다(그래서 [] 대신 ()로 표시했다.).

메서드명은 자유롭게 지을 수 있다. 메서드명 뒤에 이어지는 괄호 안의 값들(입력자료형, 매개변수 등)은 메서드의 입력 인자를 뜻한다. 입력 인자는 '입력자료형+매개변수명' 형태로 이루어지며 개수에 제한이 없다. 클래스 내에는 이러한 메서드를 여러 개 만들 수 있다.

속성과 생성자 이해하기

자바 코드에는 속성과 생성자도 구성 요소로 포함된다. 속성과 생성자는 05장에서 자세히 다루므로 여기서는 간단히 살펴보자.

```
public class Sample {

    /*속성*/
    private String message;

    /*생성자*/
    public Sample(String message) {
        this.message = message
    }
}
```

속성은 클래스의 상태를 나타내는 변수로, 클래스 내부에 선언된다. 생성자는 클래스 인스턴스를 생성할 때 실행되는 메서드로, 주로 속성을 초기화하는 용도로 사용한다.

자바 코드의 예

간단한 예로 자바 코드의 구조를 더 자세히 알아보자.

```
public class Sample {
    public static void main(String[] args) {
        System.out.println("Hello java");
    }
}
```

▶ 클래스 블록

자바 코드의 가장 바깥쪽 영역인 클래스 블록을 보자. 클래스 블록은 중괄호({})로 둘러싸야 한다.

```
public class Sample {  ← 블록의 시작
    (... 생략 ...)
}  ← 블록의 끝
```

public은 자바의 접근 제어자로, 어디서든 이 클래스에 접근할 수 있음을 의미한다. class는 클래스 블록을 만드는 키워드이다.

여기서 클래스명은 Sample이다.

▶ 메서드 블록

메서드 블록은 클래스 블록 안에 있으며 역시 중괄호({})로 영역을 구분한다.

```
public class Sample {
    public static void main(String[] args) {
        (... 생략 ...)
    }
}
```

클래스 블록 안에는 메서드 블록이 여러 개 있을 수 있다. 메서드 블록에서 사용하는 public, static, void 등은 7장에서 자세히 다루므로 여기서는 간단히 알고 넘어가자.

이 메서드의 이름은 main이다.

- static: 메서드에 static 키워드가 붙으면 클래스 메서드가 되어 객체를 만들지 않아도 '클래스명.메서드명' 형태로 호출할 수 있다.
- void: 메서드의 리턴 자료형으로, void는 리턴값이 없음을 의미한다.
- String[] args: 메서드의 매개 변수로, args 변수는 String[] 배열 자료형임을 의미한다. args는 argument의 줄임말로, 인수를 의미한다. args 대신 다른 이름을 사용해도 상관없다.

인수는 메서드에 전달하는 입력값을 말하며, 05-3절에서 자세히 다룬다.

▶ 명령문

메서드 블록 안에는 명령문이 있다. 컴퓨터에 무언가 일을 시키는 문장을 명령문statement이라고 한다.

```
public class Sample {
    public static void main(String[] args) {
        System.out.println("Hello java");
    }
}
```

명령문은 반드시 세미콜론(;)을 붙여 문장이 끝났다는 것을 표시해야 한다. 메서드 블록 안에는 명령문이 여러 개 있을 수 있다.

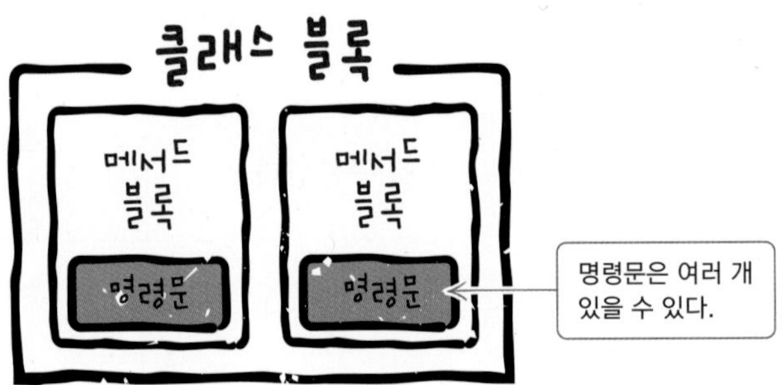

02-2
변수와 자료형

이번에는 자바의 변수와 자료형을 차례로 알아보자.

변수는 흔히 값을 넣을 수 있는 빈 상자와 같다고 표현한다. 즉, 변수는 값을 대입하여 사용할 수 있다. 그리고 값에는 어떤 형태가 정해져야 하는데, 이 형태가 바로 자료형이다. 다음은 변수와 자료형을 나타낸 예제이다. 한번 가볍게 살펴보고 본격적으로 내용을 익혀 보자.

자료형 변수

```
int a;
```

변수 알아보기

다음 a, b를 변수variable라고 한다.

```
int a;
String b;
```

이때 변수 이름은 프로그래머가 마음대로 지정할 수 있다. 앞의 예처럼 a, b로 지을 수도 있고 다음처럼 one, two로도 정할 수 있다.

```
int one;
String two;
```

변수 이름을 지을 때는 3가지 규칙을 따라야 한다.

- 변수명은 숫자로 시작할 수 없다.
- _와 $ 이외의 특수 문자는 사용할 수 없다.
- int, class, return 등 자바의 키워드는 변수명으로 사용할 수 없다.

다음은 변수명을 잘못 사용한 예이다.

```
int 1st;  // 변수명은 숫자로 시작할 수 없다.
int a#;   // 변수명에 특수 문자를 사용할 수 없다.
int class; // 키워드를 변수명으로 사용할 수 없다.
```

자바의 키워드 알아 두기

변수명을 정할 때 반드시 피해야 하는 자바의 키워드는 다음과 같다.

abstract	continue	for	new	switch
assert	default	goto	package	synchronized
boolean	do	if	private	this
break	double	implements	protected	throw
byte	else	import	public	throws
case	enum	instanceof	return	transient
catch	extends	int	short	try
char	final	interface	static	void
class	finally	long	strictfp	volatile
const	float	native	super	while

자료형 알아보기

변수명 앞의 int, String 등은 변수의 자료형type을 뜻한다. 앞서 살펴본 int a;라는 코드는 다음과 같이 해석된다.

```
int a;  <- 변수 a의 자료형은 int이다.
```

이때 a라는 변수에는 int 자료형 값으로 1, 10, 25 등의 정수만 담을 수 있다.

이어서 String b;라는 코드는 다음과 같이 해석된다.

```
String b;  <- 변수 b의 자료형은 String이다.
```

이때, b라는 변수에는 String 자료형 값으로 "a", "hello" 등의 문자열만 담을 수 있다.

변수에 값 대입하기

변수를 선언한 후에는 변수에 값을 대입할 수 있다. 이때 = 기호를 사용한다. 각 문장은 다음과 같이 해석된다.

```
int a;
String b;

a = 1;  <- int 자료형 변수 a에 1이라는 값을 대입
b = "hello java";  <- String 자료형 변수 b에 hello java라는 값을 대입
```

'='은 대입 연산자 assignment operator 라고 한다.

또한 다음과 같이 변수를 선언함과 동시에 값을 대입할 수도 있다.

```
int a = 1;
String b = "hello java";
```

int 자료형 변수에 문자열을 대입하면 어떻게 될까?

만약 int 자료형 변수인 a에 문자열을 대입하면 어떻게 되는지 알아보자.

```
int a = "Hello java";
```

IDE에서는 다음과 같은 오류 메시지를 보여 준다. 이 메시지는 String 자료형을 int 자료형으로 변경할 수 없다는 뜻이다.

```
Type mismatch: cannot convert from String to int
```

자주 쓰이는 자료형

int, String 외에 자바에서 가장 많이 사용하는 자료형을 알아보자.

- int
- long
- double
- boolean
- char
- String
- StringBuffer
- List
- Map
- Set

예를 들어 StringBuffer, List 자료형에 해당되는 변수는 다음과 같이 만들 수 있다. 각 문장은 다음과 같이 해석된다.

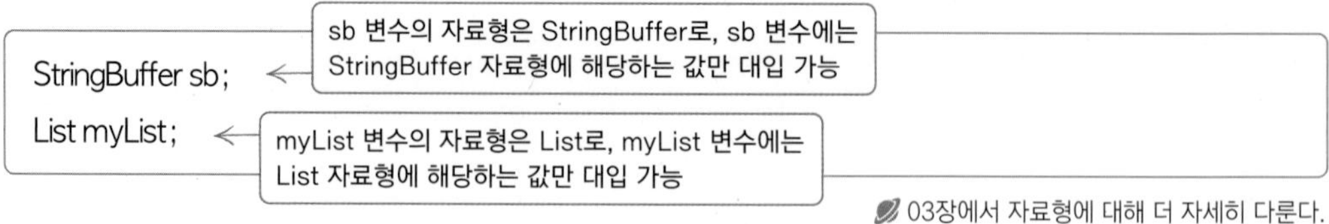

03장에서 자료형에 대해 더 자세히 다룬다.

사용자 정의 자료형

뒤에서 자세하게 공부하겠지만 사용자가 자료형을 직접 만들 수도 있다. 예를 들어 Animal이라는 클래스를 만들었다고 가정해 보자.

```
class Animal {
}
```

Animal 클래스를 만들었다면 다음과 같이 Animal이란 자료형의 변수를 만들 수 있다. 이 코드는 다음과 같이 해석된다.

```
Animal cat;
```

cat 변수의 자료형은 Animal이며, cat 변수엔 Animal 자료형에 해당하는 값만 대입 가능

자료형과 클래스의 관계는 05장에서 더 자세히 알아볼 것이다. 사용자 정의 자료형은 이렇게 만들 수 있다는 정도만 알고, 자료형과 클래스에 대한 궁금증은 잠시 접어두자.

02-3
이름 짓는 규칙

자바 코드를 작성하면서 클래스, 메서드, 변수 등의 이름을 지을 때 개발자들이 가장 고민한다. 하지만 규칙을 알아 두면 부담을 크게 줄일 수 있다. 여러 사람이 프로그래밍할 때 코드를 서로 다른 스타일로 작성한다면 알아보기 힘들므로 가이드를 정한 것이다.

클래스 이름 짓기

자바 클래스를 만들려면 먼저 이름을 지어야 한다. 자바 클래스의 이름은 사실 아무렇게나 지어도 되지만 다음과 같은 규칙이 있다.

- 클래스명은 명사로 한다.
- 클래스명은 대문자로 시작한다.
- 여러 개의 단어를 조합하여 만들 경우 각 단어의 첫 번째 글자는 대문자이어야 한다. 이를 파스칼 케이스pascal case라고 한다.

규칙에 따른 클래스명의 예는 다음과 같다.

```
class Cookie {}
class ChocoCookie {}    <- 파스칼 케이스의 예
```

메서드 이름 짓기

메서드명은 보통 다음과 같은 규칙을 따른다.

- 메서드명은 동사로 한다.
- 매서드명은 소문자로 시작한다.
- 여러 개의 단어를 조합하여 만들 경우 맨 첫 글자를 제외한 나머지 단어의 첫 글자는 대문자를 써서 구분한다. 이를 카멜 케이스camel case라고 한다.

메서드명의 예를 살펴보자.

```
run();
runFast();
getBackground(); <- 카멜 케이스의 예
```

변수 이름 짓기

앞서 02-2절에서 잠깐 언급했지만 변수명은 다음 규칙을 따른다.

- 변수 이름은 짧지만 의미가 있어야 한다. 즉, 변수명만 봐도 사용한 이유를 알 수 있게 지어야 한다.
- 순서를 의미하고 임시로 쓰이는 정수의 변수명은 i, j, k, m, n을 사용한다. 문자의 경우는 c, d, e 등을 사용한다.
- 변수명에 _, $를 쓸 수 있지만 시작 문자로 사용하는 것은 지양하자.

변수명의 예를 살펴보자.

```
String userName;
float lineWidth;
int i;  // 주로 반복문에서 사용
char c;  //주로 반복문에서 사용
```

당장 이 내용을 외우기보단 이 책으로 공부하면서 자연스럽게 익히자구~

02-4
주석이란?

자바 코드에 프로그래머의 의견이나 코드의 설명을 적을 수 있는데 이것을 주석comment이라고 한다. 주석은 프로그램 코드에 삽입하더라도 프로그램을 수행하는 데 전혀 영향을 끼치지 않는다. 왜냐하면 컴파일할 때 주석은 자동으로 바이너리 코드에서 제거되기 때문이다.

자바에는 블록 주석과 라인 주석 이렇게 두 가지 형태가 있다.

블록 주석

/* 가 블록 주석의 시작이고 */가 블록 주석의 끝이다. 블록 주석은 코드에서 블록 단위(클래스, 메서드 등)로 설명할 때 주로 사용한다.

```
/*                       ← 블록 주석의 시작
프로그램의 저작권

이 프로그램의 저작권은 홍길동에게 있습니다.
Copyright 2013.
*/                       ← 블록 주석의 끝
public class MyProgram {
  ...
```

라인 주석

라인 주석은 // 기호를 사용하는데, //가 시작된 곳부터 그 라인의 끝까지 주석문이 된다. 보통 특정 코드 한 줄을 설명할 때 라인 주석을 사용한다.

```
int age; // 동물의 나이   ← 라인 주석
```

주석 올바르게 사용하기

▶ 적절하지 못한 주석

다음 예처럼 누구나 알 만한 내용의 주석은 코드를 지저분하게 만들기 때문에 쓰지 않는 게 좋다.

```
a++; // a의 값을 증가
```

▶ 주석을 사용할 때 이런 점은 주의하자

코드가 바뀌면 주석 내용도 업데이트해야 한다. 코드에 달린 엉뚱한 주석문은 코드를 읽는 다른 사람에게 큰 혼란을 줄 수 있으므로 업데이트하는 것을 잊지 말자!

코드는 수정했는데 바쁘거나 귀찮아서 주석문을 미처 수정하지 않을 때가 종종 있으니 주의하자!

▶ 임시 백업을 위한 주석

작성한 코드의 특정 부분을 잠시 사용하지 않게 만들고 싶을 때에도 주석을 사용한다. 예를 들어 좀 더 업그레이드된 코드를 작성하고 싶을 때 기존 코드를 삭제하지 않고 잠시 주석 처리를 하고 새로운 코드를 작성하면 편리하다. 주석 처리한 기존 코드를 참고할 수도 있고, 기존 코드로 쉽게 돌아갈 수도 있기 때문이다.

주석이 적은 코드와 많은 코드, 어떤 게 좋은 코드일까?

어떤 사람은 주석이 없는 코드가 좋은 코드라고 한다. 하지만 이 말을 오해하지 말자. 주석이 없는 코드가 아니라 주석이 있을 필요가 없을 정도로 이해하기 쉽고 누가 봐도 명확한 코드를 말하는 것이다. 이런 코드를 심플 코드(simple code)라고 한다.

XP(Extreme Programming)의 창시자 중 한 명인 론 제프리즈(Ron Jeffries)는 심플 코드를 **'동작하는 깨끗한 코드(Clean code that works)'**라고 정의했다. '동작하는 깨끗한 코드'는 이상적인 코드라고 할 수 있다. 하지만 내용이 불분명하고 도저히 이해할 수 없는 코드, 또는 헷갈리기 쉬운 부분에도 주석은 꼭 필요하다. 주석은 이해하기 어려운 곳에 주로 작성되기 때문에 '주석이 필요하다면 좋은 코드가 아니다'라는 말이 나온 것이므로, 심플 코드를 작성할 수 없다면 주석은 어쩔 수 없이 사용해야 한다.

03

자바의 기초 — 자료형

자료형data type이란 데이터의 종류와 크기를 결정하는 기본 구성 요소로 숫자, 문자열처럼 자료 형태로 사용하는 모든 것을 뜻한다. 프로그램에서 가장 기본적이면서 핵심 단위가 되는 것이 바로 자료형이다. 따라서 자료형을 충분히 이해하지 않고 프로그래밍을 시작하려는 것은 기초 공사를 제대로 하지 않고 건물을 세우는 것과 같다. 프로그래밍 언어를 배울 때 '그 언어의 자료형을 알면 이미 그 언어의 반을 터득한 것이나 다름없다'라는 말이 있다. 이렇듯 자료형은 프로그래밍에서 가장 기초가 되는 중요한 부분이니 주의를 기울여 자세히 살펴보자.

03-1
숫자

숫자 자료형은 숫자 형태로 이루어지며 우리가 익숙히 알고 있는 것들이다. 123과 같은 정수, 12.34 같은 실수, 드물게 쓰이지만 8진수나 16진수 같은 것들도 있다. 자바에서 이런 숫자들을 어떻게 사용하는지 알아보자.

정수

자바에서 정수를 표현하는 자료형은 int, long이다. int와 long은 표현할 수 있는 숫자의 범위에 차이가 있다.

자료형	표현 범위
int	-2147483648 ~ 2147483647
long	-9223372036854775808 ~ 9223372036854775807

byte, short 등도 있지만 잘 사용하지 않는다. byte는 -128부터 127까지, short는 -32768부터 32767까지의 값을 가질 수 있는 자료형으로 특정 상황에서 효율적인 메모리 사용이 필요한 경우에 사용한다.

int와 long을 사용한 예를 살펴보자.

```
int age = 10;
long countOfStar = 8764827384923849L;
```

이렇게 붙여 준다.

long 자료형 변수에 값을 대입할 때 int 자료형의 최댓값인 2147483647보다 크면 8764827384923849L처럼 끝에 접미사로 L 자를 붙여 주어야 한다. 만약 큰 숫자에 접미사 L을 누락하면 컴파일 오류가 발생한다.

알파벳 대문자 L 대신 소문자 l도 사용할 수 있지만 숫자 1과 비슷해서 헷갈릴 수 있어서 추천하지 않는다.

실수

자바에서 실수를 표현하는 자료형은 float, double이다. float와 double 역시 표현할 수 있는 숫자의 범위에 차이가 있다.

자료형	표현 범위
float	$-3.4 * 10^{38} \sim 3.4 * 10^{38}$
double	$-1.7 * 10^{308} \sim 1.7 * 10^{308}$

float와 double을 사용한 예를 살펴보자.

```
float pi = 3.14F;
double morePi = 3.14159265358979323846;
```

자바에서 실수형은 기본값이 double이므로 앞의 예에서 보듯이 float 변수에 값을 대입할 때에는 3.14F처럼 끝에 접미사로 F 자를 꼭 붙여 주어야 한다. float 자료형에 값을 대입할 때 접미사를 누락하면 컴파일 오류가 발생한다. 대문자 F 대신 소문자 f를 사용해도 된다.

실수는 지수 표현식으로 다음과 같이 사용할 수도 있다.

```
double d1 = 123.4;
double d2 = 1.234e2;
```

d1과 d2의 값은 123.4로 같다. d2의 e2는 10의 제곱(10^2)을 의미한다. 즉, $1.234 * 10^2$이 되어 123.4가 되는 것이다.

8진수와 16진수

8진수와 16진수는 int 자료형을 사용한다. 숫자 0으로 시작하면 8진수, 숫자 0과 알파벳 x로 시작하면 16진수가 된다. 8진수와 16진수를 사용한 예를 살펴보자. 023과 0xC3에 해당하는 십진수 값은 각각 19, 195이다.

```
int octal = 023;   // 십진수: 19
int hex = 0xC3;    // 십진수: 195
```

진법 더 알아보기

8진수와 16진수는 컴퓨터에서 숫자를 표현할 수 있는 방법 중 하나이다. 8진수는 0부터 7까지를 사용하여 숫자를 표현한다. 예를 들어 숫자 23은 $2 * 8^1 + 3 * 8^0 = 19$가 되어 십진수 19와 같다. 16진수는 0부터 9까지의 숫자와 A부터 F까지의 알파벳을 사용하여 숫자를 표현한다. 알파벳 A는 숫자 10, B는 11, C는 12, D는 13, E는 14, F는 15를 의미한다. 예를 들어 16진수 C3은 $12 * 16^1 + 3 * 16^0 = 195$가 되어 십진수 195와 같다.

숫자 연산

자바의 사칙연산은 우리가 실생활에서 사용하는 사칙연산과 다를 바가 없다. 자바는 +, -, *, / 기호를 이용하여 두 숫자 간의 사칙연산을 수행한다. 사칙연산을 수행하는 자바 프로그램을 작성하고 실행해 보자.

Do it! 코딩해 보세요 Sample.java

```
public class Sample {
    public static void main(String[] args) {
        int a = 10;
        int b = 5;
        System.out.println(a+b);
        System.out.println(a-b);
        System.out.println(a*b);
        System.out.println(a/b);
    }
}
```

실행 결과

```
15
5
50
2
```

프로그래밍을 접해 본 적이 없다면 % 연산자를 잘 모를 수 있다. %는 나머지 값을 반환하는 연산자이다. 예를 들어 7을 3으로 나누면 나머지는 1이 될 것이고 3을 7로 나누면 나머지는 3이 될 것이다.

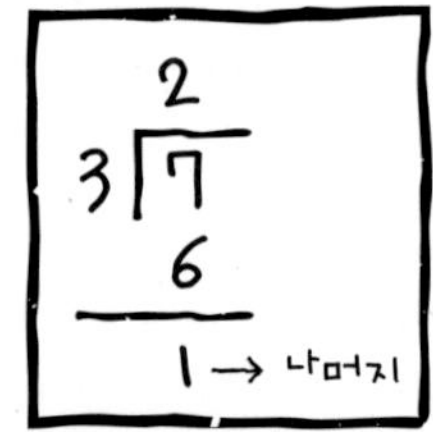

다음 예로 % 연산자를 확인해 보자.

Do it! 코딩해 보세요

```
public class Sample {
    public static void main(String[] args) {
        System.out.println(7 % 3);  // 1 출력
        System.out.println(3 % 7);  // 3 출력
```

```
    }
}
```

실행 결과

```
1
3
```

앞으로 이 책에서 설명하는 모든 예제는 Sample.java 파일 내에 구현하여 실행할 것이다. 예제 중에서 Sample 클래스 없이 수행할 문장만 있다면 Sample 클래스의 main 메서드 안에 해당 문장을 작성하여 실행하자. 다음은 수행할 문장만 있는 예제이다.

꼭 읽고 넘어갈 것!

```
System.out.println(7 % 3); // 1 출력
System.out.println(3 % 7); // 3 출력
```

Sample 클래스의 main 메서드에 이 문장을 작성한 후 실행하자.

```
public class Sample {
    public static void main(String[] args) {
        System.out.println(7 % 3); // 1 출력
        System.out.println(3 % 7); // 3 출력
    }
}
```

이렇게 메서드 블록에 입력하고 실행

증감 연산

자바에서는 ++, -- 기호를 이용하여 값을 증가 또는 감소시킬 수 있는데 이때 ++, -- 기호를 증감 연산자라고 한다.

Do it! 코딩해 보세요

```
int i = 0;
int j = 10;
i++;
j--;

System.out.println(i); // 1 출력
System.out.println(j); // 9 출력
```

실행 결과

```
1
9
```

++는 변수에 저장된 값을 1만큼 증가시키고 --는 1만큼 감소시킨다는 것을 확인할 수 있다.

하지만 여기서 실수하기 쉬운 것이 있다. 바로 증감 연산자의 위치이다.

Do it! 코딩해 보세요

```
int i = 0;
System.out.println(i++); // 0 출력
System.out.println(i); // 1 출력
```

실행 결과

```
0
1
```

System.out.println(i++)의 결과로 i가 1만큼 증가하여 1을 출력해야 할 것 같지만 0이 출력되었다. 그렇다면 변수 i의 값은 증가되지 않은 것일까? 그다음 문장인 System.out.println(i)의 출력값을 확인해 보니 1이 나온다. 즉, i의 값은 증가된 것이다. 왜 이런 결과가 나왔을까?

바로 변수 ++ 연산자의 위치 때문이다. i++처럼 ++ 연산자가 변수명 뒤에 붙으면 해당 코드가 실행되는 순간에는 i값이 변경되지 않는다. 다만 i++ 문장이 실행된 이후에 i값이 증가한다. 이와 반대로 i++ 대신 ++i를 사용하면 i값이 먼저 증가된 후에 해당 코드가 실행된다.

- i++ : 값을 참조한 후에 증가
- ++i : 값을 참조하기 전에 증가

다음과 같은 차이가 있으니 잊지 말자!

연산자의 위치를 변경하여 확인해 보자.

Do it! 코딩해 보세요

```
int i = 0;
System.out.println(++i); // 1 출력
System.out.println(i); // 1 출력
```

++i 때문에 i값이 참조되기 전에 증가된 것을 확인할 수 있다.

실행 결과

```
1
1
```

-- 연산자도 ++ 연산자와 같은 규칙을 따른다.

03-2
불

참(true) 또는 거짓(false)의 값을 갖는 자료형을 불boolean 자료형이라고 한다. 불 자료형에 대입되는 값은 참 또는 거짓만 가능하다.

boolean은 불린, 불리언이라고 읽는다.

다음은 불 변수에 값을 대입한 예제이다. 한번 가볍게 살펴보자.

```
boolean isSuccess = true;
boolean isTest = false;
```

불 연산

불 자료형에는 불 연산의 결괏값을 대입할 수 있다. 불 연산은 참 또는 거짓을 판단하는 연산을 말한다. 불 연산의 예를 살펴보자.

```
2 > 1          // 참
1 == 2         // 거짓
3 % 2 == 1     // 참(3을 2로 나눈 나머지는 1이므로 참이다.)
"3".equals("2") // 거짓
```

이러한 불 연산의 결과는 참 또는 거짓이므로 if 문과 같은 조건문에 사용하거나 불 자료형에 대입할 수 있다.

불 연산 사용 예 — 조건문

불 연산은 보통 조건문의 판단 기준으로 많이 사용한다.

Do it! 코딩해 보세요

```
int base = 180;
int height = 185;
boolean isTall = height > base;

if (isTall) {
    System.out.println("키가 큽니다.");
}
```

이 조건문은 만약 isTall에 저장된 값이 참이라면, 즉 height에 저장된 값이 base에 저장된 값보다 크면 '키가 큽니다.'를 출력한다.

실행 결과

```
키가 큽니다.
```

예를 하나 더 보자.

Do it! 코딩해 보세요

```
int i = 3;
boolean isOdd = i % 2 == 1;
System.out.println(isOdd); // true 출력
```

i % 2 == 1은 i를 2로 나누었을 때 나머지가 1인지를 묻는 조건문이다. i는 3이므로 3을 2로 나눈 나머지는 1이 되어 참이 된다. 따라서 isOdd는 true(참)값을 갖는다.

실행 결과

```
true
```

if 문과 같은 조건문은 04-1절에서 더 자세히 다룰 것이므로, 여기서는 이 정도만 알고 넘어가자.

03-3
문자

문자 자료형은 char를 이용한다. char 자료형을 사용한 예를 살펴보자.

```
char a1 = 'a';
```

문잣값 앞뒤를 단일 인용 부호 ' '로 감싸 주어야 한다.

char 자료형은 사실 프로그램을 작성할 때 그리 많이 사용하는 편이 아니다. 어쩌면 사용할 일이 거의 없을 정도로 char 자료형의 활용성은 적지만 문잣값을 표현하는 방식은 다양하므로 사용할 때 주의해야 한다.

다음처럼 자바 코드를 작성하고 실행해 보자.

Do it! 코딩해 보세요

```
char a1 = 'a'; // 문자로 표현
char a2 = 97; // 아스키코드로 표현
char a3 = '\u0061'; // 유니코드로 표현

System.out.println(a1); // a 출력
System.out.println(a2); // a 출력
System.out.println(a3); // a 출력
```

세 종류의 코드는 a라는 문자를 똑같이 출력한다. 즉, a라는 문잣값을 'a', 97, '₩u0061'로 사용해도 모두 같은 결과를 나타낸다. 첫 번째 코드는 문자로, 두 번째 코드는 아스키코드로, 세 번째 코드는 유니코드로 표현한 것이다.

실행 결과

```
a
a
a
```

03-4
문자열

문자열이란 다음처럼 문자로 구성된 문장을 뜻한다.

```
"Happy Java"
"a"
"123"
```

자바에서 문자열을 나타내는 자료형은 String이다. 앞의 문자열을 자바에서 표현해 보자.

Do it! 코딩해 보세요

```
String a = "Happy Java";
String b = "a";
String c = "123";
```

다음과 같이 표현할 수도 있다.

Do it! 코딩해 보세요

```
String a = new String("Happy Java");
String b = new String("a");
String c = new String("123");
```

이때 new 키워드는 객체를 만들 때 사용한다. 문자열을 표현할 때는 가급적이면 첫 번째 방식, 즉 리터럴literal 표기 방식을 사용하는 것이 좋다. 왜냐하면 리터럴 표기 방식은 가독성이 좋고 컴파일할 때 최적화에 도움을 주기 때문이다.

객체는 05장에서 자세하게 알아본다. 그때까지는 객체라는 용어가 계속해서 나오더라도 '새로 생성된 자료형' 정도로 알고 넘어가자.

리터럴 표기 방식 이해하기

String a = "Happy Java" 와 String b = new String("Happy Java")에서 a, b 변수는 같은 문자열 값을 갖게 되지만 완전히 동일하지는 않다. 첫 번째 코드는 리터럴literal 표기 방식이라고 하는데 고정된 값을 그대로 대입하는 방법을 말한다. 이와 달리 두 번째 방식은 항상 새로운 String 객체를 만든다. 첫 번째 방식은 동일한 리터럴을 사용할 경우 새로운 String 객체를 만들지 않고 기존에 만든 것을 재활용한다.

원시 자료형

앞에서 살펴보았던 int, long, double, float, boolean, char 자료형을 원시primitive 자료형이라고 한다. 이런 원시 자료형은 new 키워드로 값을 생성할 수 없다. 원시 자료형은 다음 리터럴 표기 방식으로만 값을 세팅할 수 있다.

```
boolean result = true;
char a = 'A';
int i = 100000;
```

여기서 반드시 기억해 둘 게 하나 있다. String은 리터럴 표기 방식을 사용할 수 있지만 원시 자료형에 포함되지 않는다. String은 리터럴 표기 방식을 사용할 수 있도록 자바에서 특별 대우해 주는 자료형이다.

Wrapper 클래스

int, long, double, float, boolean, char 등의 원시 자료형에는 각각 그에 대응하는 Wrapper 클래스가 있다.

원시 자료형	Wrapper 클래스
int	Integer
long	Long
double	Double
float	Float
boolean	Boolean
char	Char

멀티 스레드 환경에서 동기화를 지원하려면 원시 자료형 대신 Wrapper 클래스를 사용해야 한다.

문자열 내장 메서드

String 자료형의 내장 메서드 중에서 자주 사용하는 것을 알아보자. String 자료형의 내장 메서드는 문자열 객체에 속한 함수라 할 수 있다. 문자열 합치기, 분할, 대소문자 변환 등의 문자열을 다양하게 활용할 수 있도록 도와주는 역할을 한다.

▶▶ equals

equals 메서드는 문자열 2개가 같은지를 비교하여 결괏값을 리턴한다.

'리턴한다'라는 것은 메서드에서 값을 반환하는 작업을 한다는 뜻이다. 메서드는 특정 작업을 수행한 후 결과를 호출한 곳으로 돌려주기 위해 리턴한다.

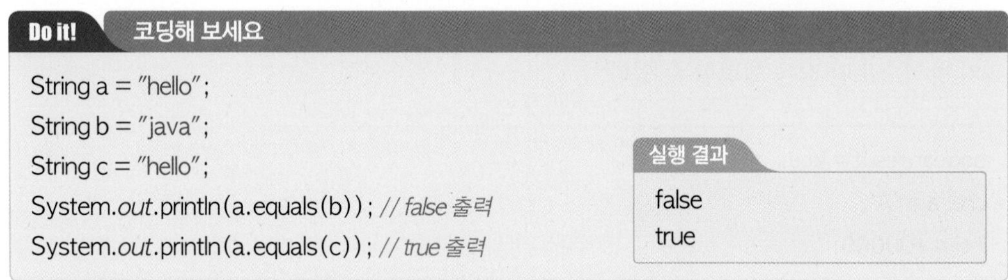

Do it! 코딩해 보세요

```
String a = "hello";
String b = "java";
String c = "hello";
System.out.println(a.equals(b)); // false 출력
System.out.println(a.equals(c)); // true 출력
```

실행 결과

```
false
true
```

문자열 a와 문자열 b에는 hello와 java가 각각 저장되어 있으므로 값이 서로 같지 않다. 따라서 equals 메서드를 호출하면 false를 리턴한다. 그러나 문자열 a와 문자열 c는 hello와 hello로 값이 서로 같으므로 true를 리턴한다.

이처럼 문자열의 값을 비교할 때는 반드시 equals를 사용해야 한다. 만약 equals 대신 == 연산자를 사용한다면 다음과 같은 결과가 발생한다.

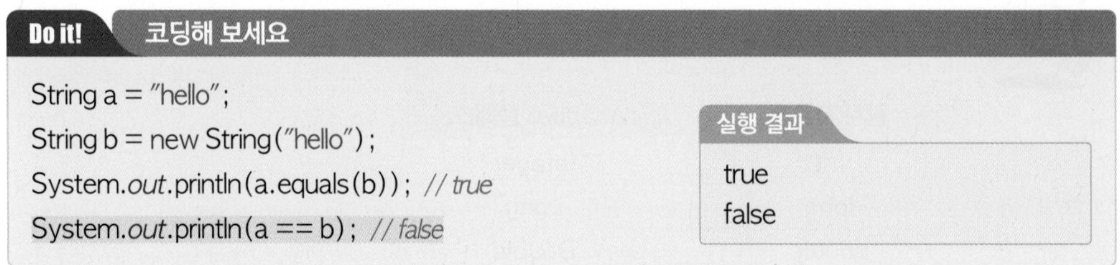

Do it! 코딩해 보세요

```
String a = "hello";
String b = new String("hello");
System.out.println(a.equals(b)); // true
System.out.println(a == b); // false
```

실행 결과

```
true
false
```

문자열 a와 b는 모두 hello로 값이 같지만 equals를 호출하면 true를, == 연산자를 사용하면 false를 리턴한다. a와 b는 값은 같지만 서로 다른 객체이기 때문이다. ==은 2개의 자료형이 같은 객체인지를 판별할 때 사용하는 연산자이므로 false를 리턴한다.

객체는 05장에서 자세하게 다룬다.

▶ indexOf

indexOf는 문자열에서 특정 문자열이 시작되는 위치(인덱스값)를 리턴한다. 문자열 a에서 Java가 시작되는 위치를 알고 싶다면 indexOf를 사용하여 다음처럼 위치를 리턴받을 수 있다.

Do it! 코딩해 보세요

```
String a = "Hello Java";
System.out.println(a.indexOf("Java")); // 6 출력
```

문자열 Hello Java에서 특정 문자열인 Java는 일곱 번째 문자인 J부터 시작된다. 이때 결괏값이 7이 아닌 6으로 나온 이유는 자바에서는 숫자를 0부터 세기 때문이다.

실행 결과

```
6
```

▶ contains

contains 메서드는 문자열에서 특정 문자열이 포함되어 있는지 여부를 리턴한다.

Do it! 코딩해 보세요

```
String a = "Hello Java";
System.out.println(a.contains("Java")); // true 출력
```

문자열 a는 Java라는 문자열을 포함하고 있어서 true를 리턴한다.

실행 결과

```
true
```

▶ charAt

charAt 메서드는 문자열에서 특정 위치의 문자를 리턴한다. Hello Java 문자열에서 J는 여섯 번째 인덱스에 위치한 문자이다. 인덱스 6으로 문자 J를 리턴받으려면 다음과 같이 charAt을 사용한다.

Do it! 코딩해 보세요

```
String a = "Hello Java";
System.out.println(a.charAt(6)); // "J" 출력
```

실행 결과

```
J
```

▶ replaceAll

replaceAll 메서드는 문자열에서 특정 문자열을 다른 문자열로 바꿀 때 사용한다. 다음 예에서는 Hello Java 문자열에서 Java를 World로 바꾸었다.

Do it! 코딩해 보세요

```
String a = "Hello Java";
System.out.println(a.replaceAll("Java", "World")); // "Hello World" 출력
```

실행 결과

```
Hello World
```

▶ substring

substring 메서드는 문자열에서 특정 문자열을 뽑아낼 때 사용한다.

Do it! 코딩해 보세요

```
String a = "Hello Java";
System.out.println(a.substring(0, 4)); // "Hell" 출력
```

실행 결과

```
Hell
```

위처럼 substring(시작 위치, 끝 위치)와 같이 코드를 작성하면 문자열의 시작 위치에서 끝 위치까지의 문자를 뽑아내게 된다. 단, 끝 위치의 문자는 포함이 안 된다는 점에 주의하자. 이것은 다음과 같은 수학의 식과 비슷하다.

시작 위치 ≤ a < 끝 위치

▶ toUpperCase

toUpperCase 메서드는 문자열을 모두 대문자로 변경할 때 사용한다.

Do it! 코딩해 보세요

```
String a = "Hello Java";
System.out.println(a.toUpperCase()); // "HELLO JAVA" 출력
```

실행 결과

```
HELLO JAVA
```

문자열을 모두 소문자로 변경할 때는 toLowerCase를 사용한다.

▶ split

split 메서드는 문자열을 특정한 구분자로 나누어 문자열 배열로 리턴한다.

Do it! 코딩해 보세요

```
String a = "a:b:c:d";
String[] result = a.split(":"); // result는 {"a", "b", "c", "d"}
```

이번 예처럼 a:b:c:d라는 문자열을 :(콜론)으로 나누어 {"a", "b", "c", "d"} 문자열 배열을 만들 수 있다.

배열은 03-6절에서 자세히 알아보자.

문자열 포매팅

문자열에서 또 하나 알아야 할 것으로 문자열 포매팅formatting이 있다. 먼저, 다음 문자열을 출력하는 프로그램을 작성했다고 가정해 보자.

```
"현재 온도는 18도입니다."
```

시간이 지나서 20도가 되면 다음 문자열을 출력한다.

```
"현재 온도는 20도입니다."
```

위 두 문자열은 각각 18과 20이라는 숫자만 다를 뿐 형식은 같다. 이렇게 문자열 안의 특정한 값을 바꿀 수 있게 해주는 것이 바로 문자열 포매팅 기법이다. 문자열 포매팅이란 쉽게 말해 문자열 안에 어떤 값을 삽입하는 방법이다. 다음 예를 직접 실행해 보면서 문자열 포매팅 기법을 알아보자.

▶ 숫자 바로 대입하기

문자열 포매팅은 String.format 메서드를 사용한다.

Do it! 코딩해 보세요

```
System.out.println(String.format("I eat %d apples.", 3)); // "I eat 3 apples." 출력
```

실행 결과

```
I eat 3 apples.
```

이 예제의 결괏값을 보면 알겠지만, 문자열 안에 정수 3을 삽입하는 방법을 보여 준다. 문자열 안에서 숫자를 넣고 싶은 자리에 %d를 입력하고, 삽입할 숫자 3을 두 번째 파라미터로 전달했다. %d는 문자열 포맷 코드라고 한다. 문자열 포맷 코드는 잠시 뒤에 더 자세히 다룬다. 여기서는 이런 것이 있다는 것만 알자.

파라미터(매개 변수)는 메서드에 전달된 값을 저장하는 변수로, 메서드를 호출할 때 파라미터를 이용해 입력 데이터를 전달할 수 있다.

▶ 문자열 바로 대입하기

문자열 안에 꼭 숫자만 넣으라는 법은 없다. 이번에는 숫자 대신 문자열을 넣어 보자.

Do it! 코딩해 보세요

```
System.out.println(String.format("I eat %s apples.", "five")); // "I eat five apples." 출력
```

실행 결과

```
I eat five apples.
```

이 예제에서는 문자열 안에 또 다른 문자열을 삽입하기 위해 앞에서 사용한 문자열 포맷 코드 %d가 아니라 %s를 썼다. 눈치 빠른 사람은 벌써 유추했을 것이다. 숫자를 넣기 위해서는 %d를, 문자열을 넣으려면 %s를 써야 한다는 사실을 말이다.

▶ 숫잣값을 나타내는 변수 대입하기

다음 예를 살펴보자.

Do it! 코딩해 보세요

```
int number = 3;
System.out.println(String.format("I eat %d apples.", number)); // "I eat 3 apples." 출력
```

실행 결과

```
I eat 3 apples.
```

숫자를 바로 대입하는 방법과 결과는 같지만, 이 예제는 숫잣값을 나타내는 변수를 대입한다.

▶ 값을 2개 이상 넣기

그렇다면 문자열 안에 값을 여러 개 넣으려면 어떻게 하는지 알아보자. 다음처럼 값을 2개 이상 넣으려면 파라미터를 순서대로 전달하면 된다.

Do it! 코딩해 보세요

```
int number = 10;
String day = "three";
System.out.println(String.format("I ate %d apples. So I was sick for %s days.", number,
day));
```

실행 결과

```
I ate 10 apples. So I was sick for three days.
```

문자열 포맷 코드

▶ 문자열 포맷 코드의 종류

지금까지 문자열 포매팅 예제에서는 대입해 넣는 자료형으로 정수와 문자열을 사용했는데 이 외에도 다양한 종류가 있다. 문자열 포맷 코드의 종류를 알아보자.

종류	설명
%s	문자열(String)
%c	문자 1개(character)
%d	정수(Integer)
%f	부동 소수(floating-point)
%o	8진수
%x	16진수
%%	특수 문자 %

여기에서 재미있는 것은 %s인데, 이 포맷 코드는 어떤 형태의 값이든 변환해 넣을 수 있어.

다음 예를 통해 %s 포맷 코드를 확인해 보자.

Do it! 코딩해 보세요

```
System.out.println(String.format("I have %s apples.", 3)); // "I have 3 apples." 출력
System.out.println(String.format("rate is %s.", 3.234)); // "rate is 3.234." 출력
```

실행 결과

```
I have 3 apples.
rate is 3.234.
```

문자열 안에 3을 삽입하려면 %d, 3.234를 삽입하려면 %f를 사용해야 한다. 하지만 %s를 사용하면 이런 것을 생각하지 않아도 된다. 왜냐하면 %s는 자동으로 전달되는 파라미터 값을 문자열로 바꾸어 사용하기 때문이다.

문자열 포맷 코드 %%의 쓰임

```
System.out.println(String.format("Error is %d%.", 98));
```

```
Exception in thread "main" java.util.UnknownFormatConversionException:
Conversion = '.'
(... 생략 ...)
```

이 예제의 결괏값은 당연히 'Error is 98%.'가 출력될 것이라고 예상하겠지만 'UnknownFormat ConversionException'이라는 오류가 발생한다.

문자열 포맷 코드인 %d와 %가 같은 문자열 안에 있을 때 특수 문자인 %를 나타내려면 반드시 %%로 써야 하기 때문이다. 하지만 문자열 안에 %d 같은 포맷 코드가 없으면 특수 문자 %는 홀로 쓰여도 상관이 없다. 따라서 원하는 결괏값을 얻으려면 코드를 수정해야 한다. 수정한 코드를 살펴보자.

```
System.out.println(String.format("Error is %d%%.", 98));
```

```
Error is 98%.
```

▶ 문자열 포맷 코드 응용하기

앞서 보았듯이 %d, %s 등은 문자열 안에 어떤 값을 삽입할 때 사용한다. 포맷 코드는 숫자와 함께 사용하면 더 유용하다.

1. 정렬과 공백 표현하기

다음 예를 살펴보자.

Do it! 코딩해 보세요

```
System.out.println(String.format("%10s", "hi.")); // "        hi." 출력
```

실행 결과

```
        hi.
```

이 예제에서 %10s는 전체 길이가 10인 문자열 공간에서 대입되는 값(hi)을 가장 오른쪽으로 정렬하고 나머지는 공백으로 남겨 두라는 의미이다.

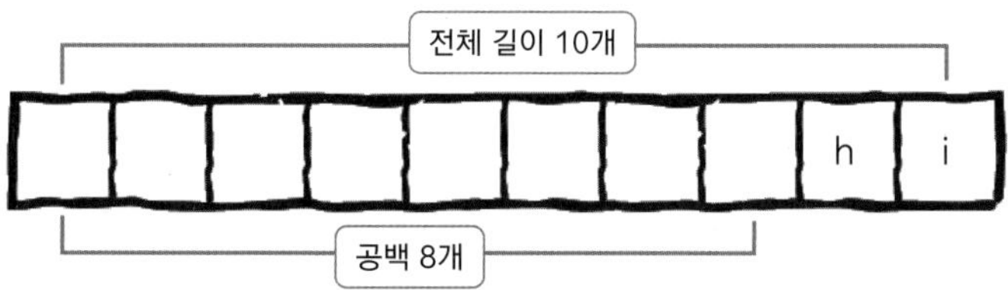

그렇다면 왼쪽 정렬은 '%-10s'을 입력하면 되지 않을까? 한번 확인해 보자.

Do it! 코딩해 보세요

```
System.out.println(String.format("%-10sjane.", "hi")); // "hi        jane." 출력
```

실행 결과

```
hi        jane.
```

이번에는 hi를 왼쪽으로 정렬하고 나머지는 공백과 jane으로 채웠음을 알 수 있다.

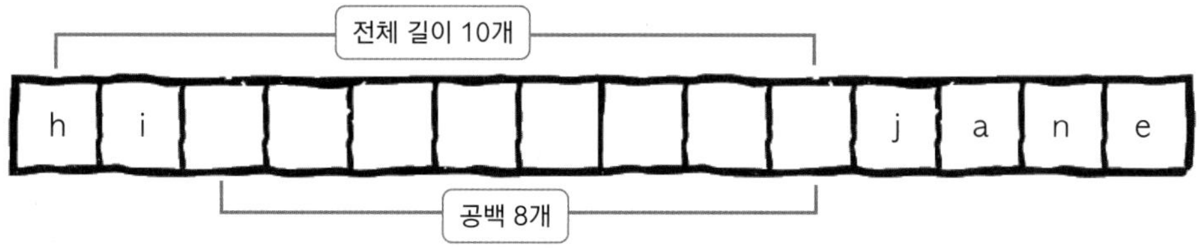

2. 소수점 표현하기

다음 예를 살펴보자.

Do it! 코딩해 보세요

```
System.out.println(String.format("%.4f", 3.42134234)); // 3.4213 출력
```

실행 결과

```
3.4213
```

%.4f는 3.42134234를 소수점 넷째 자리까지만 나타내고 싶을 때 사용한다. 문자열 포맷 코드에서 '.'는 소수점을 뜻하고, 그 뒤의 숫자 4는 소수점 뒤에 이어질 숫자의 개수를 말한다.

이번엔 좀 더 나아가 숫자 3.42134234를 소수점 넷째 자리까지 표시하고 전체 길이가 10인 문자열 공간에서 오른쪽 정렬한 소수를 출력해 보자.

Do it! 코딩해 보세요

```
System.out.println(String.format("%10.4f", 3.42134234)); // "    3.4213" 출력
```

실행 결과

```
    3.4213
```

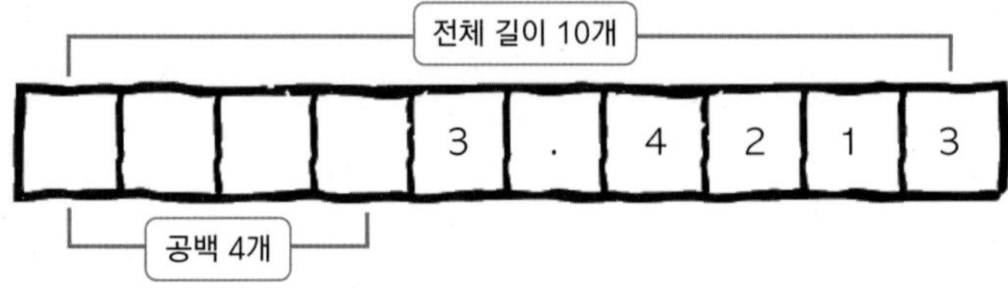

▶ System.out.printf

String.format 메서드는 포매팅된 문자열을 리턴한다. 따라서 앞선 예제에서 포매팅된 문자열을 출력할 때 System.out.println 메서드를 함께 사용했다.

```
System.out.println(String.format("I eat %d apples.", 3));
```

하지만 System.out.printf 메서드를 사용하면 String.format 메서드가 없어도 같은 형식으로 간단히 포매팅된 문자열을 출력할 수 있다.

Do it! 코딩해 보세요

```
System.out.printf("I eat %d apples.", 3); // "I eat 3 apples." 출력
```

실행 결과

```
I eat 3 apples.
```

String.format은 문자열을 리턴하는 메서드이고, System.out.printf는 문자열을 출력하는 메서드라는 점에서 차이가 있다. 상황에 맞게 선택하여 사용하자.

이 내용에 대해서는 대해서는 05-3절에서 자세히 다룬다.

03-5

StringBuffer

StringBuffer는 문자열을 추가하거나 변경할 때 주로 사용하는 자료형이다. StringBuffer의 다양한 메서드를 살펴보면서 StringBuffer의 사용법을 알아보자.

append

다음은 StringBuffer 객체를 생성하고 문자열을 생성하는 예제이다.

Do it! 코딩해 보세요

```
StringBuffer sb = new StringBuffer(); // StringBuffer 객체 sb 생성
sb.append("hello");
sb.append(" ");
sb.append("jump to java");
String result = sb.toString();
System.out.println(result); // "hello jump to java" 출력
```

실행 결과

```
hello jump to java
```

StringBuffer 자료형은 append 메서드를 사용하여 문자열을 계속해서 추가해 나갈 수 있다. 그리고 toString() 메서드를 사용하면 StringBuffer를 String 자료형으로 변경할 수도 있다.

이 예제를 StringBuffer 대신 String 자료형을 사용하도록 변경해 보자.

Do it! 코딩해 보세요

```
String result = "";
result += "hello";
result += " ";
result += "jump to java";
System.out.println(result); // "hello jump to java" 출력
```

실행 결과

```
hello jump to java
```

두 번째 예제와 첫 번째 예제의 결과는 같지만 내부적으로 객체를 생성하고 메모리를 사용하는 과정은 다르다. 첫 번째 예제에서는 StringBuffer 객체를 한 번만 생성하지만, 두 번째 예제에서는 String 자료형에 + 연산이 있을 때마다 새로운 String 객체를 생성하므로 총 4개의 String 자료형 객체가 만들어진다.

String 자료형은 값이 한 번 생성되면 변경할 수가 없다. toUpperCase와 같은 메서드를 보면 문자열이 변경되는 것처럼 생각할 수도 있지만 해당 메서드를 수행할 때 또 다른 String 객체를 생성하여 리턴할 뿐이다. 반면에 StringBuffer 자료형은 값을 변경할 수 있으므로 생성된 값을 언제든지 수정할 수 있다.

값을 변경할 수 없는 것을 '이뮤터블immutable하다', 변경할 수 있는 것을 '뮤터블mutable하다'라고 한다.

그렇다면 무조건 StringBuffer를 사용하는 것이 좋을까? 그건 상황에 따라 다르다. StringBuffer 자료형은 String 자료형보다 무거운 편에 속한다. new StringBuffer()로 객체를 생성하면 String을 사용할 때보다 메모리 사용량도 많고 속도도 느리다. 따라서 문자열을 추가하거나 변경하는 작업이 많으면 StringBuffer를, 적으면 String을 사용하는 것이 유리하다.

StringBuilder 알아보기

StringBuilder는 StringBuffer와 비슷한 자료형으로, 사용법도 같다.

```
StringBuilder sb = new StringBuilder();
sb.append("hello");
sb.append(" ");
sb.append("jump to java");
String result = sb.toString();
System.out.println(result);
```

StringBuffer는 멀티 스레드 환경에서 안전하고, StringBuilder는 StringBuffer보다 성능이 우수하다는 장점이 있다. 따라서 동기화를 고려할 필요가 없는 상황에서는 StringBuffer보다 StringBuilder를 사용하는 것이 유리하다.

insert

insert 메서드는 특정 위치에 원하는 문자열을 삽입할 수 있다. insert를 사용하여 0번째 위치에 hello라는 문자열을 삽입해 보자.

Do it! 코딩해 보세요

```
StringBuffer sb = new StringBuffer();
sb.append("jump to java");
sb.insert(0, "hello ");
System.out.println(sb.toString());
```

실행 결과

```
hello jump to java
```

substring

substring 메서드는 String 자료형의 substring 메서드와 동일하게 동작한다.

String 자료형의 substring은 03-4절에서 설명했다.

다음과 같이 substring(시작 위치, 끝 위치)와 같이 사용하면 StringBuffer 객체의 시작 위치에서 끝 위치까지의 문자를 뽑아낸다.

Do it! 코딩해 보세요

```
StringBuffer sb = new StringBuffer();
sb.append("Hello jump to java");
System.out.println(sb.substring(0, 4));
```

실행 결과

```
Hell
```

03-6
배열

지금까지 숫자와 문자, 문자열 등 다양한 자료형을 알아보았다. 하지만 이것만으로 프로그래밍을 하기에는 부족한 점이 많다. 예를 들어 1부터 10까지의 숫자 중 홀수만 모은 1, 3, 5, 7, 9라는 집합을 생각해 보자. 이런 집합을 숫자나 문자열만으로 표현하기는 쉽지 않다. 이럴 때 배열array을 사용한다. 배열은 자료형 바로 옆에 [] 기호를 붙인다.

1부터 10까지 숫자 중 홀수의 집합은 다음과 같이 int 배열로 표현할 수 있다. int 자료형의 배열은 int[]로 표현한다.

```
int[] odds = {1, 3, 5, 7, 9};
```

String 배열로 요일의 집합을 표현할 수도 있다.

```
String[] weeks = {"월", "화", "수", "목", "금", "토", "일"};
```

즉, 배열이란 자료형의 종류가 아니라 자료형의 집합을 의미한다.

앞의 두 배열은 1차원 배열이다. 2차원, 3차원 등의 다차원 배열도 가능하지만 2차원 이상의 배열은 잘 사용하지 않는다.

배열의 길이 설정하기

앞서 살펴본 요일의 집합 예제를 다음처럼 수정할 수 있다. 배열의 길이를 먼저 설정한 뒤, 배열 변수를 생성하고 그 값을 나중에 대입하는 방법이다.

```
String[] weeks = new String[7];
weeks[0] = "월";
weeks[1] = "화";
weeks[2] = "수";
weeks[3] = "목";
weeks[4] = "금";
```

```
weeks[5] = "토";
weeks[6] = "일";
```

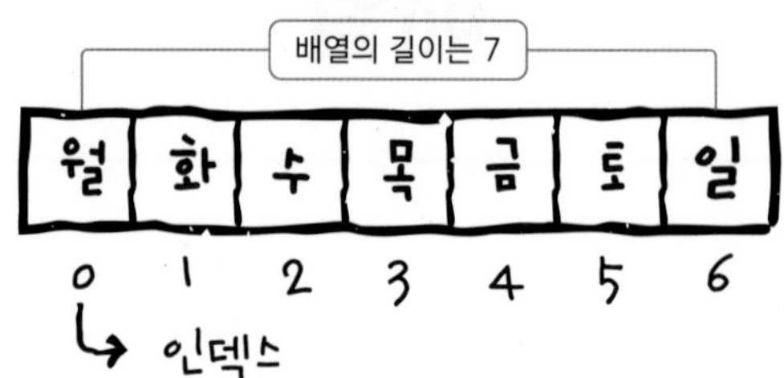

단, 초깃값 없이 배열 변수를 만들 때에는 7과 같은 숫잣값을 넣어 길이를 정해 줘야 한다. 그렇지 않으면 오류가 발생한다.

```
String[] weeks = new String[];   // 길이에 대한 숫잣값이 없어서 컴파일 오류가 발생한다.
```

배열값에 접근하기

앞서 만든 요일의 배열에서 '목'요일에 해당하는 값을 얻으려면 인덱스를 이용해야 한다.

Do it! 코딩해 보세요

```
String[] weeks = {"월", "화", "수", "목", "금", "토", "일"};
System.out.println(weeks[3]);
```

실행 결과

```
목
```

weeks[3]은 weeks 배열의 네 번째 항목을 의미한다.

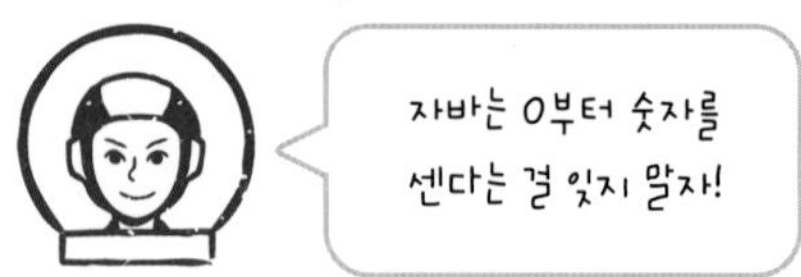

배열의 길이 구하기

배열은 보통 for 문과 함께 사용한다. for 문에 배열을 사용할 때에는 배열의 길이를 알아야 한다. 왜냐하면 배열의 길이만큼 for 문을 반복하기 때문이다. 이때 배열 길이는 length를 사용하면 된다.

Do it! 코딩해 보세요

```
String[] weeks = {"월", "화", "수", "목", "금", "토", "일"};
for (int i = 0; i < weeks.length; i++) {
    System.out.println(weeks[i]);
}
```

실행 결과

```
월
화
수
목
금
토
일
```

weeks 배열을 순서대로 출력하는 프로그램이다. weeks 배열에는 7개의 요소가 있으므로 weeks.length는 7이다. 여기서는 for 문보다 length를 어떻게 사용했는지 눈여겨보자.

for 문은 04장에서 자세하게 설명한다.

배열 오류

다음은 자바 코드를 작성하면서 가장 많이 보는 오류 중 하나이다.

```
ArrayIndexOutOfBoundsException
```

요일의 배열 길이는 7인데 여덟 번째 값을 얻으려고 하면 이런 오류가 발생한다.

```
System.out.println(weeks[7]); // 여덟 번째 배열값이 없으므로 ArrayIndexOutOfBoundsException
오류 발생
```

03-7
리스트

리스트list는 배열과 비슷하지만 편리한 기능이 더 많은 자료형이다. 리스트와 배열의 가장 큰 차이점은, 배열은 크기가 정해져 있지만 리스트는 변한다는 데 있다. 예를 들어 배열의 크기를 10개로 정했다면 10개를 초과하는 값을 담을 수는 없다. 하지만 리스트는 크기가 정해져 있지 않아 원하는 만큼 값을 담을 수 있다.

야구 선수의 투구 속도를 저장해야 한다고 가정해 보자. 이때 배열을 이용하면 될까? 그런데 야구 경기의 한 회 동안 야구 선수의 투구 수는 3개도 될 수 있고 100개가 넘을 수도 있다. 이처럼 프로그래밍을 할 때에는 저장할 값의 크기를 알 수 있는 경우도 있지만 명확하지 않을 때도 있다. 그러므로 자료형의 개수가 계속 변하는 상황이라면 리스트를 사용해야 한다.

ArrayList

리스트 자료형에서 가장 일반적으로 사용하는 ArrayList를 알아보자. 참고로 리스트 자료형에는 ArrayList, Vector, LinkedList 등이 있다.

▶▶ add

ArrayList의 add 메서드를 사용하면 요솟값을 추가할 수 있다. 야구 선수가 공을 총 3번 던졌는데 각각 시속 138, 129, 142(km/h)였다면 다음과 같이 코드를 작성할 수 있다.

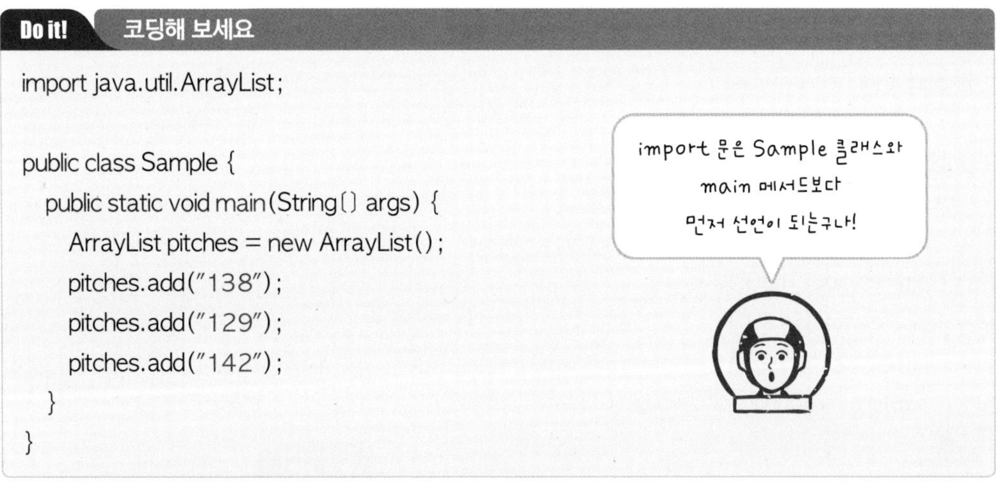

Do it! 코딩해 보세요

```
import java.util.ArrayList;

public class Sample {
    public static void main(String[] args) {
        ArrayList pitches = new ArrayList();
        pitches.add("138");
        pitches.add("129");
        pitches.add("142");
    }
}
```


ArrayList를 사용하려면 import java.util.ArrayList와 같은 import 문을 작성해야 한다. 이때 import 문은 다른 패키지나 클래스를 현재 코드에서 사용하기 위해 선언하는 문장이다. 그리고 Java.util 패키지는 자바가 기본적으로 제공하는 패키지이다. 패키지는 07-1절에서 자세히 알아본다.

ArrayList의 객체인 pitches에 add 메서드를 이용해 투구 속도를 저장했다. 만약 첫 번째 위치에 133이라는 투구 속도를 추가하고 싶다면 다음과 같이 삽입할 위치를 파라미터로 넘겨주어야 한다.

```
pitches.add(0, "133");  // 첫 번째 위치에 133 삽입
```

또는 두 번째 위치에 133을 삽입하고 싶다면 다음과 같이 입력한다.

```
pitches.add(1, "133");  //두 번째 위치에 133 삽입
```

자바 J2SE 5.0 버전부터 객체를 포함하는 자료형은 어떤 객체를 포함하는지 ArrayList<String> pitches = new ArrayList<>();처럼 명확하게 표현할 것을 권고하고 있다. 그래서 앞 예제를 작성하면 인텔리제이에서 경고 메시지를 표시할 것이다. 이와 관련한 내용은 79쪽 '제네릭스'에서 더 자세히 설명한다.

▶ get

ArrayList의 get 메서드를 사용하면 특정 인덱스의 값을 추출할 수 있다. 앞의 예제에서 야구 선수의 두 번째 투구 속도를 출력하고 싶다면 다음과 같이 코드를 작성해야 한다.

Do it! 코딩해 보세요

```
import java.util.ArrayList;

public class Sample {
  public static void main(String[] args) {
    ArrayList pitches = new ArrayList();
    pitches.add("138");
    pitches.add("129");
    pitches.add("142");
    System.out.println(pitches.get(1));
  }
}
```

실행 결과

```
129
```

▶ size

size 메소드는 ArrayList의 요소의 개수를 리턴한다. 다음 코드를 실행하면 pitches에 담긴 요소의 개수가 출력된다.

Do it! 코딩해 보세요

```
(... 생략 ...)
System.out.println(pitches.size());
```

실행 결과

```
3
```

▶ contains

contains 메서드는 리스트 안에 해당 항목이 있는지 판별해 그 결과를 boolean으로 리턴한다. pitches 객체는 142를 포함하고 있으므로 true가 출력된다.

Do it! 코딩해 보세요

```
(... 생략 ...)
System.out.println(pitches.contains("142"));
```

실행 결과

```
true
```

▶▶ remove

remove 메서드에는 2가지 방식이 있다.

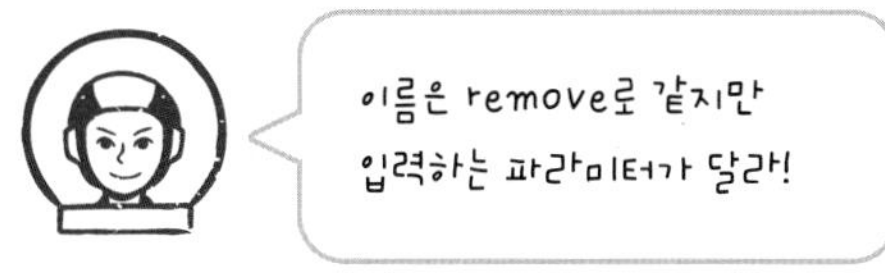

- remove(객체)
- remove(인덱스)

첫 번째 방식인 remove(객체)를 사용하면 리스트에서 객체에 해당하는 항목을 삭제한 뒤, 그 결과로 true 또는 false를 리턴한다.

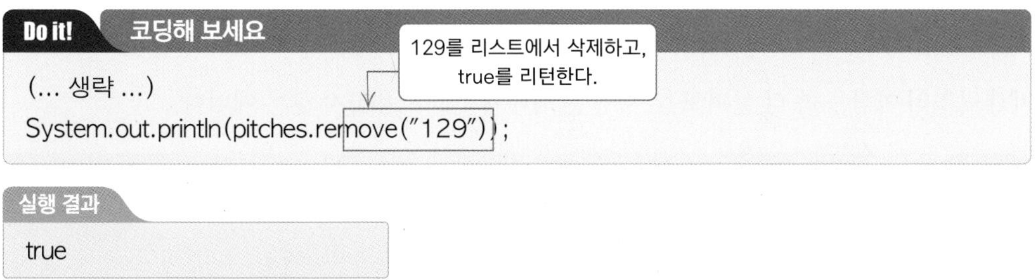

실행 결과

```
true
```

두 번째 방식인 remove(인덱스)를 사용하면 인덱스에 해당하는 항목을 삭제한 뒤, 그 항목을 리턴한다.

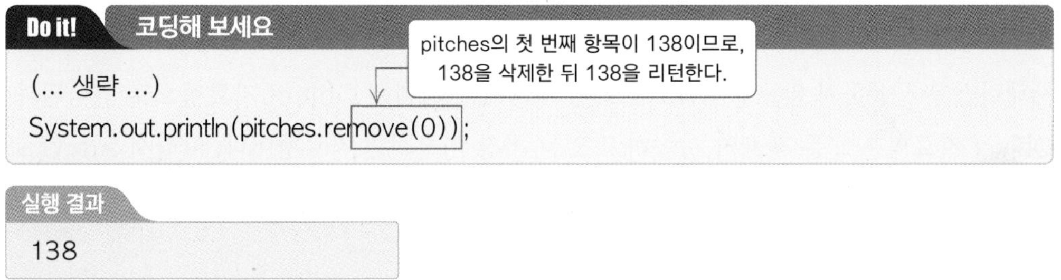

실행 결과

```
138
```

제네릭스

제네릭스generics는 자바 J2SE 5.0 버전 이후에 도입된 개념으로, 자료형을 안전하게 사용할 수 있도록 만들어 주는 기능이다. 제네릭스를 사용하면 자료형을 강제로 바꿀 때 생길 수 있는 캐스팅 오류를 줄일 수 있다.

이 책에서는 난이도가 있는 제네릭스를 만드는 방법을 소개하지 않는다. 제네릭스를 공부하고 싶다면 오라클 공식 문서(https://docs.oracle.com/javase/tutorial/java/generics/types.html)를 참고하기 바란다.

제네릭스의 예는 다음과 같다.

일반적인 방식	ArrayList<String> pitches = new ArrayList<String>();
선호되는 방식	ArrayList<String> pitches = new ArrayList<>(); (이 부분의 자료형은 명확하므로 굳이 적지 않아도 된다.)

오히려 앞뒤에 자료형을 모두 적으면 인텔리제이와 같은 IDE에서는 경고 메시지를 출력한다.

사실 제네릭스 도입 전(~J2SE 1.4)까지는 다음과 같이 사용했다.

```
ArrayList pitches = new ArrayList();
```

제네릭스 도입 전후의 차이는 ArrayList 자료형 다음에 〈String〉이 있는가에 있다. 제네릭스를 표현한 〈String〉은 'ArrayList에 담을 수 있는 자료형은 String뿐이다'라는 뜻이다. 즉, 제네릭스를 이용하면 자료형을 좀 더 명확하게 체크할 수 있다는 장점이 있다.

J2SE 5.0 이후 버전에서는 제네릭스를 사용하지 않고 코드를 작성해도 오류는 나지 않는다. 다만, 제네릭스 자료형을 명확하게 지정하라는 경고 메시지가 출력된다.

제네릭스의 이점을 좀 더 살펴보자. 다음은 제네릭스를 사용하지 않은 예이다.

Do it! 코딩해 보세요

```
ArrayList pitches = new ArrayList();
pitches.add("138");
pitches.add("129");

String one = (String) pitches.get(0);
String two = (String) pitches.get(1);
```

제네릭스를 사용하지 않으면 ArrayList에 추가하는 객체는 Object 자료형으로 인식된다. Object 자료형은 모든 객체가 상속하고 있는 가장 기본적인 자료형이다. 따라서 ArrayList 객체인 pitches에 값을 넣을 때는 문제가 없지만 값을 가져올 때는 매번 Object 자료형에서 String 자료형으로 형 변환casting을 해야 한다.

```
String one = (String) pitches.get(0); // Object 자료형을 String 자료형으로 형 변환
```

이때 주의할 점은 pitches에는 String 외의 다른 객체도 넣을 수 있어서 형 변환 오류가 발생할 수 있다는 것이다.

제네릭스는 이러한 형 변환 오류를 방지하기 위해서 탄생했다고 해!

앞의 코드에 제네릭스를 적용해 보자.

Do it! 코딩해 보세요

```
ArrayList<String> pitches = new ArrayList<>();
pitches.add("138");
pitches.add("129");

String one = pitches.get(0); // 형 변환이 필요 없다.
String two = pitches.get(1); // 형 변환이 필요 없다.
```

제네릭스로 자료형을 선언만 하면 그 이후로는 자료형을 형 변환하는 과정이 필요 없다. pitches에는 반드시 String 자료형만 추가되어야 한다는 것을 컴파일러가 이미 알기 때문이다. 이처럼 제네릭스를 이용하면 형 변환과 관련된 불필요한 코딩을 줄일 수 있고, 잘못된 형 변환 때문에 발생하는 런타임 오류를 방지할 수 있다.

다양한 방법으로 ArrayList 만들기

ArrayList의 add 메서드를 사용하면 ArrayList 객체에 요소를 추가할 수 있다.

Do it! 코딩해 보세요

```
import java.util.ArrayList;

public class Sample {
    public static void main(String[] args) {
        ArrayList<String> pitches = new ArrayList<>(); // 제네릭스를 사용한 표현
        pitches.add("138");
        pitches.add("129");
        pitches.add("142");
        System.out.println(pitches); // [138, 129, 142] 출력
    }
}
```

실행 결과

```
[138, 129, 142]
```

하지만 이미 문자열 배열이 있으면 ArrayList를 좀 더 편하게 생성할 수 있다.

Do it! 코딩해 보세요

```
import java.util.ArrayList;
import java.util.Arrays;

public class Sample {
    public static void main(String[] args) {
        String[] data = {"138", "129", "142"}; // 이미 투구 수 데이터 배열이 있다.
        ArrayList<String> pitches = new ArrayList<>(Arrays.asList(data));
        System.out.println(pitches); // [138, 129, 142] 출력
    }
}
```

실행 결과

```
[138, 129, 142]
```

이처럼 java.util.Arrays 클래스의 asList 메서드를 사용하면 이미 존재하는 문자열 배열로 ArrayList를 만들 수 있다.

또는 String 배열 대신 String 자료형을 여러 개 전달하여 생성할 수도 있다.

Do it! 코딩해 보세요

```
import java.util.ArrayList;
import java.util.Arrays;

public class Sample {
    public static void main(String[] args) {
        ArrayList<String> pitches = new ArrayList<>(Arrays.asList("138", "129", "142"));
        System.out.println(pitches);
    }
}
```

실행 결과

```
[138, 129, 142]
```

String.join

앞에서 138, 129, 142 세 요소로 이루어진 ArrayList를 만들었다. 그렇다면 ArrayList의 각 요소를 콤마(,)로 구분해서 1개의 문자열로 만들 수 있을까?

콤마를 각 요소 중간에 넣으려면 이렇게 코드를 작성해야 한다.

Do it! 코딩해 보세요

```
import java.util.ArrayList;
import java.util.Arrays;

public class Sample {
  public static void main(String[] args) {
    ArrayList<String> pitches = new ArrayList<>(Arrays.asList("138", "129", "142"));
    String result = "";
    for (int i = 0; i < pitches.size(); i++) {
      result += pitches.get(i);
      result += ","; // 콤마를 추가한다.
    }
    result = result.substring(0, result.length() - 1); // 마지막 콤마는 제거한다.
    System.out.println(result); // "138,129,142" 출력
  }
}
```

pitches를 요소 개수만큼 루프를 돌면서 뒤에 콤마를 더한 뒤, 마지막 콤마를 제거하는 방법이다. 이처럼 리스트의 각 요소에 구분자를 끼워 넣어 1개의 문자열을 만드는 것은 꽤 까다롭다.

이때 String.join을 사용하면 더 간단하게 처리할 수 있다. 다음 예를 살펴보자.

Do it! 코딩해 보세요

```
import java.util.ArrayList;
import java.util.Arrays;

public class Sample {
  public static void main(String[] args) {
    ArrayList<String> pitches = new ArrayList<>(Arrays.asList("138", "129", "142"));
    String result = String.join(",", pitches);
    System.out.println(result); // "138,129,142" 출력
  }
}
```

실행 결과

```
138, 129, 142
```

String.join("구분자", 리스트 객체)를 같이 사용해 리스트의 각 요소에 구분자를 넣어 하나의 문자열로 만들 수 있다.

String.join은 문자열 배열에도 사용할 수 있다.

Do it! 코딩해 보세요

```
public class Sample {
    public static void main(String[] args) {
        String[] pitches = new String[]{"138", "129", "142"};
        String result = String.join(",", pitches);
        System.out.println(result);  // "138,129,142" 출력
    }
}
```

String.join 메서드는 Java 8 버전부터 사용할 수 있다.

리스트 정렬하기

이번에는 138, 129, 142 세 요소로 이루어진 ArrayList를 순서대로 정렬해 보자. 순서대로 정렬하기 위해서는 리스트의 sort 메서드를 사용해야 한다.

Do it! 코딩해 보세요

```
import java.util.ArrayList;
import java.util.Arrays;
import java.util.Comparator;

public class Sample {
    public static void main(String[] args) {
        ArrayList<String> pitches = new ArrayList<>(Arrays.asList("138", "129", "142"));
        pitches.sort(Comparator.naturalOrder());  // 오름차순으로 정렬
        System.out.println(pitches);  // [129, 138, 142] 출력
    }
}
```

실행 결과

```
[129, 138, 142]
```

sort 메서드에는 정렬 기준을 파라미터로 전달해야 한다. 정렬 기준에는 오름차순, 내림차순이 있다.

- 오름차순(순방향) 정렬: Comparator.naturalOrder()
- 내림차순(역방향) 정렬: Comparator.reverseOrder()

sort 메서드로 정렬하고 pitches를 출력하면 [129, 138, 142]처럼 오름차순으로 정렬되어 출력되는 것을 확인할 수 있다.

리스트의 sort 메서드는 Java 8 버전부터 사용할 수 있다.

배열보단 리스트가 좀 더 편리하게 사용되겠는걸?
꼼꼼히 잘 익혀 둬야겠어!

03-8 맵

사람을 '이름 = 홍길동', '생일 = 몇 월 며칠' 등으로 구분할 수 있듯이 맵map은 대응 관계를 쉽게 표현할 수 있게 해주는 자료형이다.

맵은 다른 언어에도 있는 자료형으로, associative array 또는 hash라고도 불린다.

맵은 사전dictionary과 비슷하다. 예를 들어 people이란 단어에는 사람, baseball이라는 단어에는 야구라는 뜻이 부합되듯이 맵은 키(key)와 값(value)을 한 쌍으로 갖는 자료형이다.

키(key)	값(value)
people	사람
baseball	야구

맵은 리스트나 배열처럼 순차적으로sequential 요솟값을 구하지 않고 키(key)를 이용해 값(value)을 얻는다. 우리가 baseball이란 단어의 뜻을 찾을 때 사전의 1쪽부터 모두 읽지 않고 baseball이라는 단어가 있는 곳을 찾아 확인하는 것과 같다.

맵 자료형에는 HashMap, LinkedHashMap, TreeMap 등이 있다.

HashMap

맵 자료형 중 가장 기본인 HashMap에 대해 알아보자.

▶ put

put 메서드는 key와 value를 추가할 수 있다. key와 value가 String인 HashMap을 만들고 앞의 표에서 봤던 항목을 입력해 보자.

Do it! 코딩해 보세요

```
import java.util.HashMap;

public class Sample {
    public static void main(String[] args) {
        HashMap<String, String> map = new HashMap<>();
        map.put("people", "사람");
        map.put("baseball", "야구");
    }
}
```

HashMap 역시 제네릭스를 이용한다. HashMap의 제네릭스는 key, value 모두 String 자료형이다. 따라서 key, value에 String 이외의 자료형은 사용할 수 없다.

get

get 메서드는 key에 해당하는 value를 얻을 때 사용한다.

Do it! 코딩해 보세요

```
import java.util.HashMap;

public class Sample {
    public static void main(String[] args) {
        HashMap<String, String> map = new HashMap<>();
        map.put("people", "사람");
        map.put("baseball", "야구");
        System.out.println(map.get("people")); // "사람" 출력
    }
}
```

실행 결과

```
사람
```

위 예제를 실행하면 map 객체의 key인 people에 대응하는 value인 사람이 출력된다.

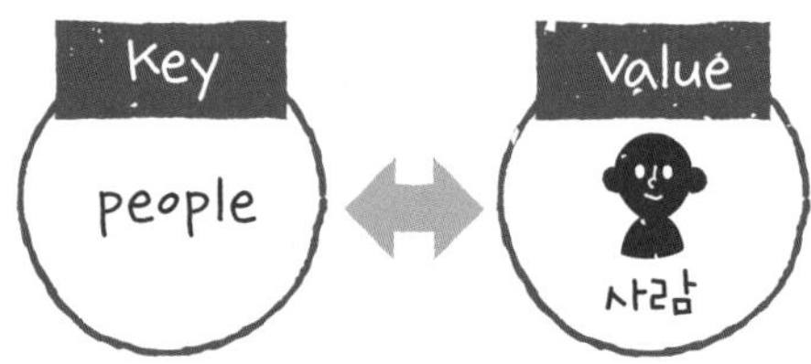

getOrDefault 알아보기

맵의 key에 해당하는 value가 없을 때 get 메서드를 사용하면 null이 리턴된다.

```
System.out.println(map.get("java"));
```

```
null
```

null 대신 기본값[default]을 얻고 싶다면 getOrDefault 메서드를 사용하면 된다.

```
System.out.println(map.getOrDefault("java", "자바"));
```

```
자바
```

▶ containsKey

containsKey 메서드는 맵에 해당 key가 있는지를 참(true) 또는 거짓(false)으로 리턴한다.

Do it! 코딩해 보세요

```
(... 생략 ...)
HashMap<String, String> map = new HashMap<>();
map.put("people", "사람");
map.put("baseball", "야구");
System.out.println(map.containsKey("people")); // true 출력
```

실행 결과

```
true
```

이 예제에서 people이라는 key가 존재하므로 true가 출력된다.

▶ remove

remove 메서드는 맵의 항목을 삭제하는 메서드로, 해당 key의 항목을 삭제한 후 value 값을 리턴한다.

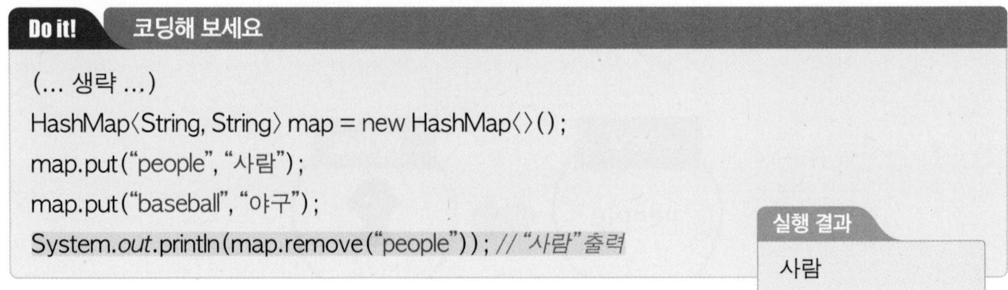

Do it! 코딩해 보세요

```
(... 생략 ...)
HashMap<String, String> map = new HashMap<>();
map.put("people", "사람");
map.put("baseball", "야구");
System.out.println(map.remove("people")); // "사람" 출력
```

실행 결과

```
사람
```

people에 해당되는 key와 value가 모두 삭제된 후 사람이 출력된다.

▶ size

size 메서드는 맵 요소의 개수를 리턴한다.

Do it! 코딩해 보세요

```
(... 생략 ...)
HashMap<String, String> map = new HashMap<>();
map.put("people", "사람");
map.put("baseball", "야구");
System.out.println(map.remove("people")); // 사람 출력
System.out.println(map.size()); // 1 출력
```

실행 결과

```
사람
1
```

people, baseball 두 개를 가지고 있다가 people이 삭제되어 1을 출력한다.

▶ keySet

keySet은 맵의 모든 key를 모아서 리턴한다.

Do it! 코딩해 보세요

```
import java.util.HashMap;

public class Sample {
  public static void main(String[] args) {
    HashMap<String, String> map = new HashMap<>();
    map.put("people", "사람");
    map.put("baseball", "야구");
    System.out.println(map.keySet()); // [baseball, people] 출력
  }
}
```

실행 결과

```
[baseball, people]
```

keySet() 메서드는 맵의 모든 key를 모아서 집합 자료형으로 리턴한다. 집합 자료형은 리스트 자료형으로 바꾸어 사용할 수도 있다.

```
ArrayList<String> keyList = new ArrayList<>(map.keySet());
```

집합 자료형은 03-9절에서 더 자세히 알아본다.

LinkedHashMap과 TreeMap

맵의 가장 큰 특징은 순서에 의존하지 않고 key로 value를 가져오는 것이다. 그런데 가끔 Map에 입력된 순서대로 데이터를 가져오거나 입력한 key에 의해 정렬[sort]하도록 저장하고 싶을 수 있다. 이럴 때는 LinkedHashMap과 TreeMap을 사용하면 된다.

- LinkedHashMap : 입력된 순서대로 데이터를 저장한다.
- TreeMap : 입력된 key의 오름차순으로 데이터를 저장한다.

03-9
집합

집합[set] 자료형은 집합과 관련된 것을 쉽게 처리하기 위해 만든 것으로 HashSet, TreeSet, LinkedHashSet 등이 있다. 이 중에서 가장 많이 사용하는 HashSet에 대해 알아 보자.

Do it! 코딩해 보세요

```
import java.util.Arrays;
import java.util.HashSet;

public class Sample {
    public static void main(String[] args) {
        HashSet<String> set = new HashSet<>(Arrays.asList("H", "e", "l", "l", "o"));
        System.out.println(set); // [e, H, l, o] 출력
    }
}
```

실행 결과

```
[e, H, l, o]
```

집합 자료형의 2가지 특징

앞서 살펴본 출력 결과에 이상한 점이 있다. 분명 H, e, l, l, o라는 문자열 배열로 HashSet 자료형을 만들었는데 출력된 자료형에는 l 문자가 빠져 있고 순서도 뒤죽박죽이다. 그 이유는 집합 자료형에는 2가지 큰 특징이 있기 때문이다.

- 중복을 허용하지 않는다.
- 순서가 없다[unordered].

리스트나 배열은 순서가 있기[ordered] 때문에 인덱싱을 통해 자료형의 값을 얻을 수 있지만 집합 자료형은 순서가 없기[unordered] 때문에 인덱싱으로 값을 얻을 수 없다. 이는 마치 맵 자료형과 비슷하다. 맵 자료형 역시 순서가 없는 자료형이라 인덱싱을 지원하지 않는다.

집합 자료형은 중복을 허용하지 않기 때문에 자료형의 중복을 제거하기 위한 필터 역할로 종종 사용한다.

교집합, 합집합, 차집합 구하기

집합 자료형은 교집합, 합집합, 차집합을 구할 때 유용하다. 먼저 집합 자료형 2개를 만들어 보자.

Do it! 코딩해 보세요

```
import java.util.Arrays;
import java.util.HashSet;

public class Sample {
    public static void main(String[] args) {
        HashSet<Integer> s1 = new HashSet<>(Arrays.asList(1, 2, 3, 4, 5, 6));
        HashSet<Integer> s2 = new HashSet<>(Arrays.asList(4, 5, 6, 7, 8, 9));
    }
}
```

여기서 s1은 1부터 6의 값을 가지게 되었고, s2는 4부터 9의 값을 가지게 되었다.

제네릭스로 int를 사용하고 싶다면 int의 Wrapper 클래스인 Integer를 대신 사용해야 한다.

▶ 교집합 구하기

앞서 집합 자료형 2개를 만들었으니 이제 s1과 s2의 교집합을 구해 보자.

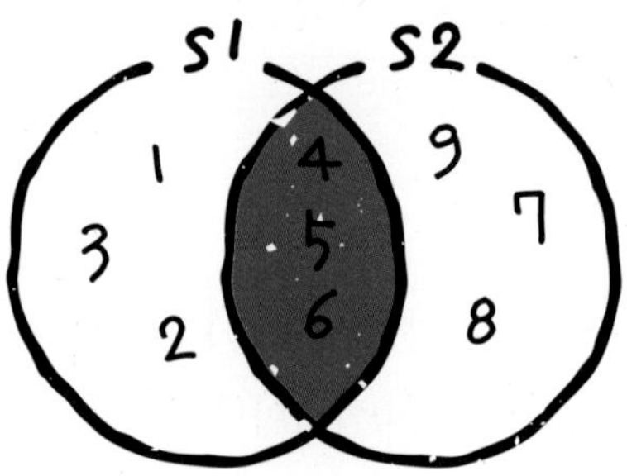

retainAll 메서드를 이용하면 교집합을 쉽게 구할 수 있다. s1의 데이터를 유지하기 위해 s1으로 intersection이라는 HashSet 객체를 복사해 생성했다. 만약 intersection 대신 s1에 retainAll 메서드를 사용하면 s1의 내용이 바뀔 것이다.

Do it! 코딩해 보세요

```
import java.util.Arrays;
import java.util.HashSet;
```

```
public class Sample {
    public static void main(String[] args) {
        HashSet<Integer> s1 = new HashSet<>(Arrays.asList(1, 2, 3, 4, 5, 6));
        HashSet<Integer> s2 = new HashSet<>(Arrays.asList(4, 5, 6, 7, 8, 9));

        HashSet<Integer> intersection = new HashSet<>(s1); // s1으로 intersection 생성
        intersection.retainAll(s2); // 교집합 수행
        System.out.println(intersection); // [4, 5, 6] 출력
    }
}
```

retainAll 메서드로 교집합을 수행한 후 intersection을 출력하니 교집합에 해당되는 [4, 5, 6]이 출력되었다.

실행 결과

```
[4, 5, 6]
```

▶ 합집합 구하기

합집합은 addAll 메서드를 사용한다.

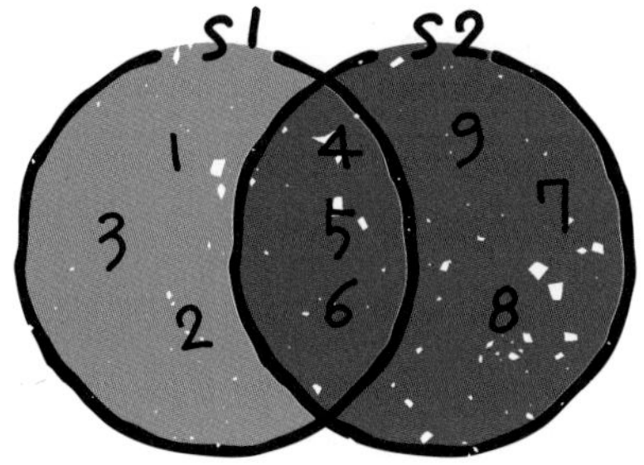

이때 4, 5, 6처럼 중복해서 포함된 값은 한 개씩만 표현된다.

Do it! 코딩해 보세요

```
import java.util.Arrays;
import java.util.HashSet;

public class Sample {
    public static void main(String[] args) {
        HashSet<Integer> s1 = new HashSet<>(Arrays.asList(1, 2, 3, 4, 5, 6));
        HashSet<Integer> s2 = new HashSet<>(Arrays.asList(4, 5, 6, 7, 8, 9));

        HashSet<Integer> union = new HashSet<>(s1); // s1으로 union 생성
        union.addAll(s2); // 합집합 수행
```

```
        System.out.println(union); // [1, 2, 3, 4, 5, 6, 7, 8, 9] 출력
    }
}
```

실행 결과

```
[1, 2, 3, 4, 5, 6, 7, 8, 9]
```

합집합의 결과로 [1, 2, 3, 4, 5, 6, 7, 8, 9]를 출력한다.

▶▶ 차집합 구하기

차집합은 removeAll 메서드를 사용한다.

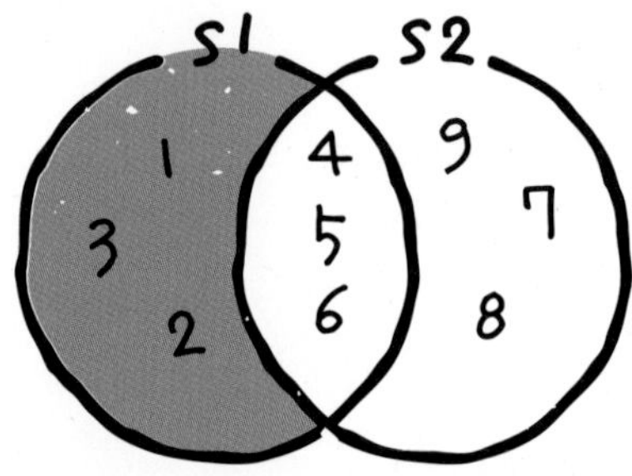

Do it! 코딩해 보세요

```
import java.util.Arrays;
import java.util.HashSet;

public class Sample {
    public static void main(String[] args) {
        HashSet<Integer> s1 = new HashSet<>(Arrays.asList(1, 2, 3, 4, 5, 6));
        HashSet<Integer> s2 = new HashSet<>(Arrays.asList(4, 5, 6, 7, 8, 9));

        HashSet<Integer> substract = new HashSet<>(s1); // s1으로 substract 생성
        substract.removeAll(s2); // 차집합 수행
        System.out.println(substract); // [1, 2, 3] 출력
    }
}
```

실행 결과

```
[1, 2, 3]
```

차집합의 결과로 [1, 2, 3]을 출력한다.

집합 자료형과 관련된 메서드 — add, addAll, remove

retainAll, addAll, removeAll과 같은 메서드 외에 집합 자료형과 관련된 메서드를 좀 더 알아보자.

▶ add

add 메서드는 집합 자료형에 값을 추가할 때 사용한다.

Do it! 코딩해 보세요

```
import java.util.HashSet;

public class Sample {
  public static void main(String[] args) {
    HashSet<String> set = new HashSet<>();
    set.add("Jump");
    set.add("To");
    set.add("Java");
    System.out.println(set); // [Java, To, Jump] 출력
  }
}
```

실행 결과

```
[Java, To, Jump]
```

▶ addAll

값을 한꺼번에 여러 개 추가할 때는 addAll 메서드를 사용한다.

Do it! 코딩해 보세요

```
import java.util.Arrays;
import java.util.HashSet;

public class Sample {
  public static void main(String[] args) {
    HashSet<String> set = new HashSet<>();
    set.add("Jump");
    set.addAll(Arrays.asList("To", "Java"));
    System.out.println(set); // [Java, To, Jump] 출력
  }
}
```

실행 결과

```
[Java, To, Jump]
```

▶▶ remove

remove 메서드는 특정 값을 제거할 때 사용한다.

Do it! 코딩해 보세요

```
import java.util.Arrays;
import java.util.HashSet;

public class Sample {
  public static void main(String[] args) {
    HashSet<String> set = new HashSet<>(Arrays.asList("Jump", "To", "Java"));
    set.remove("To");
    System.out.println(set); // [Java, Jump] 출력
  }
}
```

실행 결과

```
[Java, Jump]
```

TreeSet과 LinkedHashSet

집합 자료형의 특징은 순서가 없다는 것이다. 그런데 집합에 입력한 순서대로 데이터를 가져오거나 오름차순으로 정렬된 데이터를 가져오고 싶을 수 있다. 이럴 때는 TreeSet과 LinkedHashSet을 사용하자.

- TreeSet : 값을 오름차순으로 정렬해 저장한다.
- LinkedHashSet : 값을 입력한 순서대로 정렬한다.

03-10
상수 집합

enum 자료형은 서로 연관 있는 여러 개의 상수 집합을 정의할 때 사용한다. 예를 들어 어느 카페에서 판매하는 커피의 종류가 다음과 같다고 가정해 보자.

- 아메리카노
- 아이스 아메리카노
- 카페라떼

3가지 커피를 판매한다면 enum으로 상수 집합을 만들 수 있다.

```
enum CoffeeType {
  AMERICANO,
  ICE_AMERICANO,
  CAFE_LATTE
};
```

이렇게 정의한 상수 집합은 다음과 같이 사용할 수 있다.

Do it! 코딩해 보세요

```
public class Sample {
    enum CoffeeType {
        AMERICANO,
        ICE_AMERICANO,
        CAFE_LATTE
    };

    public static void main(String[] args) {
        System.out.println(CoffeeType.AMERICANO); // AMERICANO 출력
        System.out.println(CoffeeType.ICE_AMERICANO); // ICE_AMERICANO 출력
        System.out.println(CoffeeType.CAFE_LATTE); // CAFE_LATTE 출력
    }
}
```

실행 결과

```
AMERICANO
ICE_AMERICANO
CAFE_LATTE
```

또는 반복문에서 사용할 수도 있다.

Do it! 코딩해 보세요

```
public class Sample {
    enum CoffeeType {
        AMERICANO,
        ICE_AMERICANO,
        CAFE_LATTE
    };

    public static void main(String[] args) {
        for(CoffeeType type: CoffeeType.values()) {
            System.out.println(type); // 순서대로 AMERICANO, ICE_AMERICANO, CAFE_LATTE 출력
        }
    }
}
```

실행 결과

```
AMERICANO
ICE_AMERICANO
CAFE_LATTE
```

이때 CoffeeType.values()는 CoffeType의 배열을 리턴한다.

for문은 04-1절에서 자세히 다룬다.

enum이 필요한 이유

다음 메서드를 눈으로 살펴보며, enum을 사용하면 어떤 장점이 있을지 생각해 보자.

```
/**
 * countSellCoffee는 판매된 커피의 개수를 리턴하는 메서드이다.
 * @param type 커피의 종류 (1: 아메리카노, 2: 아이스 아메리카노, 3: 카페라떼)
 */
int countSellCoffee(int type) {
    (... 생략 ...)
}
```

countSellCoffee 메서드는 종류별로 판매된 커피의 개수를 리턴한다.

메서드의 내용은 중요하지 않기 때문에 생략했다.

아메리카노의 판매 개수를 알려면 다음과 같이 숫자 1을 넘겨야 한다. 이 방식은 숫자 1이 아메리카노라고 기억하며 사용해야 해서 불편하다.

```
int americano = countSellCoffee(1);
```

그리고 다음과 같이 사용할 때에도 문제가 발생한다.

```
int result = countSellCoffee(99);  // 99라는 커피의 종류는 존재하지 않으므로 오류가 발생한다.
```

물론 1, 2, 3이라는 인수의 값과 의미를 명확히 알고 있다면 오류는 발생하지 않겠지만 오류의 가능성은 항상 있다.

인수는 메서드에 전달하는 입력값으로, 05-3절에서 자세히 다룬다.

각 커피의 번호를 기억하지 않아도 판매된 커피의 수를 알 수 있는 방법이 있을까?

이제 앞에서 사용한 메서드를 바꾸어 보자.

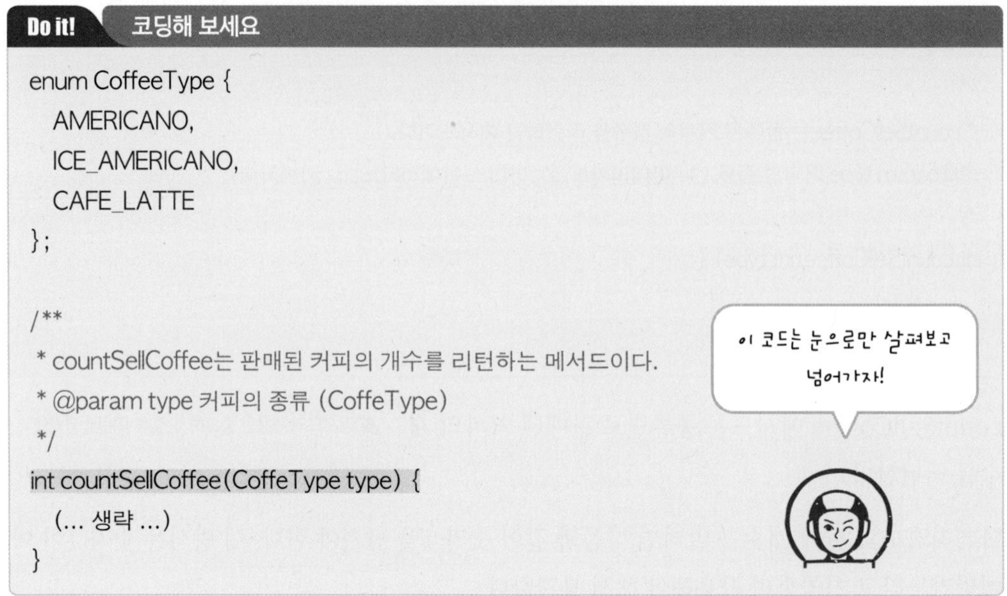

Do it! 코딩해 보세요

```
enum CoffeeType {
    AMERICANO,
    ICE_AMERICANO,
    CAFE_LATTE
};

/**
 * countSellCoffee는 판매된 커피의 개수를 리턴하는 메서드이다.
 * @param type 커피의 종류 (CoffeType)
 */
int countSellCoffee(CoffeType type) {
    (... 생략 ...)
}
```


메서드를 이렇게 바꾸면 이 메서드를 호출할 때 숫자 대신 CoffeeType을 인수로 사용해야 한다.

```
int americano = countSellCoffee(CoffeType.AMERICANO); // 아메리카노의 판매 개수
```

숫자 1을 사용했을 때보다 코드가 명확해진다. 그리고 countSellCoffee 메서드에는 Coffee Type에 정의된 상수만 전달할 수 있기 때문에 위에서 보았던 99처럼 엉뚱한 숫잣값을 입력해 생기는 오류가 발생하지 않는다.

정리하면 enum은 다음과 같은 장점이 있다.

- 매직 넘버를 사용할 때보다 코드가 명확하다.
- 잘못된 값을 사용해 생길 수 있는 오류를 막을 수 있다.

앞 예제의 숫자 1처럼 프로그래밍에서 상수로 선언하지 않고 사용하는 숫자를 매직 넘버라고 한다.

03-11
형 변환과 final

앞서 자바에서 사용하는 주요 자료형을 배웠다면 이제는 자바의 형 변환과 final에 대해 알아보자. 형 변환이란 자료형을 다른 자료형으로 바꾸는 것이다. 예를 들어 "123"과 같은 문자열을 123과 같은 숫자형으로 바꾸는 것을 말한다.

형 변환

다음 문자열을 보자.

```
String num = "123";
```

자료형은 문자열이지만 그 내용은 숫자로 이루어진 값이다. 이런 경우에 문자열을 정수integer로 바꿀 수 있다. 문자열을 정수로 바꾸려면 Integer 클래스를 사용한다.

Integer는 int 자료형의 Wrapper 클래스이다.

Do it! 코딩해 보세요

```
public class Sample {
    public static void main(String[] args) {
        String num = "123";
        int n = Integer.parseInt(num);
        System.out.println(n);  // 123 출력
    }
}
```

실행 결과

```
123
```

이번에는 반대로 정수 123을 문자열 "123"으로 바꿔 보자. 정수를 문자열로 바꾸는 가장 쉬운 방법은 정수 앞에 빈 문자열("")을 더해 주는 것이다.

Do it! 코딩해 보세요

```java
public class Sample {
    public static void main(String[] args) {
        int n = 123;
        String num = "" + n;
        System.out.println(num); // 123 출력
    }
}
```

실행 결과

```
123
```

또는 다음과 같이 변환할 수 있다.

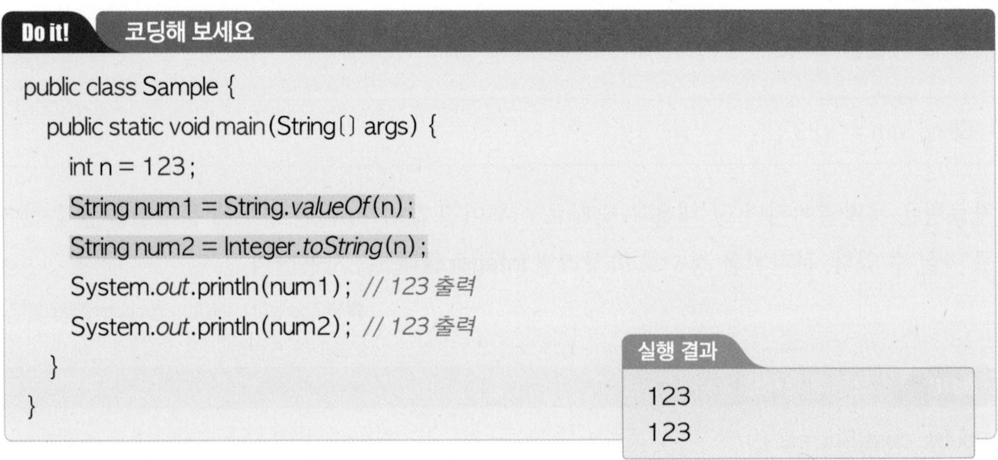

Do it! 코딩해 보세요

```java
public class Sample {
    public static void main(String[] args) {
        int n = 123;
        String num1 = String.valueOf(n);
        String num2 = Integer.toString(n);
        System.out.println(num1); // 123 출력
        System.out.println(num2); // 123 출력
    }
}
```

실행 결과

```
123
123
```

String.valueOf(정수), Integer.toString(정수) 모두 정수를 문자열로 바꾸어 리턴한다.

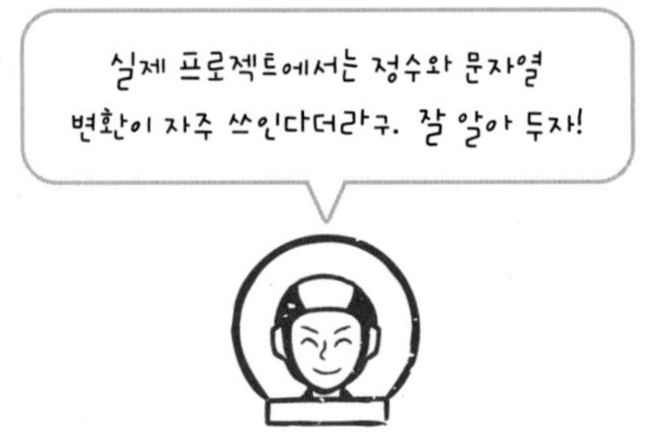

그리고 소수점이 포함되어 있는 숫자 형태의 문자열은 같은 방법으로 Double.parseDouble이나 Float.parseFloat를 사용해 형 변환할 수 있다.

Do it! 코딩해 보세요

```
public class Sample {
    public static void main(String[] args) {
        String num = "123.456";
        double d = Double.parseDouble(num);
        System.out.println(d);
    }
}
```

실행 결과

```
123.456
```

자주 사용하지는 않지만 정수와 실수 사이의 형 변환도 가능하다.

Do it! 코딩해 보세요

```
public class Sample {
    public static void main(String[] args) {
        int n1 = 123;
        double d1 = n1; // 정수를 실수로 바꿀 때에는 캐스팅이 필요 없다.
        System.out.println(d1); // 123.0 출력

        double d2 = 123.456;
        int n2 = (int) d2; // 실수를 정수로 바꿀 때에는 반드시 정수형으로 캐스팅해 주어야 한다.
        System.out.println(n2); // 소수점이 생략된 123 출력
    }
}
```

실행 결과

```
123.0
123
```

실수를 정수로 변환하면 실수의 소수점은 제거된다. int nt2 = (int) d2;에서 d2 앞의 (int)는 d2의 자료형을 강제로 int형으로 바꾼다는 의미이고, 이를 캐스팅casting이라고 한다.

그리고 실수 형태의 문자열을 정수로 바꿀 때는 NumberFormatException이 발생하므로 주의해야 한다.

Do it! 코딩해 보세요

```
public class Sample {
    public static void main(String[] args) {
        String num = "123.456";
        int n = Integer.parseInt(num); // 실수 형태의 문자열을 정수로 변환할 경우
NumberFormatException이 발생한다.
    }
}
```

실수 형태의 문자열을 숫자형으로 바꾸려면 Double.parseDouble()을 이용해 실수로 바꾼 후 사용하면 된다.

final

final은 자료형에 값을 단 한 번만 설정할 수 있게 강제하는 키워드이다. 값을 한 번 설정하면 그 값을 다시 설정할 수 없다.

Do it! 코딩해 보세요

```
public class Sample {
    public static void main(String[] args) {
        final int n = 123; // final로 설정하면 값을 바꿀 수 없다.
        n = 456; // 컴파일 오류 발생
    }
}
```

final로 설정하면 '마지막'으로 값을 정한 것이니
더 이상 수정할 수 없다는 의미야.
그래서 그 값은 변하지 않아!

리스트의 경우도 final로 선언하면 재할당은 불가능하다.

Do it! 코딩해 보세요

```
import java.util.ArrayList;
import java.util.Arrays;

public class Sample {
    public static void main(String[] args) {
        final ArrayList<String> a = new ArrayList<>(Arrays.asList("a", "b"));
        a = new ArrayList<>(Arrays.asList("c", "d")); // 컴파일 오류 발생
    }
}
```

그러므로 final은 프로그램을 수행하면서 그 값이 바뀌면 안 될 때 사용한다.

Unmodifiable List

리스트의 경우 final로 선언할 때 리스트에 값을 더하거나(add) 뺄(remove) 수 있다. 다만 재할당만 불가능할 뿐이다. 만약 값을 더하거나 빼는 것도 할 수 없게 하고 싶다면 List.of를 작성하여 수정할 수 없는 리스트unmodifiable list로 만들면 된다.

```
import java.util.List;

public class Sample {
    public static void main(String[] args) {
        final List<String> a = List.of("a", "b");
        a.add("c"); // UnsupportedOperationException 발생
    }
}
```

03장

되/새/김/문/제

긴 호흡으로 공부하신 여러분!
포기하지 말고 되새김 문제를 통해
실력을 점프해 보세요!

03장의 정답 및 풀이는 323~327쪽에 있습니다.

Q1 평균 점수 구하기 1

다음 표는 홍길동 씨의 과목별 점수를 나타낸 것이다. 홍길동 씨의 전 과목 평균 점수를 구해 보자.

과목	국어	영어	수학
점수	80	75	55

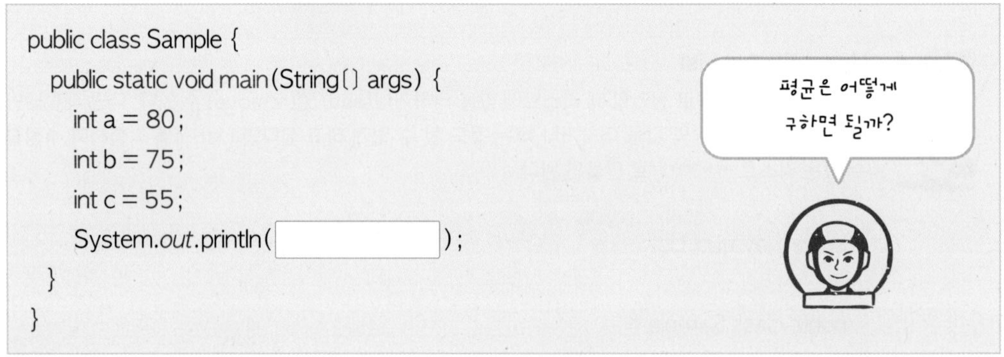


```
public class Sample {
    public static void main(String[] args) {
        int a = 80;
        int b = 75;
        int c = 55;
        System.out.println(            );
    }
}
```

Q2 홀수/짝수 판별하기 1

자연수 13이 홀수인지 짝수인지를 판별할 수 있는 방법을 생각해 보고, 프로그램을 만들어 보자.

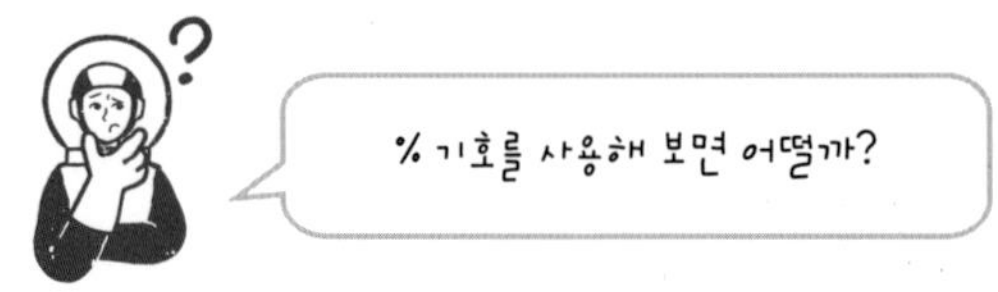

Q3 주민 등록 번호 나누기

홍길동 씨의 주민 등록 번호는 881120-1068234이다. 홍길동 씨의 주민 등록 번호 앞자리에 해당하는 부분인 연월일(YYYYMMDD)과 뒷자리에 해당하는 부분으로 나누어 출력해 보자.

```
public class Sample {
    public static void main(String[] args) {
        String pin = "881120-1068234";
        String yyyyMMdd = [          ];
        String num = pin.substring(7);
        System.out.println(yyyyMMdd);
        System.out.println(num);
    }
}
```


Q4 원하는 숫자 추출하기

주민 등록 번호 뒷자리의 첫 번째 숫자는 성별을 나타낸다. 첫 번째 숫자가 1이면 남자를, 2이면 여자를 의미한다. 홍길동 씨의 주민 등록 번호 881120-1068234에서 성별을 나타내는 숫자를 출력해 보자.

```
public class Sample {
    public static void main(String[] args) {
        String pin = "881120-1068234";
        System.out.println([          ]);
    }
}
```

Q5 문자열 바꾸기

다음과 같은 문자열 a:b:c:d가 있다. replaceAll 메서드를 사용하여 a#b#c#d로 바꿔서 출력해 보자.

```
a:b:c:d
```

```
public class Sample {
    public static void main(String[] args) {
        String a = "a:b:c:d";
        String b = [          ];
        System.out.println(b);
    }
}
```

Q6 리스트를 역순으로 정렬하기

다음과 같은 [1, 3, 5, 4, 2] 리스트를 [5, 4, 3, 2, 1]로 만들어 보자.

```
import java.util.ArrayList;
import java.util.Arrays;
import java.util.Comparator;

public class Sample {
    public static void main(String[] args) {
        ArrayList<Integer> myList = new ArrayList<>(Arrays.asList(1, 3, 5, 4, 2));
        [                                        ]
        System.out.println(myList);
    }
}
```

리스트의 sort 메서드를 활용하는 문제야!

Q7 리스트를 문자열로 만들기

다음과 같은 ['Life', 'is', 'too', 'short'] 리스트를 'Life is too short'과 같이 하나의 문자열로 만들어 출력해 보자.

```
import java.util.ArrayList;
import java.util.Arrays;

public class Sample {
    public static void main(String[] args) {
        ArrayList<String> myList = new ArrayList<>(Arrays.asList("Life", "is", "too",
"short"));
        String result = [          ];
        System.out.println(result);
    }
}
```

String.join
메서드를 기억해?

Q8 맵에서 값 삭제하기

다음과 같은 grade 맵에서 B에 해당되는 값을 삭제해 보자.

```
import java.util.HashMap;

public class Sample {
    public static void main(String[] args) {
        HashMap<String, Integer> grade = new HashMap<>();
        grade.put("A", 90);
        grade.put("B", 80);
        grade.put("C", 70);
        int result = [          ];
        System.out.println(result);     ← 무엇이 삭제되었는지를 출력
        System.out.println(grade);      ← 현재 맵에 남아 있는 것을 출력
    }
}
```

03-8절에서 공부한
remove 메서드를 활용해 보자.

Q9 중복 숫자 제거하기

다음과 같은 numbers 리스트에서 중복된 숫자를 제거해 보자.

```
import java.util.ArrayList;
import java.util.Arrays;
import java.util.HashSet;

public class Sample {
    public static void main(String[] args) {
        ArrayList<Integer> numbers = new ArrayList<>(Arrays.asList(1, 1, 1, 2, 2, 3, 3,
3, 4, 4, 5));
        HashSet<Integer> temp = ____________;
        ArrayList<Integer> result = new ArrayList<>(temp);
        System.out.println(result);    <- [1, 2, 3, 4, 5]를 출력
    }
}
```

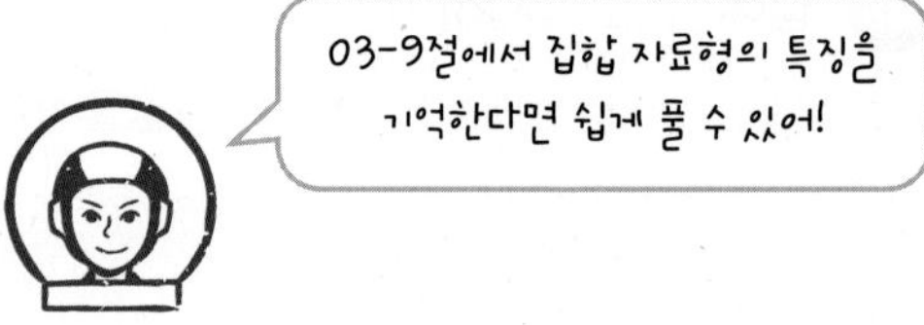

Q10 매직 넘버 제거하기

다음은 커피의 종류(1: 아메리카노, 2: 아이스 아메리카노, 3: 카페라떼)를 입력하면 가격을 알려 주는 프로그램이다. 이 코드에서 1, 2, 3과 같은 매직 넘버를 제거하여 프로그램을 개선해 보자.

```
import java.util.HashMap;

public class Sample {
    static void printCoffeePrice(int type) {
        HashMap<Integer, Integer> priceMap = new HashMap<>();
        priceMap.put(1, 3000);
        priceMap.put(2, 4000);
        priceMap.put(3, 5000);
        int price = priceMap.get(type);
        System.out.println(String.format("가격은 %d원입니다.", price));
    }

    public static void main(String[] args) {
        printCoffeePrice(1);    ← 아메리카노 가격 출력
        printCoffeePrice(99);   ← NullPointerException 발생
    }
}
```

03-10절에서 공부한
enum 자료형을 사용하자!

04 제어문 이해하기

제어문을 이해하기 전에 집을 짓는 경우를 생각해 보자. 돌, 시멘트 등은 집을 짓기 위한 재료가 될 것이고, 나무나 철근 등은 집의 뼈대가 될 것이다. 프로그램도 집을 짓는 것과 매우 비슷하다. 돌, 시멘트 등의 재료는 자료형에, 나무, 철근 등은 바로 04장에서 알아볼 제어문에 비유할 수 있다. 즉, 자료형을 재료로 그것들의 흐름을 원활히 효율적으로 만들어 주는 것, 이것이 바로 지금부터 공부할 제어문이다.

04-1
if 문

다음과 같은 상상을 해 보자.

"돈이 있으면 택시를 타고 가고, 돈이 없으면 걸어간다."

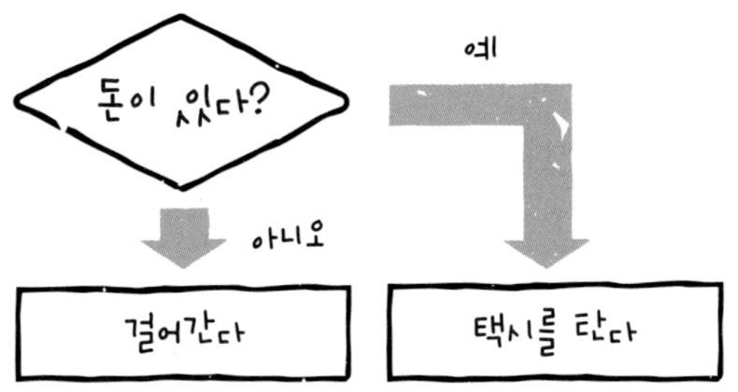

이와 같은 상황은 우리 주변에서 언제든지 일어날 수 있는 상황 중의 하나이다. 프로그래밍도 이같이 조건을 판단해 상황에 맞게 처리해야 할 경우가 있다. 조건을 판단하여 해당 조건에 맞는 상황을 수행하는 데 쓰이는 것이 바로 if 문이다.

이와 같은 상황은 다음과 같이 코딩할 수 있다. 잠시 살펴보고 넘어가자.

```
boolean money = true;
if (money) {
    System.out.println("택시를 타고 가라");
}else {
    System.out.println("걸어가라");
}
```

if 문과 else 문의 기본 구조

if 문과 else 문의 기본 구조는 다음과 같다. if 문은 주어진 조건이 참일 때 실행되는 코드 블록이고, else 문은 if 문의 조건이 거짓일 때 실행되는 코드 블록이다.

```
if (조건문) {
  <수행할 문장1>;
  <수행할 문장2>;
  ...
} else {
  <수행할 문장A>;
  <수행할 문장B>;
  ...
}
```

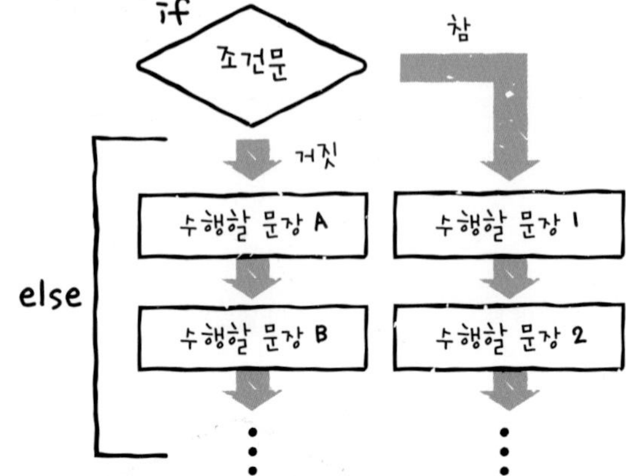

조건문을 테스트해서 참이면 if 문에 속한 문장들(수행할 문장1, 수행할 문장2)을 수행하고 조건문이 거짓이면 else 문에 속한 문장들(수행할 문장A, 수행할 문장B)을 수행한다. 즉, 조건문은 참과 거짓을 판단하는 문장이다. 그러므로 다음 예에서는 money가 조건문이 된다.

```
boolean money = true;
if (money) {
...
```

money는 true(참)이기 때문에 if 문에 속한 문장들이 수행될 것이다.

비교 연산자

조건·판단에 사용되는 비교 연산자에 대해서 알아보자.

비교 연산자	설명
x < y	x가 y보다 작다
x > y	x가 y보다 크다
x == y	x와 y가 같다
x != y	x와 y가 같지 않다
x >= y	x가 y보다 크거나 같다
x <= y	x가 y보다 작거나 같다

간단한 예를 통해서 비교 연산자들에 대해서 더 자세히 알아보자.

Do it! 코딩해 보세요

```java
int x = 3;
int y = 2;
System.out.println(x > y);
```

실행 결과

```
true
```

x에 3, y에 2를 대입한 다음에 x > y 라는 조건문을 출력하니 true가 출력된다. 왜냐하면 x > y 조건문이 참이기 때문이다.

앞서 본 코드와 달리 다음 조건문은 거짓이기 때문에 false(거짓)가 출력된다.

Do it! 코딩해 보세요

```java
(... 생략 ...)
System.out.println(x < y);
```

실행 결과

```
false
```

x와 y는 같지 않다. 따라서 다음 조건문은 거짓이 된다.

Do it! 코딩해 보세요

```java
(... 생략 ...)
System.out.println(x == y);
```

실행 결과

```
false
```

x와 y는 같지 않다. 하지만 이번 조건문은 참이 된다.

Do it! 코딩해 보세요

```java
(... 생략 ...)
System.out.println(x != y);
```

실행 결과

```
true
```

앞서 살펴본 택시 예제를 다음과 같이 바꾸어 보자.

> "만약 3000원 이상의 돈을 가지고 있으면 택시를 타고, 그렇지 않으면 걸어가라."

이 상황을 다음처럼 코딩할 수 있다.

Do it! 코딩해 보세요

```
int money = 2000;
if (money >= 3000) {
    System.out.println("택시를 타고 가라");
}else {
    System.out.println("걸어가라");
}
```

실행 결과

```
걸어가라
```

money >= 3000 이란 조건문이 거짓이 되기 때문에 else 문의 문장이 수행되어 '걸어가라'가 출력된다.

and, or, not 연산자

조건·판단에 쓰이는 and, or, not 연산자가 있다. 각각의 연산자에 대한 설명은 다음과 같다.

연산자	설명
x && y	x와 y 모두 참이어야 참이다
x || y	x와 y 둘 중 적어도 하나가 참이면 참이다
!x	x가 거짓이면 참이다

and 연산자는 &&,
or 연산자는 ||,
not 연산자는 !

이번에는 다음과 같은 상황을 코딩해 보자.

"돈이 3000원 이상 있거나 카드가 있다면 택시를 타고, 그렇지 않으면 걸어가라."

Do it! 코딩해 보세요

```
int money = 2000;
boolean hasCard = true;

if (money>=3000 || hasCard) {
    System.out.println("택시를 타고 가라");
}else {
    System.out.println("걸어가라");
}
```

실행 결과

```
택시를 타고 가라
```

money는 2000으로 3000보다 작지만 hasCard가 true이기 때문에 money >= 3000 || hasCard 조건문이 참이 되어 '택시를 타고 가라'가 출력된다.

contains

List 자료형에 해당 아이템이 있는지 조사하는 contains 메서드가 있다. 특히 contains 메서드는 조건문에 많이 활용되는데 어떻게 활용되는지 살펴보자. 그러기 위해 다음의 상황을 코딩해 보자.

> "만약 주머니에 돈이 있으면 택시를 타고, 없으면 걸어가라."

Do it! 코딩해 보세요

```
import java.util.ArrayList;

public class Sample {
  public static void main(String[] args) {
    ArrayList<String> pocket = new ArrayList<String>();
    pocket.add("paper");
    pocket.add("cellphone");
    pocket.add("money");

    if (pocket.contains("money")) {
      System.out.println("택시를 타고 가라");
    }else {
      System.out.println("걸어가라");
    }
  }
}
```

실행 결과

```
택시를 타고 가라
```

pocket 리스트에 안에 money란 요소가 있으므로 pocket.contains("money")가 참이 되어 '택시를 타고 가라'가 출력된다.

else if

if와 else만으로는 다양한 조건·판단을 하기가 어렵다. 다음과 같은 예만 하더라도 if와 else만으로는 조건·판단에 어려움을 겪게 된다.

> "지갑에 돈이 있으면 택시를 타고, 지갑엔 돈이 없지만 카드가 있으면 택시를 타고, 돈도 없고 카드도 없으면 걸어가라."

이 문장을 보면 조건을 판단하는 부분이 두 군데가 있다. 먼저 지갑에 돈이 있는지를 판단해야 하고, 지갑에 돈이 없으면 다시 카드가 있는지를 판단한다. if와 else만으로 이 문장대로 코딩한다면 다음과 같다.

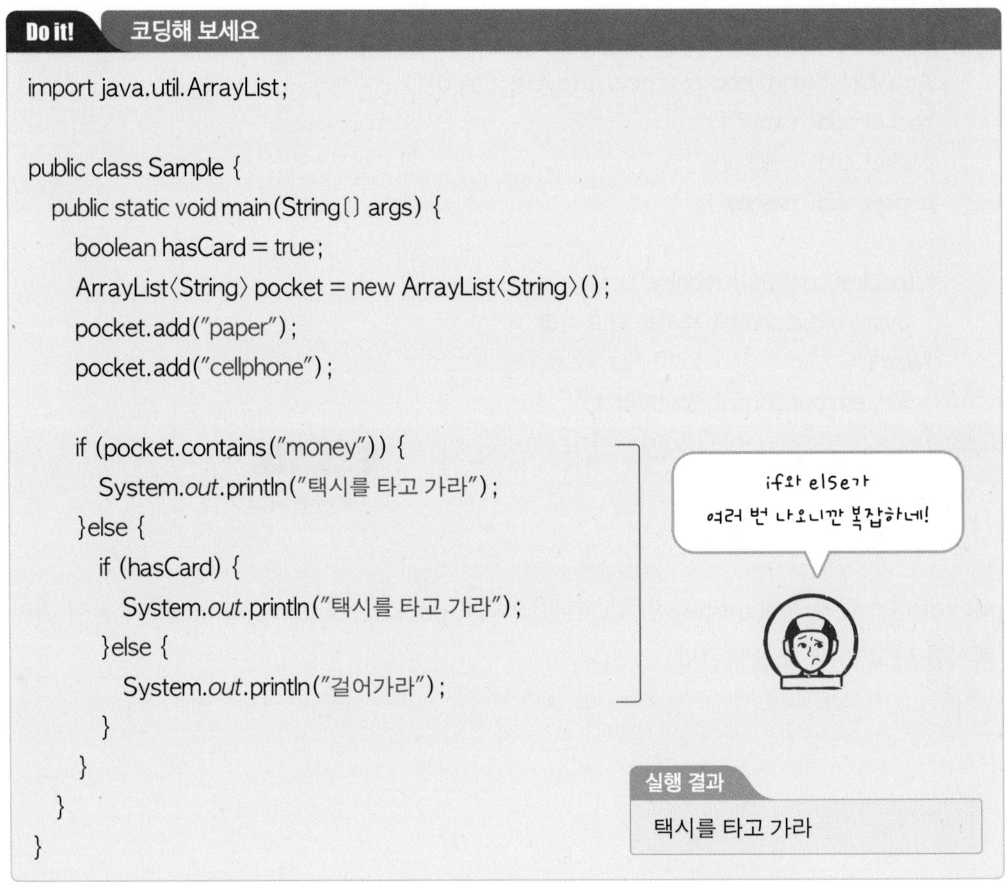

Do it! 코딩해 보세요

```java
import java.util.ArrayList;

public class Sample {
    public static void main(String[] args) {
        boolean hasCard = true;
        ArrayList<String> pocket = new ArrayList<String>();
        pocket.add("paper");
        pocket.add("cellphone");

        if (pocket.contains("money")) {
            System.out.println("택시를 타고 가라");
        }else {
            if (hasCard) {
                System.out.println("택시를 타고 가라");
            }else {
                System.out.println("걸어가라");
            }
        }
    }
}
```


실행 결과

```
택시를 타고 가라
```

if와 else가 여러 번 사용되어 한 번에 이해하기가 쉽지 않고 산만한 느낌이 든다. 이를 보완하기 위해서 자바에는 여러 조건을 판단할 수 있게 하는 else if 문이 있다.

다음은 else if 문을 적용해 수정한 코드이다.

Do it! 코딩해 보세요

```
(... 생략 ...)
boolean hasCard = true;
ArrayList<String> pocket = new ArrayList<String>();
pocket.add("paper");
pocket.add("cellphone");

if (pocket.contains("money")) {
    System.out.println("택시를 타고 가라");
}else if(hasCard) {
    System.out.println("택시를 타고 가라");
}else {
    System.out.println("걸어가라");
}
```

실행 결과

```
택시를 타고 가라
```

else if는 이전 조건문이 거짓일 때 수행된다. 따라서 여기서 pocket.contains("money") 조건은 거짓이므로 else if 문이 수행되고, hasCard 조건은 true이므로 '택시를 타고 가라'가 출력된다.

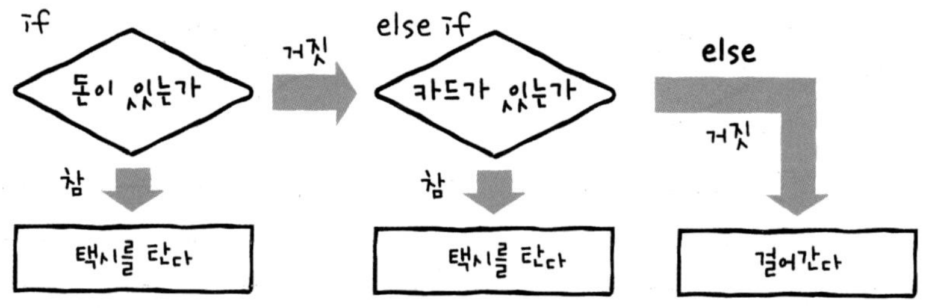

if, else if, else의 기본 구조는 다음과 같다. 이때 else if는 개수에 제한 없이 사용할 수 있다.

```
if (조건문) {
  〈수행할 문장1〉
  〈수행할 문장2〉
  ...
} else if (조건문) {
  〈수행할 문장1〉
  〈수행할 문장2〉
  ...
} else if (조건문) {
  〈수행할 문장1〉
  〈수행할 문장2〉
  ...

} else {
  〈수행할 문장1〉
  〈수행할 문장2〉
  ...
}
```

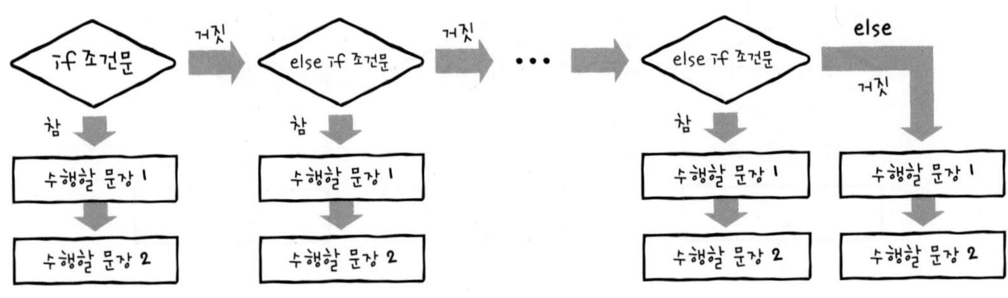

04-2
switch/case 문

switch/case 문은 if 문과 비슷하지만 좀 더 일정한 형식이 있는 조건·판단문이다. switch/case 문의 구조는 다음과 같다.

```
switch(입력 변수) {
  case 입력값1: ...
    break;
  case 입력값2: ...
    break;
  ...
  default: ...
    break;
}
```

입력 변수의 값과 일치하는 case 입력값(입력값1, 입력값2, …)이 있다면 해당 case 문에 속한 문장들이 실행된다. case 문마다 break라는 문장이 있는데 해당 case 문을 실행한 뒤 switch 문을 빠져나가기 위한 것이다. 만약 break 문이 빠져 있다면 그 다음의 case 문에 속한 문장들이 실행된다.

switch/case 문을 가장 잘 설명해 주는 다음의 예를 보자.

Do it! 코딩해 보세요

```
public class Sample {
  public static void main(String[] args) {
    int month = 8;
    String monthString = "";
    switch (month) {
      case 1:  monthString = "January";
        break;
      case 2:  monthString = "February";
```

입력 변수의 자료형은 byte, short, char, int, enum, String만 가능하다.

```
            break;
        case 3:  monthString = "March";
            break;
        case 4:  monthString = "April";
            break;
        case 5:  monthString = "May";
            break;
        case 6:  monthString = "June";
            break;
        case 7:  monthString = "July";
            break;
        case 8:  monthString = "August";
            break;
        case 9:  monthString = "September";
            break;
        case 10: monthString = "October";
            break;
        case 11: monthString = "November";
            break;
        case 12: monthString = "December";
            break;
        default: monthString = "Invalid month";
            break;
      }
      System.out.println(monthString);
   }
}
```

실행 결과

```
August
```

switch 문의 입력이 1이면 January라는 문자열이, 12면 December라는 문자열이 출력되는 예제이다. 이 예제는 month가 8로 고정되어 있기 때문에 August가 출력될 것이다. switch 문은 month의 값이 1이면 case 1: 문장이 실행되고 2이면 case 2: 문장이, 3이면 case 3: … 이런 식으로 수행된다. 만약 month에 1에서 12 사이의 숫자가 아닌 다른 값이 저장되어 있다면 default: 문장이 수행된다.

이와 같이 입력값이 정형화되어 있는 경우 if 문보다는 switch/case 문을 쓰는 것이 코드의 가독성이 좋다.

switch/case 문은 if 문으로 변경이 가능하지만 if 문으로 작성된 모든 코드를 switch 문으로 변경할 수는 없어.

04-3
while 문

while 문은 문장을 반복해서 수행해야 할 경우에 사용한다.

while 문의 기본 구조

다음 while 문의 기본 구조를 먼저 살펴보자.

```
while (조건문) {
  <수행할 문장1>;
  <수행할 문장2>;
  <수행할 문장3>;
  ...
}
```

조건문이 참인 동안 while 문이 수행할 문장들을 반복하여 수행한다.

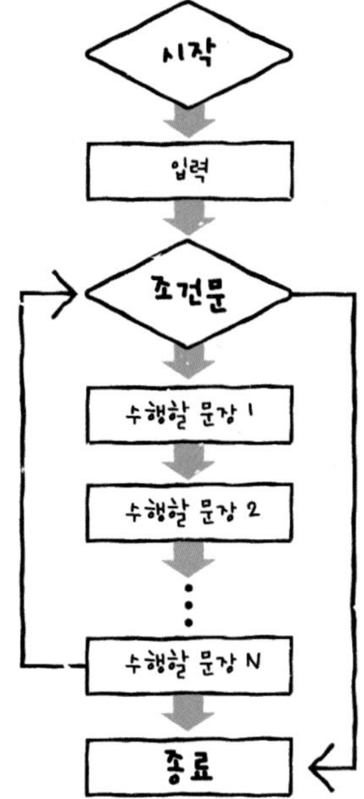

'열 번 찍어 안 넘어가는 나무 없다'는 속담을 while 문을 활용해 코딩하면 다음과 같이 될 것이다.

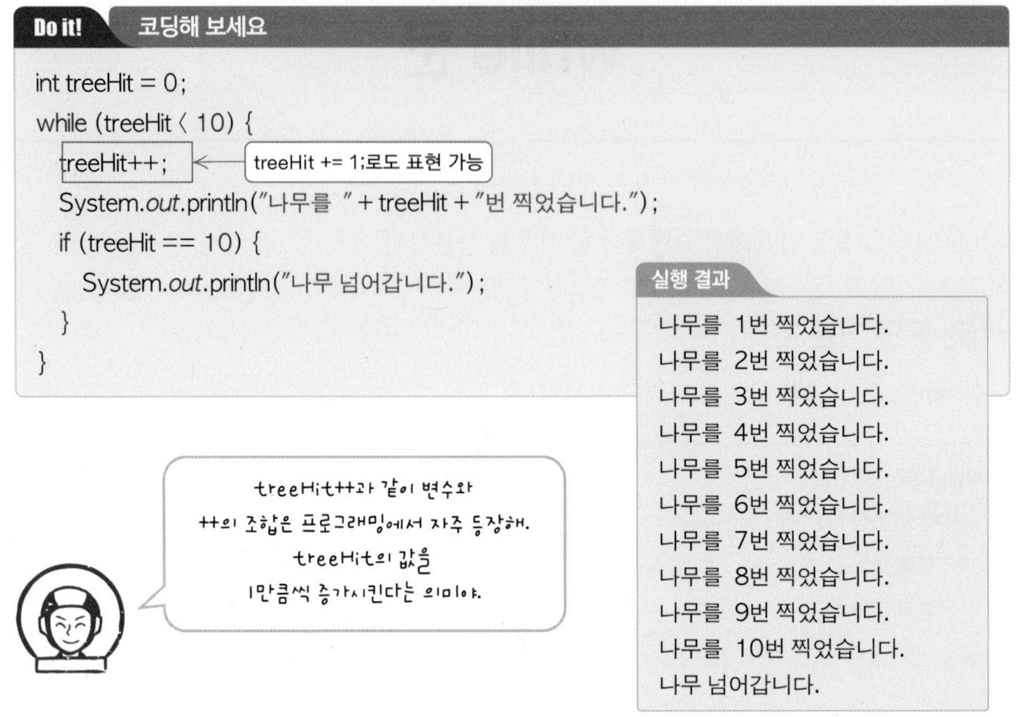

Do it! 코딩해 보세요

```
int treeHit = 0;
while (treeHit < 10) {
    treeHit++;      ← treeHit += 1;로도 표현 가능
    System.out.println("나무를 " + treeHit + "번 찍었습니다.");
    if (treeHit == 10) {
        System.out.println("나무 넘어갑니다.");
    }
}
```

실행 결과

```
나무를 1번 찍었습니다.
나무를 2번 찍었습니다.
나무를 3번 찍었습니다.
나무를 4번 찍었습니다.
나무를 5번 찍었습니다.
나무를 6번 찍었습니다.
나무를 7번 찍었습니다.
나무를 8번 찍었습니다.
나무를 9번 찍었습니다.
나무를 10번 찍었습니다.
나무 넘어갑니다.
```


while 문의 조건문은 treeHit < 10이다. 즉, treeHit가 10보다 작은 동안에는 while 문 안의 문장을 계속 수행한다. while 문 안의 문장을 보면 제일 먼저 treeHit++로 treeHit 값이 계속 1씩 증가한다. 그리고 나무를 treeHit번만큼 찍었음을 알리는 문장을 출력하고 treeHit가 10이 되면 '나무 넘어갑니다'라는 문장을 출력하고 이제 조건문은 거짓이 되어 while 문을 빠져나가게 된다.

무한 루프란?

무한 루프loop는 무한히 반복한다는 의미이다. 자바에서 무한 루프는 while 문으로 구현할 수 있다. 우리가 사용하는 프로그램들 중에서 무한 루프의 개념을 사용하지 않는 프로그램은 하나도 없을 정도로 무한 루프는 자주 사용된다.

다음은 무한 루프의 기본적인 형태이다.

```
while (true) {
  <수행할 문장1>;
  <수행할 문장2>;
  ...
}
```

조건문 자체가 true이므로 조건문은 항상 참이 된다. while은 조건문이 참인 동안에 while 문에 속해 있는 문장들(수행할 문장1, 수행할 문장2, …)을 계속해서 수행하므로 무한하게 while 문 내의 문장들을 수행한다.

다음의 코딩 예를 살펴보자.

Do it! 코딩해 보세요

```java
while (true) {
  System.out.println("Ctrl-C를 눌러야 while문을 빠져나갈 수 있습니다.");
}
```

다음과 같은 문장이 출력된다.

실행 결과

```
Ctrl-C를 눌러야 while문을 빠져나갈 수 있습니다.
Ctrl-C를 눌러야 while문을 빠져나갈 수 있습니다.
(... 생략 ...)
```

이 문장은 영원히 출력될 것이다. ctrl + C를 눌러서 빠져나가도록 하자.

인텔리제이와 같은 IDE를 사용할 경우에는 중지 버튼(빨간색 버튼)을 눌러 프로세스를 종료하자.

while 문 빠져나가기 — break

while 문은 조건문이 참인 동안 while 문 안의 내용을 반복하여 수행한다. 하지만 강제로 while 문을 빠져나가야 할 때도 있다.

예를 들어 커피 자판기를 생각해 보자. 커피가 자판기 안에 충분하게 있을 때는 항상 '돈을 받으면 커피를 줍니다'라는 조건문을 가진 while 문이 수행된다. 자판기가 제 역할을 하려면 커피의 양을 따로 검사해서 커피가 다 떨어지면 while 문을 멈추게 하고 '판매 중지'란 문구를 자판기에 보여야 할 것이다. 이렇게 while 문을 강제로 멈춰야 할 때 사용하는 것이 **바로**

break이다.

다음은 앞서 설명한 커피 자판기 예를 break를 사용해 작성한 것이다.

Do it! 코딩해 보세요

```
int coffee = 10;
int money = 300;

while (money > 0) {
    System.out.println("돈을 받았으니 커피를 줍니다.");
    coffee--;
    System.out.println("남은 커피의 양은 " + coffee + "입니다.");
    if (coffee == 0) {
        System.out.println("커피가 다 떨어졌습니다. 판매를 중지합니다.");
        break;
    }
}
```

실행 결과

```
돈을 받았으니 커피를 줍니다.
남은 커피의 양은 9입니다.
돈을 받았으니 커피를 줍니다.

(... 생략 ...)

남은 커피의 양은 1입니다.
돈을 받았으니 커피를 줍니다.
남은 커피의 양은 0입니다.
커피가 다 떨어졌습니다. 판매를 중지합니다.
```

money가 300으로 고정되어 있으니까 while (money > 0)에서 money는 0보다 크기 때문에 항상 참이다. 따라서 무한 루프를 돌게 된다. 그리고 while 문이 수행되면 coffee--에 의해서 coffee의 개수가 한 개씩 줄어들게 된다. 무한 루프가 돌다가 만약 coffee가 0이 되면 if (coffee == 0) 문장이 참이 되므로 break가 호출되어 while 문을 빠져나간다.

break 문은 switch/case 문에서도 쓰이고
무한 루프에서도 쓰이는군!

while 문으로 돌아가기 — continue

while 문 안의 문장을 수행할 때 어떤 조건을 검사해서 참이 아닌 경우 while 문을 빠져나가는 대신 while 문의 맨 처음, 즉 조건문으로 돌아가게 하고 싶은 경우도 있다.

1부터 10까지의 수 중에서 홀수만을 출력하도록 while 문을 이용해서 작성해 보자. 어떤 방법이 좋을까? 이때 continue를 사용해 보자.

Do it! 코딩해 보세요

```
int a = 0;
while (a < 10) {
  a++;
  if (a % 2 == 0) {
    continue; // 짝수인 경우 조건문으로 돌아간다.
  }
  System.out.println(a); // 홀수만 출력된다.
}
```

실행 결과

```
1
3
5
7
9
```

a가 10보다 작은 동안 a는 1만큼씩 계속 증가한다. if (a % 2 == 0) (즉, 2로 나누었을 때 나머지가 0이라면)이 참이 되는 경우는 a가 짝수일 때이다. 즉, a가 짝수이면 continue 문장이 수행된다. 이 continue 문은 while 문의 맨 처음(조건문인 a < 10)으로 돌아가게 하는 명령어이다. 따라서 a가 짝수이면 System.out.println(a)는 수행되지 않기 때문에 홀수만 출력될 것이다.

04-4

for 문

for 문도 while 문과 마찬가지로 문장을 반복해서 수행해야 할 경우에 사용한다.

for 문의 기본 구조

for 문은 예제를 통해서 알아보는 것이 가장 쉽다. 바로 예제를 따라 해보자. 다음은 numbers 배열의 첫 번째 요소부터 마지막 요소까지 출력하는 예제이다.

Do it! 코딩해 보세요

```
String[] numbers = {"one", "two", "three"};
for(int i=0; i<numbers.length; i++) {
  System.out.println(numbers[i]);
}
```

실행 결과

```
one
two
three
```

예제에서 알 수 있듯이 for 문의 조건문은 세미콜론(;)을 구분자로 세 부분으로 나누어진다.

```
for (초깃값; 조건문; 증갓값) {
  ...
}
```

예제로 다시 돌아가면 초깃값은 int i=0이 되고, 조건문은 i<numbers.length 그리고 증갓값은 i++ 이 된다. 즉 i값이 numbers의 개수보다 작은 동안 계속 i값을 1씩 증가시키며 for 문의 문장들을 수행한다는 의미이다.

for 문의 쓰임새를 이해하기 위해 다음을 가정해 보자.

> "총 5명의 학생이 시험을 보았는데 시험 점수가 60점이 넘으면 합격이고, 그렇지 않으면 불합격이다. 합격, 불합격을 판단하여 출력하시오."

우선 학생 5명의 시험 성적이 다음과 같다고 하자.

```
90, 25, 67, 45, 80
```

이때 첫 번째 학생의 점수는 90점이고 다섯 번째 학생의 점수는 80점이다. 이런 점수를 차례로 검사하여 합격 여부를 알려 주는 프로그램을 만들어 보자.

Do it! 코딩해 보세요

```java
int[] marks = {90, 25, 67, 45, 80};
for(int i=0; i<marks.length; i++) {
    if (marks[i] >= 60) {
        System.out.println((i+1)+"번 학생은 합격입니다.");
    }else {
        System.out.println((i+1)+"번 학생은 불합격입니다.");
    }
}
```

실행 결과

```
1번 학생은 합격입니다.
2번 학생은 불합격입니다.
3번 학생은 합격입니다.
4번 학생은 불합격입니다.
5번 학생은 합격입니다.
```

i값이 0부터 시작하여 1씩 증가하며 for 문 안의 문장들이 수행된다. 따라서 marks[i]는 차례로 90, 25, 67, 45, 80의 값을 갖게 된다. marks[i]가 60 이상이면 합격 메시지를 출력하고 60을 넘지 않으면 불합격 메시지를 출력한다. 그리고 i가 marks의 개수인 5보다 크게 되면 for 문이 중지된다.

for 문으로 돌아가기 — continue

while 문에서 살펴본 continue는 for 문에도 동일하게 적용된다. 즉, for 문 안의 문장을 수행하는 도중에 continue 문을 만나면 for 문의 처음으로 돌아간다.

앞서 합격 여부를 알려 주는 예제를 그대로 활용해서 60점 이상인 사람에게는 축하 메시지를 보내고 나머지 사람에게는 아무런 메시지도 전하지 않는 프로그램을 만들어 보자.

Do it! 코딩해 보세요

```
int[] marks = {90, 25, 67, 45, 80};
for(int i=0; i<marks.length; i++) {
    if (marks[i] < 60) {
        continue; // 조건문으로 돌아간다.
    }
    System.out.println((i+1)+"번 학생 축하합니다. 합격입니다.");
}
```

실행 결과

```
1번 학생 축하합니다. 합격입니다.
3번 학생 축하합니다. 합격입니다.
5번 학생 축하합니다. 합격입니다.
```

점수가 60점 미만인 학생일 경우에는 marks[i] < 60이 참이 되어 continue 문이 수행된다. 따라서 축하 메시지를 출력하는 부분을 수행하지 않고 for 문의 첫 부분으로 돌아가게 된다.

while 문과 마찬가지로 for 문 안에서 break를 만나면 for 문을 벗어난다.

continue 문은 반복문과 함께 쓰여.
반복문을 수행할 때, 특정 조건에서는 수행하지 않고
건너뛰어야 할 때 사용하더라구.

이중 for 문

for 문을 두 번 사용하면 아주 간단하게 구구단을 출력할 수 있다.

Do it! 코딩해 보세요

```
for(int i=2; i<10; i++) {
   for(int j=1; j<10; j++) {
      System.out.print(i*j+" ");
   }
   System.out.println(""); // 줄을 바꾸어 출력하는 역할을 한다.
}
```

실행 결과

```
2 4 6 8 10 12 14 16 18
3 6 9 12 15 18 21 24 27
4 8 12 16 20 24 28 32 36
5 10 15 20 25 30 35 40 45
6 12 18 24 30 36 42 48 54
7 14 21 28 35 42 49 56 63
8 16 24 32 40 48 56 64 72
9 18 27 36 45 54 63 72 81
```

줄을 바꾸어 출력

for가 두 번 사용되었다. 먼저 2부터 9까지의 숫자가 차례로 i에 대입된다. i가 처음 2일 때 다시 for 문을 만나게 된다. 이제 1부터 9까지의 숫자가 j에 대입되고 그 다음 문장인 System.out.print(i*j+" ");를 수행한다. 따라서 i가 2일 때 2*1, 2*2, 2*3, ... ,2*9까지 차례로 수행되며 그 값을 출력한다. 그다음에는 i가 3일 때 역시 2일 때와 마찬가지로 수행되고, i가 9일 때까지 계속 반복되게 된다.

코드를 다시 보면 System.out.print와 System.out.println을 구분하여 사용했다. System.out.print은 줄바꿈 문자(\n)을 포함하지 않고 출력하고, System.out.println은 마지막에 줄바꿈 문자(\n)을 포함하여 출력하는 차이가 있다. 즉 2단, 3단처럼 한 단이 끝날 때만 줄바꿈 문자를 출력하기 위해 이와 같이 구분하여 사용한 것이다.

04-5
for each 문

for each 문은 J2SE 5.0부터 추가되었다. for each라는 키워드가 따로 있는 것은 아니고 앞서 배운 for 문을 이용한다. 하지만 조건문의 문법이 조금 다르다. 다음은 이전에 공부했던 for 문을 활용한 예제이다.

Do it! 코딩해 보세요

```
String[] numbers = {"one", "two", "three"};
for(int i=0; i<numbers.length; i++) {
  System.out.println(numbers[i]);
}
```

실행 결과

```
one
two
three
```

for 문은 다음과 같이 for each 문으로 변경할 수 있다.

Do it! 코딩해 보세요

```
String[] numbers = {"one", "two", "three"};
for(String number: numbers) {
  System.out.println(number);
}
```

실행 결과

```
one
two
three
```

for each 문의 구조는 다음과 같다.

```
for (type 변수명: iterate) {
  body-of-loop
}
```

iterate는 루프를 돌릴 객체이고 iterate 객체에서 한 개씩 순차적으로 변수명에 대입되어 for 문이 수행된다. iterate에 사용할 수 있는 자료형은 루프를 돌릴 수 있는 자료형(배열이나 ArrayList 등)만 가능하다.

그리고 변수명의 type(자료형)은 iterate 객체에 포함된 자료형과 일치해야 한다.

다음은 ArrayList로 구현한 예제이다. for 문의 사용법은 String[] 배열을 사용했을 때와 동일하다.

Do it! 코딩해 보세요

```
import java.util.ArrayList;
import java.util.Arrays;

public class Sample {
    public static void main(String[] args) {
        ArrayList<String> numbers = new ArrayList<>(Arrays.asList("one", "two",
"three"));
        for (String number: numbers) {
            System.out.println(number);
        }
    }
}
```

실행 결과

```
one
two
three
```

단, for each 문은 따로 반복 횟수를 명시적으로 주는 것이 불가능하고, 한 단계씩 순차적으로 반복할 때만 사용이 가능하다는 제약이 있다.

04장

되/새/김/문/제

긴 호흡으로 공부하신 여러분!
포기하지 말고 되새김 문제를 통해
실력을 점프해 보세요!

04장의 정답 및 풀이는 328~330쪽에 있습니다.

Q1 조건문의 참과 거짓 판단하기

다음 코드의 출력 결과는 무엇일까?

```
public class Sample {
    public static void main(String[] args) {
        String a = "write once, run anywhere";
        if (a.contains("wife")) {
            System.out.println("wife");
        } else if (a.contains("once") && !a.contains("run")) {
            System.out.println("once");
        } else if (!a.contains("everywhere")) {
            System.out.println("everywhere");
        } else if (a.contains("anywhere")) {
            System.out.println("anywhere");
        } else {
            System.out.println("none");
        }
    }
}
```

Q2 3의 배수의 합 구하기

while 문을 사용해 1부터 1000까지의 자연수 중 3의 배수의 합을 구해 보자.

```
public class Sample {
    public static void main(String[] args) {
        int result = 0;
        int i = 1;
        while (i <= 1000) {
            if (          ) {        <- 3으로 나누어 떨어지는 수가 3의 배수
                result += i;
            }
            i += 1;
        }
        System.out.println(result);
    }
}
```

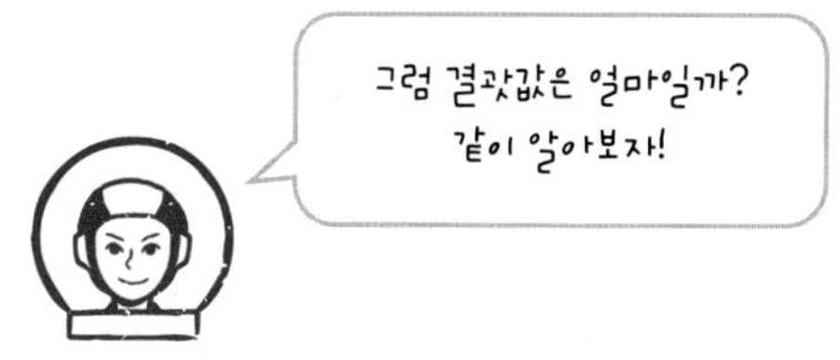

Q3 별 표시하기

while 문과 for 문을 사용하여 다음과 같이 별(*)을 표시하는 프로그램을 작성해 보자.

```
public class Sample {
    public static void main(String[] args) {
        int i = 0;
        while (true) {
            i += 1;          ← while 문을 수행할 때 1씩 증가
            if (      ) {    ← i 값이 5보다 크면 while 문을 벗어남
                break;
            }
            for (                    ) {    ← i 값의 개수만큼 *을 출력
                System.out.print('*');
            }
            System.out.println("");
        }
    }
}
```

실행 결과

```
*
**
***
****
*****
```

Q4 1부터 100까지 출력하기

for 문을 사용해 1부터 100까지의 숫자를 출력해 보자.

```
public class Sample {
    public static void main(String[] args) {
        for (                    ) {
            System.out.println(i);
        }
    }
}
```

Q5 평균 점수 구하기 2

A 학급에 총 10명의 학생이 있다. 이 학생들의 중간고사 점수는 다음과 같다.

```
70, 60, 55, 75, 95, 90, 80, 80, 85, 100
```

for each 문을 사용하여 A 학급의 평균 점수를 구해 보자.

```
public static void main(String[] args) {
    int[] marks = {70, 60, 55, 75, 95, 90, 80, 80, 85, 100};
    int total = 0;
    for (int r              
        total += mark;        ← A 학급 학생들의 점수를 모두 더함
    }
    float average = (float) total              ← 평균을 계산
    System.out.println(average);      ← 평균을 출력
}
```

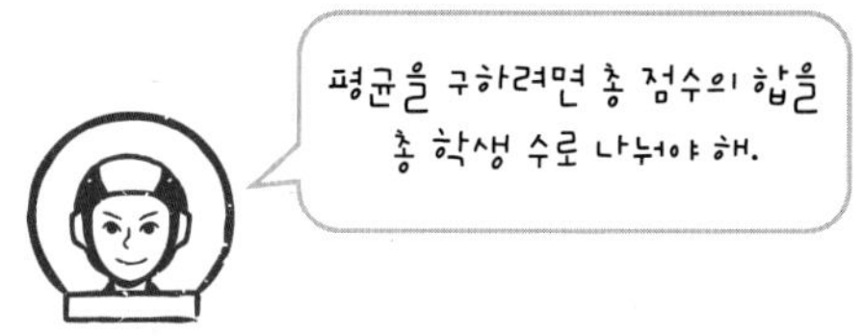

« 둘째마당

자바 실력 키우기

둘째마당에서는 자바 프로그래밍의 핵심 개념과 난이도 있는 주제들에 대해 다룬다. 먼저 객체 지향 프로그래밍을 통해 효율적이고 관리하기 쉬운 코드를 작성하는 방법을 배운다. 또한 자바의 입출력 기능을 활용한 데이터 처리 방법과 꼭 알아 두어야 할 다양한 심화 주제들을 살펴본다. 함께 이 단계를 공부하면서 자바 프로그래밍 전문가로 한발 더 성장해 보자.

08장

자바 프로그래밍,
어떻게 시작해야 할까?

05

객체 지향 프로그래밍

자바는 객체 지향 object oriented 프로그래밍 언어이다. 객체 지향에는 클래스, 객체, 인스턴스, 상속, 인터페이스, 다형성, 추상화 등의 많은 개념들이 존재한다. 개념을 늘어놓고 설명을 해 나간다면 지루하기도 하고 도대체 어디에 써먹을 수 있는 건지 알기 어렵기 때문에 여기서는 주로 예제 위주의 설명으로 자바의 '객체 지향적' 특징을 알아볼 것이다. 아마도 자바를 배우는 데 가장 큰 고비가 바로 이 부분일 것이다. 생소하기도 하고 좀 어려운 내용이 많은데 너무 걱정하지는 말자. 이 부분만 잘 알고 넘어가면 탄탄대로가 나타나게 된다. 05장의 예제들은 처음부터 끝까지 이어지므로 중간에 건너뛰지 말고 처음부터 읽고 따라하기를 추천한다.

05-1
객체 지향 프로그래밍이란?

여러분은 모두 계산기를 사용해 보았을 것이다. 계산기에 숫자 3을 입력하고 + 기호를 입력한 후 4를 입력하면 결괏값으로 7을 보여 준다. 다시 한번 + 기호를 입력한 후 3을 입력하면 기존 결괏값 7에 3을 더해 10을 보여 준다. 즉 계산기는 이전에 계산한 결괏값을 항상 메모리 어딘가에 저장하고 있어야 한다.

이런 내용을 자바로 구현해 보자. 계산기의 더하기 기능을 구현한 코드는 다음과 같다.

Do it! 코딩해 보세요

```
class Calculator {
    static int result = 0;

    static int add(int num) {
        result += num;
        return result;
    }
}
```

여기서 다루는 코드들을 아직은 이해하지 못해도 좋아. 곧, 자세하게 배울 거야. 여기에서는 객체 지향에 대한 개념만 이해하자!

```
public class Sample {
    public static void main(String[] args) {
        System.out.println(Calculator.add(3));
        System.out.println(Calculator.add(4));
    }
}
```

add 메서드는 매개 변수 num으로 받은 값을 이전에 계산한 결괏값에 더한 후 돌려주는 메서드이다. 이전에 계산한 결괏값을 유지하기 위해서 result 전역 변수(static 변수)를 사용했다.

> static 키워드는 07-3절에서 자세하게 공부한다. 여기서는 변수에 저장된 값을 계속 유지하기 위해 사용되었다고만 알아 두자.

프로그램을 실행하면 예상한 대로 다음과 같은 결괏값이 출력된다.

실행 결과

```
3
7
```

그런데 만일 Sample 클래스에서 2대의 계산기가 필요한 상황이 발생하면 어떻게 해야 할까? 각 계산기는 각각의 결괏값을 유지해야 하기 때문에 Calculator 클래스 하나만으로는 결괏값을 따로 유지할 수 없다. 이런 상황을 해결하려면 다음과 같이 클래스를 각각 따로 만들어야 한다.

Do it! 코딩해 보세요

```
class Calculator1 {
    static int result = 0;
    static int add(int num) {
        result += num;
        return result;
    }
}

class Calculator2 {
    static int result = 0;
    static int add(int num) {
        result += num;
        return result;
    }
}
```

```
public class Sample {
    public static void main(String[] args) {
        System.out.println(Calculator1.add(3));
        System.out.println(Calculator1.add(4));

        System.out.println(Calculator2.add(3));
        System.out.println(Calculator2.add(7));
    }
}
```

똑같은 일을 하는 Calculator1과 Calculator2 클래스를 만들었다. 결괏값은 다음과 같이 의도한 대로 출력된다.

실행 결과

```
3
7
3
10
```

Calculator1의 결괏값이 Calculator2에 아무 영향을 끼치지 않음을 확인할 수 있다. 하지만 계산기가 3개, 5개, 10개로 점점 더 많이 필요해진다면 어떻게 해야 할까? 그때마다 클래스를 추가할 것인가? 여기에 빼기나 곱하기 등의 기능을 추가해야 한다면 상황은 점점 더 어려워질 것이다.

아직 객체를 자세히 배우지 않았지만 이와 같은 문제를 해결하기 위해 객체를 사용하면 다음과 같이 간단하게 해결할 수 있다.

Do it! 코딩해 보세요

```
class Calculator {
  int result = 0;

  int add(int num) {
    result += num;
    return result;
  }
}

public class Sample {
  public static void main(String[] args) {
    Calculator cal1 = new Calculator(); // 계산기1 객체를 생성한다.
    Calculator cal2 = new Calculator(); // 계산기2 객체를 생성한다.

    System.out.println(cal1.add(3));
    System.out.println(cal1.add(4));

    System.out.println(cal2.add(3));
    System.out.println(cal2.add(7));
  }
}
```

Calculator 클래스의 static 키워드를 모두 삭제했다는 것이 중요해!

프로그램을 실행하면 클래스 2개를 사용했을 때와 동일한 결과가 출력된다.

실행 결과

```
3
7
3
10
```

Calculator 클래스로 만든 별개의 계산기 cal1, cal2(이것을 바로 객체라고 부른다)가 각각의 역할을 수행한다. 그리고 계산기(cal1, cal2)의 결괏값 역시 다른 계산기의 결괏값과 상관없이 독립적인 값을 유지한다. 객체를 사용하면 계산기 수가 늘어나더라도 객체를 생성만 하면 되기 때문에 앞의 경우와는 달리 매우 간단해진다.

만약 빼기 기능을 추가하려면 Calculator 클래스에 다음처럼 sub 메서드를 추가하면 된다.

Do it! 코딩해 보세요

```
class Calculator {
    int result = 0;

    int add(int num) {
        result += num;
        return result;
    }

    int sub(int num) {
        result -= num;
        return result;
    }
}
(... 생략 ...)
```

객체 지향 프로그래밍의 이점은 단순히 이것만이 아니다. 하지만 '도대체 왜 객체가 필요한 것일까?'라는 근본적인 물음에 대한 해답이 되었을 것이다.

05-2
클래스

이 책에서는 클래스에 대한 개념적인 설명을 하기보다는 가장 간단한 클래스를 작성하는 것에서부터 시작하여 조금씩 클래스의 규모를 키워 가며 설명할 것이다.

클래스와 객체

객체가 무엇인지를 알기 위해 먼저 Animal 클래스를 다음과 같이 Sample.java 파일에 작성하자.

Do it! 코딩해 보세요

```
class Animal {
}

public class Sample {
    public static void main(String[] args) {
    }
}
```

꼭 읽고 넘어갈 것!

Animal 클래스를 Sample.java 파일에 작성한 것은 책의 원활한 설명을 위해서이다. 보통 클래스는 특별한 경우가 아니라면 파일 단위로 하나씩 작성한다. 그러므로 Animal 클래스는 Animal.java 파일에 단독으로 작성하는 것이 일반적인 방법이다. 하지만 이 책의 예제 대부분은 Sample.java 파일만 작성하여 실행할 수 있도록 구성하였으니 참고하기 바란다.

Animal 클래스는 가장 간단한 형태의 클래스이다. 클래스의 선언만 있지 내용이 없는 껍데기뿐인 클래스이다. 하지만 이 껍데기뿐인 클래스도 아주 중요한 기능을 가지고 있다. 바로 **객체object를 만드는 기능**이다. 객체는 다음과 같이 만들 수 있다.

Do it! 코딩해 보세요

```
class Animal {
}

public class Sample {
    public static void main(String[] args) {
        Animal cat = new Animal();
    }
}
```

new는 객체를 생성할 때 사용하는 키워드이다. 이렇게 하면 Animal 클래스의 인스턴스instance인 cat, 즉 Animal의 객체가 만들어진다.

객체와 인스턴스의 차이는 무엇일까?

클래스에 의해서 만들어진 객체를 인스턴스라고도 한다. 그렇다면 객체와 인스턴스의 차이는 무엇일까? Animal cat = new Animal() 이렇게 만들어진 cat은 객체이다. 그리고 cat이라는 객체는 Animal의 인스턴스이다. 인스턴스라는 말은 특정 객체(여기서는 cat)가 어떤 클래스(여기서는 Animal)의 객체인지를 **관계** 위주로 설명할 때 사용된다. 즉, 'cat은 인스턴스' 보다는 'cat은 객체' 라는 표현이, 'cat은 Animal의 객체' 보다는 'cat은 Animal의 인스턴스' 라는 표현이 훨씬 잘 어울린다.

다음 그림을 통해 클래스를 이해해 보자. 과자 모양을 찍어 내는 과자 틀은 클래스에 비유할 수 있고, 과자 틀에 의해 만들어진 과자들은 객체에 비유할 수 있다.

다음과 같이 무수히 많은 동물 객체(여기서는 cat, dog, horse, …)들을 Animal 클래스로 만들 수 있다.

```
Animal cat = new Animal();
Animal dog = new Animal();
Animal horse = new Animal();
...
```

여기서 설명한 내용이 이해되었다면 클래스는 70% 이상 알았다 할 수 있어! 클래스는 결코 어렵지 않아!

객체 변수란?

Animal이라는 '껍데기' 클래스를 조금 더 발전시켜 보자. Animal 클래스에 의해 만들어진 동물 객체의 이름을 지어 보자.

Do it! 코딩해 보세요

```
class Animal {
    String name;
}

public class Sample {
    public static void main(String[] args) {
        Animal cat = new Animal();
    }
}
```

Animal 클래스에 name이라는 String 변수를 추가했다. 이렇게 클래스에 선언된 변수를 **객체 변수**instance variable 라고 한다. 클래스에 의해 생성되는 것은 객체, 그리고 그 클래스에 선언된 변수는 객체 변수라고 생각하면 쉽다.

객체 변수는 인스턴스 변수, 멤버 변수, 속성이라고도 한다.

객체 변수를 만들었으니 이제 객체 변수를 사용해 보자. 먼저 객체 변수 또한 변수이므로 값을 대입할 수 있다. 대입하기 전에 객체 변수는 현재 어떤 값을 가지고 있는지를 출력해 보자. 객체 변수를 출력하려면 객체 변수에 어떻게 접근해야 하는지를 먼저 알아야 한다. 객체 변수는 다음과 같이 도트 연산자(.)를 이용하여 접근할 수 있다.

```
객체.객체변수
```

Animal cat = new Animal()처럼 cat이라는 객체를 생성했다면 이 cat 객체의 객체 변수 name에는 다음과 같이 접근할 수 있다.

객체 / 객체 변수

```
cat.name
```

객체 변수에 어떤 값이 대입되어 있는지 다음과 같이 작성하여 출력해 보자.

Do it! 코딩해 보세요

```
class Animal {
    String name;
}

public class Sample {
    public static void main(String[] args) {
        Animal cat = new Animal();
        System.out.println(cat.name);
    }
}
```

실행 결과

```
null
```

cat.name을 출력한 결과값으로 null이 나왔다. null은 값이 할당되어 있지 않은 상태를 말한다. 객체 변수로 name을 선언했지만 아무런 값도 대입하지 않았기 때문에 null이라는 값이 출력된 것이다.

메서드란?

앞서 객체 변수에 접근하는 방법에 대해서 알아보았다. 이번에는 객체 변수에 값을 할당하기 위해 객체 변수에 값을 대입하는 방법에 대해서 알아보자. 객체 변수에 값을 대입하는 방법에는 여러 가지가 있지만 여기서는 메서드를 이용하는 방법에 대해서 알아보려고 한다. 클래스에는 객체 변수와 함께 메서드가 있다. 메서드method는 클래스 내에 구현된 함수를 말한다.

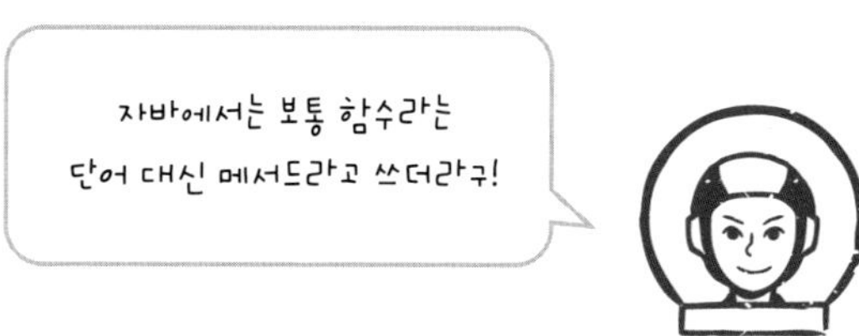

이제 메서드를 이용하여 Animal 클래스의 객체 변수인 name에 값을 대입해 보자. 다음과 같이 setName 메서드를 추가해 보자.

Do it! 코딩해 보세요

```
class Animal {
    String name;

    public void setName(String name) {
        this.name = name;
    }
}

public class Sample {
    public static void main(String[] args) {
        Animal cat = new Animal();
        System.out.println(cat.name);
    }
}
```

Animal 클래스에 추가된 setName 메서드는 다음과 같은 형태의 메서드이다.

- 입력: String name
- 출력: void ← '리턴값 없음'을 의미

즉, 입력으로 name이라는 문자열을 받고 출력은 없는 형태의 메서드이다.

메서드의 입출력에 대한 자세한 내용은 05-3절에 준비되어 있다. 여기서 메서드가 도무지 이해가 되지 않는다면 05-3절을 먼저 읽고 와도 좋다.

이번에는 setName 메서드의 내부를 살펴보자. setName 메서드는 다음의 문장을 가지고 있다.

```
this.name = name;
```

이 문장에서 this에 대해서 이해하는 것은 꽤 중요하다. 하지만 이 문장에 대한 설명은 잠시 보류하고 우선 이 메서드를 호출하는 방법을 먼저 알아보자. 객체 변수에 접근하기 위해서 도트 연산자(.)로 접근할 수 있었던 것과 마찬가지로 객체가 메서드를 호출하기 위해서는 **객체.메서드**로 호출해야 한다. 즉, 우리가 만든 setName 메서드를 호출하려면 다음과 같이 호출해야 한다.

```
cat.setName("boby");
```

이때 setName 메서드는 입력 항목으로 "boby"와 같이 문자열을 전달해야 한다. setName 메서드를 호출할 수 있도록 main 메서드를 다음과 같이 수정해 보자.

Do it! 코딩해 보세요

```
class Animal {
    String name;

    public void setName(String name) {
        this.name = name;
    }
}

public class Sample {
    public static void main(String[] args) {
        Animal cat = new Animal();
        cat.setName("boby"); // 메서드 호출
        System.out.println(cat.name);
    }
}
```

이렇게 수정하면 cat.name을 출력하기 전에 setName 메서드가 먼저 호출돼!

아까 설명을 잠시 보류한 setName 메서드의 다음 문장을 다시 살펴보자.

```
this.name = name;
```

main 메서드에서 cat.setName("boby")는 "boby"를 입력값으로 하여 setName 메서드를 호출했기 때문에 setName 메서드의 입력 항목 name에는 "boby"라는 문자열이 전달될 것이다.

따라서 setName 메서드의 this.name = name; 문장은 다음과 같은 뜻이기도 하다.

```
this.name = "boby";
```

그리고 setName 메서드의 this는 Animal 클래스에 의해서 생성된 객체를 지칭한다. Animal cat = new Animal()과 같이 cat이라는 객체를 만들고, cat.setName("boby")와 같이 cat 객체를 사용하여 setName 메서드를 호출하면 setName 메서드 내부에 선언된 this는 바로 cat 객체를 지칭한다.

만약 Animal dog = new Animal()로 dog 객체를 만든 후 dog.setName("happy")와 같이 호출한다면 setName 메서드 내부에 선언된 this는 바로 dog 객체를 가리켜.

따라서 this.name = "boby"; 문장은 다시 다음과 같이 해석된다.

```
cat.name = "boby";
```

cat.name과 같이 하면 객체 변수에 접근할 수 있음을 우리는 알고 있다. 객체 변수에 값을 대입하는 방법도 아주 쉽다. 그냥 변수에 값을 대입하는 것과 마찬가지 방법이다.

```
객체.객체변수 = 값
```

따라서 cat.name = "boby"라는 문장은 객체 cat의 객체 변수 name에 boby라는 값을 대입한다.

이제 main 메서드를 다시 실행해 보자. 다음과 같은 문자열이 출력되는 것을 확인할 수 있을 것이다.

실행 결과

```
boby
```

cat.name은 이제 null이 아니라 boby임을 확인할 수 있다.

객체 변수는 공유되지 않는다

main 메서드를 다음과 같이 변경해 보자.

Do it! 코딩해 보세요

```
class Animal {
  String name;

  public void setName(String name) {
    this.name = name;
  }
}

public class Sample {
  public static void main(String[] args) {
    Animal cat = new Animal();
    cat.setName("boby");
```

```
        Animal dog = new Animal();
        dog.setName("happy");
    }
}
```

cat 객체에는 boby라는 이름을 대입하고, dog 객체에는 happy라는 이름을 대입했다. 이렇게 하면 setName 메서드에 의해 다음과 같은 문장이 두 번 실행될 것이다.

```
cat.name = "boby";
dog.name = "happy";
```

그런데 이럴 경우 dog.name = "happy"라는 문장이 나중에 수행되므로 cat.name의 값도 happy라는 값으로 변경되지는 않을까? Animal 클래스의 객체 변수 name이 cat 객체와 dog 객체 간 서로 공유되는 변수라면 아마도 그럴 것이다. 다음과 같이 작성하여 확인해 보자.

Do it! 코딩해 보세요

```
class Animal {
    String name;

    public void setName(String name) {
        this.name = name;
    }
}

public class Sample {
    public static void main(String[] args) {
        Animal cat = new Animal();
        cat.setName("boby"); // 메서드 호출

        Animal dog = new Animal();
        dog.setName("happy");

        System.out.println(cat.name);
        System.out.println(dog.name);
    }
}
```

실행 결과

```
boby
happy
```

그런데 결과를 보면 name 객체 변수는 공유되지 않는다는 것을 확인할 수 있다. 이 부분은 정말 너무너무 중요해서 강조하고 또 강조해도 지나치지 않다. 클래스에서 가장 중요한 부분은 **객체 변수의 값이 독립적으로 유지된다**는 점이다. 사실 이 점이 바로 클래스 존재의 이유이기도 하다.

객체 지향적object oriented이라는 말의 의미도 곱씹어 보면 결국 이 객체 변수의 값이 독립적으로 유지되기 때문에 가능한 것이다.

객체 변수의 값은 공유되지 않지만 07-3절에서 공부할 static을 이용하게 되면 객체 변수를 공유하도록 만들 수도 있다.

이름이 같더라도 객체 변수의 값은 공유되지 않는다는 건 아주 중요하니 잊지 말자구!

05-3

메서드 더 살펴보기

다른 프로그래밍 언어에는 함수가 별도로 존재한다. 하지만 자바는 클래스를 떠나 존재하는 것은 있을 수 없기 때문에 자바의 함수는 따로 존재하지 않고 클래스 내에 존재한다. 자바는 이러한 클래스 내의 함수를 메서드method라고 부른다.

함수와 메서드가 공존하는 언어(예를 들어, 파이썬)에서는 두 개를 구분하여 말한다. 하지만 자바는 메서드와 함수를 구분하여 말하지 않는다.

메서드에 대해서 이미 알아보았지만 이번 절에서는 좀 더 자세하게 살펴보자.

먼저 믹서를 떠올려 보자. 우리는 주스를 만들기 위해 믹서에 과일을 넣는다. 그리고 믹서를 이용해서 과일을 갈아 주스를 만들어 낸다. 우리가 믹서에 넣는 과일은 입력에 비유할 수 있고, 만들어진 주스는 출력(리턴값)에 비유할 수 있다. 그렇다면 믹서는 무엇에 비유할 수 있을까?

믹서가 바로 우리가 여기서 알고자 하는 메서드이다. 입력값을 가지고 어떤 일을 수행한 다음에 결과값을 내어놓는 것이 바로 메서드가 하는 일이다!

메서드를 사용하는 이유

프로그래밍을 하다 보면 똑같은 내용을 반복해서 적을 때가 있다. 이럴 때 바로 메서드가 필요하다. 여러 번 반복해서 사용된다는 것은 또다시 사용할 만한 가치가 있는 부분이라는 뜻이다. 즉, 이러한 경우 이것을 한 뭉치로 묶어서 '어떤 입력값을 주었을 때 어떤 리턴값을 돌려

준다'라는 식의 메서드를 작성하는 것이 현명한 방법이다. 가장 간단하지만 많은 것을 설명해 주는 다음의 메서드를 살펴보자.

```
int sum(int a, int b) {
    return a+b;
}
```

이 메서드는 다음과 같이 정의된다.

> "sum 메서드는 두 개의 입력값(int 자료형인 a, int 자료형인 b)을 받으며,
> 리턴값은 두 개의 입력값을 더한 값(int 자료형)이다."

여기서 return은 메서드의 결괏값을 돌려주는 명령어이다.

앞서 설명한 메서드를 직접 작성하고 사용해 보자. 다음 예제는 sum 메서드에 3, 4라는 입력값을 전달하여 7이라는 값을 리턴받는다.

Do it! 코딩해 보세요

```
public class Sample {
    int sum(int a, int b) {
        return a + b;
    }

    public static void main(String[] args) {
        int a = 3;
        int b = 4;

        Sample sample = new Sample();
        int c = sample.sum(a, b);

        System.out.println(c);
    }
}
```

실행 결과

```
7
```

Sample 클래스의 main 메서드에서 Sample sample = new Sample()처럼 자기 자신의 객체를 생성했다. 이러한 방식이 좀 이상하게 보일수도 있지만 작성한 클래스를 단독으로 실행시켜 테스트할 때 자주 사용하는 방법이다.

매개 변수와 인수

매개 변수parameter와 인수arguments는 혼용되는 헷갈리는 용어이므로 잘 기억해 두자. 매개 변수는 메서드에 전달된 입력값을 저장하는 변수를 의미하고, 인수는 메서드를 호출할 때 전달하는 입력값을 의미한다.

Do it! 코딩해 보세요

```
public class Sample {
    int sum(int a, int b) {  // a, b는 매개 변수
        return a+b;
    }

    public static void main(String[] args) {
        Sample sample = new Sample();
        int c = sample.sum(3, 4);  // 3, 4는 인수

        System.out.println(c);
    }
}
```

매개 변수와 인수를
여기서 확실히 알고 넘어가자.

같은 의미를 가진 용어들에 주의하자!

프로그래밍을 공부할 때 어려운 부분 중 하나가 용어의 혼용이라고 할 수 있다. 우리는 공부할 때, 원서나 번역서를 보면 의미는 같지만 표현이 다른 용어를 자주 만나게 된다. 한 예로 입력값을 다른 말로 메서드의 인수, 매개 변수 등으로 말하기도 하고 결괏값을 출력값, 리턴값, 반환 값, 돌려주는 값 등으로 말하기도 한다. 이렇듯 많은 용어가 여러 다른 말로 표현되지만 의미는 동일한 경우가 많다. 따라서 의미는 같지만 표현이 다른 용어들을 그때그때 기억해 놓아야 머리가 덜 아플 것이다.

메서드의 입력값과 리턴값

메서드는 입력값을 가지고 어떤 처리를 하여 적절한 리턴값을 돌려주는 블랙박스와 같다. 왜냐하면 메서드의 내부 동작이 복잡하더라도 외부에서는 그저 입력값을 넣으면 리턴값이 나오는 과정만 관심을 가지기 때문이다.

블랙박스와 같은 역할을 한다.

입력값 → 메서드 → 리턴값

메서드에 들어오는 입력값과 리턴값에 대해서 자세히 알아보자.

▶ 메서드의 구조

자바의 메서드 구조는 다음과 같다.

```
리턴자료형 메서드명(입력자료형1 매개변수1, 입력자료형2 매개변수2, …) {
    ...
    return 리턴값; // 리턴 자료형이 void인 경우에는 return 문이 필요 없다.
}
```

리턴 자료형은 메서드 수행 후 리턴되는 값의 자료형을 의미한다. 메서드는 결괏값을 반환하기 위해 return이라는 키워드를 사용한다.

메서드는 입출력 유무에 따라 다음과 같이 4가지로 분류할 수 있다.

- 입력과 출력이 모두 있는 메서드
- 입력과 출력이 모두 없는 메서드
- 입력은 없고 출력은 있는 메서드
- 입력은 있고 출력은 없는 메서드

이것들에 대해서 더 자세히 알아보도록 하자.

▶ 입력값과 리턴값이 모두 있는 메서드

일반적인 메서드는 입력값과 리턴값이 모두 있다. 일반적인 메서드의 전형적인 예를 보자.

```
int sum(int a, int b) {
    return a+b;
}
```

sum 메서드의 입출력 자료형은 다음과 같다.

- 입력값 : int 자료형 a, int 자료형 b
- 리턴값 : int 자료형

sum 메서드는 두 개의 입력값을 받아서 서로 더한 결괏값을 돌려주는 메서드이다. 입력값과 리턴값이 있는 메서드는 다음과 같이 호출할 수 있다.

```
리턴값 받을 변수 = 객체.메서드명(입력인수1, 입력인수2, …)
```

sum 메서드의 사용 예는 다음과 같다.

```
Sample sample = new Sample();
int result = sample.sum(3, 4);
```

이때 sample.sum(3, 4) 호출 후 리턴값을 저장하는 result의 자료형은 int로 해야만 한다. 왜냐하면 sum 메서드의 리턴 자료형이 int로 되어 있기 때문이다. sum 메서드의 리턴 자료형은 int sum(int a, int b)에서 보듯이 메서드명(sum) 바로 왼쪽에 표기한다.

▶ 입력값이 없는 메서드

입력값이 없는 메서드가 존재할까? 당연히 그렇다. 다음 예를 살펴보자.

```
String say() {
    return "Hi";
}
```

say 메서드의 입출력 자료형은 다음과 같다.

- 입력값 : 없음
- 리턴값 : String 자료형

say라는 이름의 메서드를 만들었다. 하지만 입력 인수를 나타내는 괄호 안이 비어 있다. 이렇듯 입력 인수가 없을 경우에는 괄호 안을 비워 놓으면 된다.

이 메서드는 어떻게 쓸 수 있을까?

Do it! 코딩해 보세요

```
public class Sample {
    String say() {
        return "Hi";
    }

    public static void main(String[] args) {
        Sample sample = new Sample();
        String a = sample.say();
        System.out.println(a);
    }
}
```

실행 결과

```
Hi
```

say 메서드를 쓰기 위해서는 say()처럼 괄호 안에 아무런 값도 넣지 않고 써야 한다. say 메서드는 입력값은 없지만 리턴값으로 Hi라는 문자열을 리턴한다. 따라서 String a = sample.say()의 a에는 Hi라는 문자열이 대입될 것이다. 정리하자면 입력값이 없고 리턴값만 있는 메서드는 다음과 같이 호출할 수 있다.

```
리턴값 받을 변수 = 객체.메서드명()
```

▶ 리턴값이 없는 메서드

리턴값이 없는 메서드 역시 존재한다. 다음 예를 보자.

```
void sum(int a, int b) {
    System.out.println(a+"과 "+b+"의 합은 "+(a+b)+"입니다.");
}
```

sum 메서드의 입출력 자료형은 다음과 같다.

- 입력값 : int 자료형 a, int 자료형 b
- 리턴값 : void ← 리턴값 없음

리턴값이 없는 메서드는 명시적으로 **리턴 자료형 부분에 void라고 표기**한다. 리턴값이 없는 메서드는 다음과 같이 사용한다.

Do it! 코딩해 보세요

```
public class Sample {
    void sum(int a, int b) {
        System.out.println(a+"과 "+b+"의 합은 "+(a+b)+"입니다.");
    }

    public static void main(String[] args) {
        Sample sample = new Sample();
        sample.sum(3, 4);
    }
}
```

실행 결과

```
3과 4의 합은 7입니다.
```

실제로 메서드를 호출해 보면 이 같은 문자열이 출력된다. 그런데 '3과 4의 합은 7입니다.'라는 문장을 출력했는데 왜 리턴값이 없다는 것일까? 이 부분은 초보자들이 혼동하는 부분이기도 한데, System.out.println 문은 메서드 내에서 사용되는 문장일 뿐 리턴값은 없다. 리턴값은 오직 return 명령어로만 반환이 가능하다.

정리하자면 리턴값이 없는 메서드는 다음과 같이 호출할 수 있다.

```
객체.메서드명(입력인수1, 입력인수2, ...)
```

▶ 입력값과 리턴값이 모두 없는 메서드

입력값과 리턴값이 모두 없는 메서드도 존재한다. 다음의 예를 살펴보자.

```
void say() {
  System.out.println("Hi");
}
```

say 메서드의 입출력 자료형은 다음과 같다.

- 입력값 : 없음
- 리턴값 : void

이 메서드를 사용하는 방법은 단 한 가지이다.

Do it! 코딩해 보세요

```
public class Sample {
  void say() {
    System.out.println("Hi");
  }

  public static void main(String[] args) {
    Sample sample = new Sample();
    sample.say();
  }
}
```

실행 결과

```
Hi
```

정리하자면 입력값도, 리턴값도 없는 메서드는 다음과 같이 호출할 수 있다.

```
객체.메서드명()
```

return의 또 다른 쓰임

특별한 경우 메서드를 빠져나가고 싶다면 return을 단독으로 사용하여 메서드를 즉시 빠져나갈 수 있다.

Do it! 코딩해 보세요

```
public class Sample {
  void sayNick(String nick) {
    if ("바보".equals(nick)) {
      return;
    }
    System.out.println("나의 별명은 "+nick+" 입니다.");
  }

  public static void main(String[] args) {
    Sample sample = new Sample();
    sample.sayNick("야호");
    sample.sayNick("바보"); // 출력되지 않는다.
  }
}
```

실행 결과

```
나의 별명은 야호 입니다.
```

sayNick 메서드는 입력으로 받은 문자열을 포함한 문장을 출력한다. 이 메서드 역시 리턴값은 없다. 문자열을 출력한다는 것과 리턴값이 있다는 것은 전혀 다른 말이다. 여기서 쓰인 return은 메서드를 호출한 곳에 리턴값을 돌려주는 역할이 아니라 메서드를 즉시 빠져나가는 역할을 한다. 이 메서드는 입력값으로 '바보'라는 값이 들어오면 문자열을 출력하지 않고 메서드를 즉시 빠져나간다.

return 문만 단독으로 사용하여 메서드를 빠져나가는 이 방법은 리턴 자료형이 void인 메서드만 가능하다. 리턴 자료형이 명시되어 있는 메서드에서 return 문만 작성하면 컴파일 오류가 발생한다.

return 문을 단독으로 사용하여 메서드를 빠져나가는 방법은 실제 프로그래밍에서 자주 사용해!

메서드 내에서 선언된 변수의 효력 범위

메서드 안에서 사용하는 변수의 이름을 메서드 밖에서 사용한 이름과 동일하게 사용한다면 어떻게 될까? 다음 예제를 살펴보자.

Do it! 코딩해 보세요

```
public class Sample {
    void varTest(int a) {
        a++;
    }

    public static void main(String[] args) {
        int a = 1;
        Sample sample = new Sample();
        sample.varTest(a);
        System.out.println(a);
    }
}
```

실행 결과

```
1
```

이 예제의 varTest 메서드는 입력으로 들어온 int 자료형의 값을 1만큼 증가시키는 역할을 한다. main 메서드를 순서대로 분석해 보자.

1. main 메서드에서 a라는 int 자료형의 변수를 생성하고 a에 1을 대입했다.
2. varTest 메서드를 입력값으로 a를 주어 호출했다.
3. a의 값을 출력하게 했다.

varTest 메서드에서 a의 값을 1만큼 증가시켰으니 2가 출력되어야 할 것 같지만 막상 프로그램을 실행해 보면 1이라는 결괏값이 나온다. 왜 그럴까? 그 이유는 메서드에서 사용한 매개 변수는 메서드 안에서만 쓰이는 변수이기 때문이다. 즉 void varTest(int a)라는 문장에서 매개 변수 a는 메서드 안에서만 쓰이는 변수이지 메서드 밖의 변수 a가 아니라는 말이다.

앞서 매개 변수 이름을 a로 사용한 varTest 메서드는 다음처럼 매개 변수 이름을 b로 사용한 varTest와 기능적으로 완전히 동일하다.

```
void varTest(int b) {
  b++;
}
```

다시 말해 메서드에서 쓰이는 매개 변수의 이름과 메서드 밖의 변수 이름이 같더라도 서로 전혀 영향을 주지 않는다.

그렇다면 varTest라는 메서드를 이용해서 main 메서드 외부의 a의 값을 1만큼 증가시킬 수 있는 방법은 없을까? 다음과 같이 varTest 메서드와 main 메서드를 변경해 보자.

Do it! 코딩해 보세요

```
public class Sample {
  int varTest(int a) {
    a++;
    return a;
  }

  public static void main(String[] args) {
    int a = 1;
    Sample sample = new Sample();
    a = sample.varTest(a);
    System.out.println(a);
  }
}
```

실행 결과

```
2
```

해법은 이 예처럼 varTest 메서드에 return 문을 이용하는 방법이다. varTest 메서드는 입력으로 들어온 값을 1만큼 증가시켜 리턴한다. 따라서 a = sample.varTest(a)처럼 작성하면 a의 값은 다시 varTest 메서드의 리턴값으로 대입된다(즉, 1만큼 증가된 값으로 a의 값이 변경된다.).

이번에는 varTest 입력값이 int 자료형이 아닌 객체인 경우를 살펴보자. 메서드에 값을 전달하는 것과 객체를 전달하는 것에는 큰 차이가 있다. 객체를 메서드의 입력으로 넘기고 메서드가 객체의 속성값(객체 변수 값)을 변경한다면 메서드 수행 이후에도 객체는 변경된 속성값을 유지한다. 다음 코드를 살펴보자.

Do it! 코딩해 보세요

```
public class Sample {

    int a; // 객체 변수 a

    void varTest(Sample sample) {
        sample.a++;
    }

    public static void main(String[] args) {
        Sample sample = new Sample();
        sample.a = 1;
        sample.varTest(sample);
        System.out.println(sample.a);
    }
}
```

실행 결과

```
2
```

이번에는 int 자료형인 변수 a를 Sample 클래스의 객체 변수로 선언했다. 그리고 varTest 메서드는 Sample 클래스의 객체를 입력받아 해당 객체의 a 값을 1만큼 증가시키도록 했다. 그리고 main 메서드에서는 varTest 메서드 호출 시 Sample 클래스의 객체인 sample을 전달하도록 수정했다. 이렇게 수정하고 프로그램을 실행해보면 sample 객체의 객체 변수 a의 값이 원래는 1이었는데 varTest 메서드 실행 후 1만큼 증가되어 2가 출력되는 것을 확인할 수 있다.

여기서 주목해야 하는 부분은 varTest 메서드의 입력 파라미터가 값이 아닌 Sample 클래스의 객체라는 데 있다. 이렇게 메서드가 객체를 전달받으면 메서드 내의 객체는 전달받은 객체 그 자체로 수행된다. 따라서 입력으로 전달받은 sample 객체의 객체 변수 a의 값이 증가하게 되는 것이다.

메서드의 입력 항목이 값인지 객체인지를 구별하는 기준은 입력 항목의 자료형이 원시 자료형인지 아닌지에 따라 나뉜다. int 자료형과 같은 원시 자료형인 경우 값이 전달되고 그 이외의 경우는 객체가 전달된다.

Integer와 같은 원시 자료형의 Wrapper 클래스와 String도 값이 전달된다.

this 활용하기

앞서 살펴본 예제에는 다음과 같은 문장이 있었다.

```
sample.varTest(sample);
```

sample 객체를 이용하여 varTest라는 메서드를 호출할 경우 굳이 sample 객체를 전달할 필요가 없다. 왜냐하면 전달하지 않더라도 varTest 메서드는 this라는 키워드를 이용하여 객체에 접근할 수 있기 때문이다. this를 이용하여 varTest 메서드를 수정한 코드는 다음과 같다.

```
public class Sample {

    int a; // 객체 변수 a

    void varTest() {
        this.a++;
    }

    public static void main(String[] args) {
        Sample sample = new Sample();
        sample.a = 1;
        sample.varTest();
        System.out.println(sample.a);
    }
}
```

```
2
```

05-4
값에 의한 호출과 객체에 의한 호출

메서드에 값(원시 자료형)을 전달하는 것과 객체를 전달하는 것에는 큰 차이가 있다. 이것은 매우 중요하기 때문에 이전에 잠깐 언급했지만 다시 한번 자세히 알아보자. 결론부터 얘기한다면 메서드에 객체를 전달할 경우 메서드에서 객체 변수의 값을 변경할 수 있다. 다음의 예제를 살펴보자.

Do it! 코딩해 보세요

```
class Updater {
    void update(int count) {
        count++;
    }
}

class Counter {
    int count = 0;  // 객체 변수
}

public class Sample {
    public static void main(String[] args) {
        Counter myCounter = new Counter();
        System.out.println("before update:"+myCounter.count);
        Updater myUpdater = new Updater();
        myUpdater.update(myCounter.count);
        System.out.println("after update:"+myCounter.count);
    }
}
```

Updater 클래스는 전달받은 숫자를 1만큼 증가시키는 update라는 메서드를 가지고 있다. Counter 클래스는 count라는 객체 변수를 가지고 있다. Sample 클래스의 main 메서드는

Counter 클래스에 의해 생성된 myCounter 객체의 객체 변수인 count값을 Updater 클래스를 이용하여 증가시키고자 한다. 하지만 예상과는 달리 실행해 보면 다음과 같은 결괏값이 나온다.

실행 결과

```
before update:0
after update:0
```

객체 변수 count의 값을 update 메서드에 넘겨서 변경시키더라도 값에 변화가 없다. 그 이유는 05-3절에서 알아본 것과 같이 update 메서드는 값(int 자료형)을 전달받았기 때문이다.

그렇다면 예제를 다음과 같이 변경해 보자.

Do it! 코딩해 보세요

```
class Updater {
    void update(Counter counter) {
        counter.count++;
    }
}

class Counter {
    int count = 0; // 객체 변수
}

public class Sample {
    public static void main(String[] args) {
        Counter myCounter = new Counter();
        System.out.println("before update:"+myCounter.count);
        Updater myUpdater = new Updater();
        myUpdater.update(myCounter);
        System.out.println("after update:"+myCounter.count);
    }
}
```

이전 예제와의 차이점은 update 메서드의 입력 항목에 있다. 이전에는 int count와 같이 값을 전달받았다면 지금은 Counter counter와 같이 객체를 전달받도록 변경한 것이다.

update 메서드를 호출하는 부분도 다음처럼 바뀌었다.

```
myUpdater.update(myCounter);
```

이제 변경된 클래스를 실행해 보면 다음과 같은 결과가 출력된다.

실행 결과

```
before update:0
after update:1
```

myCounter 객체의 count값이 1만큼 증가되었다. 이렇게 메서드의 입력으로 객체를 전달하면 메서드가 입력받은 객체를 그대로 사용하기 때문에 메서드가 객체의 속성값을 변경하면 메서드 수행 후에도 객체의 변경된 속성값이 유지된다.

한 개의 자바 파일에 2개 이상의 클래스 선언하기

Sample.java 파일 내에 Sample, Updater, Counter라는 클래스 3개가 등장했다. 이와 같이 하나의 java 파일 내에는 여러 개의 클래스를 선언할 수 있다. 단, 파일명이 Sample.java라면 Sample.java 내의 Sample 클래스는 public으로 선언하라는 관례(규칙)가 있다.

05-5
상속

자바에는 자식 클래스가 부모 클래스의 기능을 그대로 물려받을 수 있는 상속inheritance 기능이 있다. 예제를 통해서 자바의 상속에 대해서 자세히 알아보자. 05-2절에서 작성했던 Animal 클래스를 상속하는 Dog 클래스를 만들어 보자.

Do it! 코딩해 보세요

```
class Animal {
    String name;

    void setName(String name) {
        this.name = name;
    }
}

class Dog extends Animal {  // Animal 클래스를 상속한다.
}

public class Sample {
    public static void main(String[] args) {
        Dog dog = new Dog();
        dog.setName("poppy");
        System.out.println(dog.name);
    }
}
```

실행 결과

```
poppy
```

클래스 상속을 위해서는 extends라는 키워드를 사용한다. 이제 Dog 클래스는 Animal 클래스를 상속하게 되었다. Dog 클래스에 객체 변수인 name과 메서드인 setName을 만들지 않았지만 Animal 클래스를 상속했기 때문에 예제에서 보듯이 그대로 사용이 가능하다.

자식 클래스의 기능 확장하기

이번에는 Dog 클래스에 sleep 메서드를 추가해 보자.

Do it! 코딩해 보세요

```
class Animal {
    String name;

    void setName(String name) {
        this.name = name;
    }
}

class Dog extends Animal {
    void sleep() {
        System.out.println(this.name+" zzz");
    }
}

public class Sample {
    public static void main(String[] args) {
        Dog dog = new Dog();
        dog.setName("poppy");
        System.out.println(dog.name);
        dog.sleep();
    }
}
```

실행 결과

```
poppy
poppy zzz
```

sleep 메서드를 추가하여 이제 Dog 클래스는 Animal 클래스보다 좀 더 많은 기능을 가지게 되었다.

보통 부모 클래스를 상속받은 자식 클래스는 부모 클래스의 기능에 더하여 좀 더 많은 기능을 갖도록 작성할 수 있어!

IS-A 관계란?

Dog 클래스는 Animal 클래스를 상속했다. 즉, Dog는 Animal의 하위 개념이라고 할 수 있다. 이런 경우 Dog는 Animal에 포함되기 때문에 '개(Dog)는 동물(Animal)이다'라고 표현할 수 있다. 자바는 이러한 관계를 IS-A 관계라고 표현한다. 즉, 'Dog is a Animal(개는 동물이다)'과 같이 말할 수 있는 관계를 IS-A 관계라고 하는 것이다. 이렇게 IS-A 관계(상속 관계)에 있을 때 자식 클래스의 객체는 부모 클래스의 자료형인 것처럼 사용할 수 있다. 그래서 다음과 같은 코딩이 가능하다.

```
Animal dog = new Dog();  // Dog is a Animal
```

여기서 한 가지 주의해야 할 점이 있다. Dog 객체를 Animal 자료형으로 사용할 경우에는 Dog 클래스에만 존재하는 sleep 메서드를 사용할 수 없다는 점이다. 이런 경우에는 Animal 클래스에 구현된 setName 메서드만 사용이 가능하다.

하지만 이 반대의 경우, 즉 부모 클래스로 만들어진 객체를 자식 클래스의 자료형으로는 사용할 수 없다. 그러므로 다음의 코드는 컴파일 오류가 발생한다.

```
Dog dog = new Animal();  // 컴파일 오류 발생
```

이 부분을 좀 더 개념적으로 살펴보자.

```
Animal dog = new Dog();  // Dog is a Animal (O)
```

이 코드를 읽어 보면 '개(Dog)로 만든 객체는 동물(Animial) 자료형이다'라고 해석할 수 있다.

또, 다음 코드를 보자.

```
Dog dog = new Animal();  // Animal is a Dog (X)
```

역시 개념적으로 읽어 보면 '동물(Animal)로 만든 객체는 개(Dog) 자료형이다'로 해석할 수 있을 것이다. 근데 뭔가 좀 이상하지 않은가? Animal로 만든 객체는 '개(Dog)' 자료형 말고 '호랑이(Tiger)' 자료형 또는 '사자(Lion)' 자료형도 될 수 있지 않은가? 즉, 개념적으로 살펴보아도 두 번째 코드는 성립할 수 없다는 것을 알 수 있다.

Object 클래스란?

자바에서 만드는 모든 클래스는 Object 클래스를 상속받는다. 사실 우리가 만든 Animal 클래스는 다음 코드와 기능적으로 완전히 동일하다. 하지만 굳이 다음 코드처럼 Object 클래스를 상속하도록 코딩하지 않아도 자바에서 만들어지는 모든 클래스는 Object 클래스를 자동으로 상속받게끔 되어 있다.

```
class Animal extends Object {
    String name;

    void setName(String name) {
        this.name = name;
    }
}
```

따라서 자바에서 만드는 모든 객체는 Object 자료형으로 사용할 수 있다. 다시 말해, 다음과 같이 코딩하는 것이 가능하다.

```
Object animal = new Animal(); // Animal is a Object
Object dog = new Dog(); // Dog is a Object
```

메서드 오버라이딩

이번에는 Dog 클래스를 좀 더 구체화시키는 HouseDog 클래스를 만들어 보자. HouseDog 클래스는 Dog 클래스를 상속하여 다음과 같이 만들 수 있다.

Do it! 코딩해 보세요

```
class Animal {
    String name;

    void setName(String name) {
        this.name = name;
    }
}

class Dog extends Animal {
    void sleep() {
        System.out.println(this.name+" zzz");
    }
}
```

```
class HouseDog extends Dog {
}

public class Sample {
    public static void main(String[] args) {
        HouseDog houseDog = new HouseDog();
        houseDog.setName("happy");
        houseDog.sleep(); // happy zzz 출력
    }
}
```

실행 결과

```
happy zzz
```

HouseDog 클래스를 실행해 보면 sleep 메서드가 호출되어 이와 같은 결과가 출력된다.

그런데 HouseDog 클래스로 만들어진 객체들을 sleep 메서드 호출 시 'happy zzz'가 아닌 'happy zzz in house'로 출력하고 싶다. 어떻게 해야 할까? 다음과 같이 HouseDog 클래스를 수정해 보자.

Do it! 코딩해 보세요

```
class Animal {
    String name;

    void setName(String name) {
        this.name = name;
    }
}

class Dog extends Animal {
    void sleep() {
        System.out.println(this.name + " zzz");
    }
}

class HouseDog extends Dog {
    void sleep() {
        System.out.println(this.name + " zzz in house");
    }
}
```

```
public class Sample {
    public static void main(String[] args) {
        HouseDog houseDog = new HouseDog();
        houseDog.setName("happy");
        houseDog.sleep(); // happy zzz in house 출력
    }
}
```

실행 결과

```
happy zzz in house
```

Dog 클래스에 있는 sleep 메서드를 HouseDog 클래스에 다시 구현하여 이와 같이 원하던 결괏값을 얻을 수 있다.

HouseDog 클래스에 Dog 클래스와 동일한 형태(즉, 입출력이 동일)의 sleep 메서드를 구현하면 HouseDog 클래스의 sleep 메서드가 Dog 클래스의 sleep 메서드보다 우선순위를 갖게 되어 HouseDog 클래스의 sleep 메서드가 호출되게 된다.

이렇게 부모 클래스의 메서드를 자식 클래스가 동일한 형태로 또다시 구현하는 행위를 **메서드 오버라이딩** method overriding(풀이하자면 메서드 덮어쓰기라고 할 수 있다.)이라고 한다.

메서드 오버로딩

이번에는 HouseDog 클래스에 다음과 같은 메서드를 추가해 보자.

'변경'이 아니라 '추가'임에 주의하자!

```
void sleep(int hour) {
    System.out.println(this.name+" zzz in house for " + hour + " hours");
}
```

이미 sleep이라는 메서드가 있지만 동일한 이름의 sleep 메서드를 또 생성할 수 있다. 단, 메서드의 입력 항목이 다를 경우만 가능하다. 새로 만든 sleep 메서드는 입력 항목으로 hour라는 int 자료형이 추가되었다. 이렇듯 입력 항목이 다른 경우 동일한 이름의 메서드를 만들 수 있는데 이를 **메서드 오버로딩** method overloading이라고 부른다.

새로 만든 sleep 메서드를 확인하기 위해 main 메서드를 다음과 같이 변경하고 실행해 보자.

Do it! 코딩해 보세요

```
class Animal {
    String name;

    void setName(String name) {
        this.name = name;
    }
}

class Dog extends Animal {
    void sleep() {
        System.out.println(this.name + " zzz");
    }
}

class HouseDog extends Dog {
    void sleep() {
        System.out.println(this.name + " zzz in house");
    }

    void sleep(int hour) {
        System.out.println(this.name + " zzz in house for " + hour + " hours");
    }
}

public class Sample {
    public static void main(String[] args) {
        HouseDog houseDog = new HouseDog();
        houseDog.setName("happy");
        houseDog.sleep(); // happy zzz in house 출력
        houseDog.sleep(3); // happy zzz in house for 3 hours 출력
    }
}
```

실행 결과

```
happy zzz in house
happy zzz in house for 3 hours
```

다중 상속이란?

다중 상속은 클래스가 동시에 하나 이상의 클래스를 상속받는 것을 뜻한다. C++, 파이썬 등 많은 언어들이 다중 상속을 지원하지만 **자바는 다중 상속을 지원하지 않는다.** 만약 자바가 다중 상속을 지원한다면 다음과 같은 코드가 만들어질 수 있을 것이다.

Do it! 코딩해 보세요

```
class A {
    public void msg() {
        System.out.println("A message");
    }
}

class B {
    public void msg() {
        System.out.println("B message");
    }
}

class C extends A, B {
    public void static main(String[] args) {
        C test = new C();
        test.msg();
    }
}
```

자바에서는 다중 상속을 지원하지 않기 때문에 사실 이 코드는 실제로 동작할 수 없어. 이해를 위한 것이니 눈으로만 보자구~

자바가 다중 상속을 지원한다고 가정하고 C 클래스가 A, B라는 클래스를 동시에 상속(extends A, B)하도록 했다. main 메서드에서 test.msg();를 실행할 때 A 클래스의 msg 메서드를 실행해야 할까? 아니면 B 클래스의 msg 메서드를 실행해야 할까? 다중 상속을 지원하게 되면 이렇듯 애매모호한 부분이 생기게 된다. 자바는 이러한 불명확한 부분을 애초에 없앤 언어이다.

파이썬과 같이 다중 상속을 지원하는 언어들은 이렇게 동일한 메서드를 상속받는 경우 우선순위를 정하는 규칙이 있다.

05-6

생성자

이번에는 클래스의 생성자constructor에 대해서 알아보자. 다음은 우리가 여기까지 진행하면서 만든 클래스들이다. 만약 다음의 클래스가 현재 만들어지지 않았다면 작성한 후에 따라 해 보자.

Do it! 코딩해 보세요

```
class Animal {
    String name;

    void setName(String name) {
        this.name = name;
    }
}

class Dog extends Animal {
    void sleep() {
        System.out.println(this.name + " zzz");
    }
}

class HouseDog extends Dog {
    void sleep() {
        System.out.println(this.name + " zzz in house");
    }

    void sleep(int hour) {
        System.out.println(this.name + " zzz in house for " + hour + " hours");
    }
}
```

이 코드를 보고 그동안 Sample.java에 작성한 내 코드를 한번 점검해 보자!

```
public class Sample {
  public static void main(String[] args) {
    HouseDog houseDog = new HouseDog();
    houseDog.setName("happy");
    houseDog.sleep();
    houseDog.sleep(3);
  }
}
```

Animal, Dog, HouseDog 클래스들이 준비되었다면 이제 main 메서드를 다음과 같이 수정한 후 실행해 보자.

Do it! 코딩해 보세요

```
(... 생략 ...)

public class Sample {
  public static void main(String[] args) {
    HouseDog dog = new HouseDog();
    System.out.println(dog.name);
  }
}
```

실행 결과

```
null
```

dog 객체의 name 변수에 아무런 값도 설정하지 않았기 때문에 null이 출력될 것이다. 이렇듯 HouseDog 클래스는 코딩하기에 따라 객체 변수 name에 값을 설정할 수도 있고 설정하지 않을 수도 있다.

그렇다면 name이라는 객체 변수에 값을 무조건 설정해야만 객체가 생성될 수 있도록 강제할 수 있는 방법은 없을까? 바로 생성자를 이용하면 된다. HouseDog 클래스에 다음과 같은 메서드를 추가해 보자.

Do it! 코딩해 보세요

```
(... 생략 ...)

class HouseDog extends Dog {
  HouseDog(String name) {
    this.setName(name);
  }
```

```
    void sleep() {
        System.out.println(this.name + " zzz in house");
    }

    void sleep(int hour) {
        System.out.println(this.name + " zzz in house for " + hour + " hours");
    }
}

(... 생략 ...)
```

이와 같이 메서드명이 클래스명과 동일하고 리턴 자료형을 정의하지 않는 메서드를 생성자라고 한다. 생성자 규칙은 다음과 같다.

- 클래스명과 메서드명이 같다.
- 리턴 타입을 정의하지 않는다(void도 사용하지 않는다.).

생성자는 객체가 생성될 때 호출된다. 즉, 생성자는 다음과 같이 new 키워드가 사용될 때 호출된다.

```
new 클래스명(입력인수, …)
```

생성자는 메서드와 마찬가지로 다양한 입력을 받을 수 있다. 우리가 HouseDog 클래스에 만든 생성자는 다음과 같이 입력값으로 문자열을 필요로 하는 생성자이다.

```
HouseDog(String name) {
    this.setName(name);
}
```

따라서 다음과 같이 new 키워드로 객체를 만들 때 문자열을 전달해야만 한다.

```
HouseDog dog = new HouseDog("happy");  // 생성자 호출 시 문자열을 전달해야 한다.
```

만약 다음처럼 코딩하면 컴파일 오류가 발생할 것이다.

```
HouseDog dog = new HouseDog();
```

오류가 발생하는 이유는 객체 생성 방법이 생성자의 규칙과 맞지 않기 때문이다. 생성자가 선언된 경우 생성자의 규칙대로만 객체를 생성할 수 있다.

따라서 Sample 클래스도 다음과 같이 변경해야 한다.

Do it! 코딩해 보세요

```
(... 생략 ...)
public class Sample {
    public static void main(String[] args) {
        HouseDog dog = new HouseDog("happy");
        System.out.println(dog.name);
    }
}
```

실행 결과

```
happy
```

main 메서드를 실행하면 생성자에 의해 name 객체 변수에 값이 설정되어 이러한 결과가 출력된다.

이렇듯 생성자를 사용하면 setName("happy")와 같은 필수적인 행동을 객체 생성 시에 제어할 수 있다.

디폴트 생성자

디폴트 생성자default constructor에 대해서 알아보기 위해 다음 코드를 먼저 살펴보자.

Do it! 코딩해 보세요

```
(... 생략 ...)

class Dog extends Animal {
    void sleep() {
        System.out.println(this.name + " zzz");
    }
}

(... 생략 ...)
```

그리고 다음 코드를 보자.

Do it! 코딩해 보세요

```
(... 생략 ...)

class Dog extends Animal {
    Dog(){
    }

    void sleep() {
        System.out.println(this.name + " zzz");
    }
}

(... 생략 ...)
```

첫 번째 코드와 두 번째 코드의 차이점은 무엇일까? 두 번째 코드에는 생성자가 구현되어 있다. 생성자의 입력 항목이 없고 생성자 내부에 아무 내용이 없는 이와 같은 생성자를 **디폴트 생성자**라고 부른다. 디폴트 생성자를 구현하면 new Dog()로 Dog 클래스의 객체가 만들어질 때 디폴트 생성자 Dog()가 실행될 것이다.

만약 클래스에 생성자가 하나도 없다면 컴파일러는 자동으로 이와 같은 디폴트 생성자를 추가한다. 하지만 사용자가 작성한 생성자가 하나라도 구현되어 있다면 컴파일러는 디폴트 생성자를 추가하지 않는다.

이러한 이유로 앞서 살펴본 HouseDog 클래스에 name을 입력으로 받는 생성자를 만든 후에 new HouseDog()는 사용할 수 없다. 왜냐하면 HouseDog 클래스에 이미 생성자를 만들었으므로 컴파일러가 디폴트 생성자를 자동으로 추가하지 않았기 때문이다. 만약 new HouseDog()도 가능하게 하려면 디폴트 생성자를 직접 작성하여 추가해야 한다.

생성자 오버로딩

메서드에 오버로딩이 있는 것과 마찬가지로 생성자에도 오버로딩이 있다. 다음과 같이 입력 항목이 다른 생성자를 만들 수 있다.

Do it! 코딩해 보세요

```
class Animal {
  String name;

  void setName(String name) {
    this.name = name;
  }
}

class Dog extends Animal {
  void sleep() {
    System.out.println(this.name + " zzz");
  }
}

class HouseDog extends Dog {
  HouseDog(String name) {
    this.setName(name);
  }
  HouseDog(int type) {
    if (type == 1) {
      this.setName("yorkshire");
    } else if (type == 2) {
      this.setName("bulldog");
    }
  }

  void sleep() {
    System.out.println(this.name + " zzz in house");
  }
```

```
    void sleep(int hour) {
        System.out.println(this.name + " zzz in house for " + hour + " hours");
    }
}

public class Sample {
    public static void main(String[] args) {
        HouseDog happy = new HouseDog("happy");
        HouseDog yorkshire = new HouseDog(1);
        System.out.println(happy.name); //happy 출력
        System.out.println(yorkshire.name); //yorkshire 출력
    }
}
```

실행 결과

```
happy
yorkshire
```

HouseDog 클래스는 두 개의 생성자가 있다. 하나는 String 자료형을 입력으로 받는 생성자이고 다른 하나는 int 자료형을 입력으로 받는 생성자이다. 두 생성자의 차이는 입력 항목이다. 이렇게 입력 항목이 다른 생성자를 여러 개 만들 수 있는데 이런 것을 **생성자 오버로딩** constructor overloading 이라고 한다.

메서드 오버로딩과 동일한 개념이다.

이제 HouseDog 클래스의 객체는 다음처럼 두 가지 방법으로 생성할 수 있다.

```
HouseDog happy = new HouseDog("happy"); // 문자열로 생성
HouseDog yorkshire = new HouseDog(1); // 숫자값으로 생성
```

05-7
인터페이스

인터페이스interface는 초보 개발자를 괴롭히는 단골손님이다. 인터페이스에 대한 개념 없이 코드로만 이해하려고 하면 곧 미궁에 빠지게 된다. 이렇게 이해하기 힘든 인터페이스는 도대체 왜 필요할까? 새로운 예제를 통해 인터페이스를 차근차근 알아보자.

인터페이스는 왜 필요한가?

다음은 어떤 동물원의 사육사가 하는 일이다.

> 난 동물원(zoo)의 사육사(zookeeper)이다.
> 육식 동물(predator)이 들어오면 난 먹이를 던져준다(feed).
> 호랑이(tiger)가 오면 사과(apple)를 던져준다.
> 사자(lion)가 오면 바나나(banana)를 던져준다.

이와 같은 내용을 코드로 표현해 보자. 먼저 Animal, Tiger, Lion, ZooKeeper 클래스를 작성하자.

Do it! 코딩해 보세요

```
class Animal {
  String name;

  void setName(String name) {
    this.name = name;
  }
}

class Tiger extends Animal {
}
```

Sample.java를 수정해 다음과 같이 코딩해 보자!

```
class Lion extends Animal {
}

class ZooKeeper {
    void feed(Tiger tiger) { // 호랑이가 오면 사과를 던져 준다.
        System.out.println("feed apple");
    }

    void feed(Lion lion) { // 사자가 오면 바나나를 던져준다.
        System.out.println("feed banana");
    }
}

public class Sample {
    public static void main(String[] args) {
        ZooKeeper zooKeeper = new ZooKeeper();
        Tiger tiger = new Tiger();
        Lion lion = new Lion();
        zooKeeper.feed(tiger); // feed apple 출력
        zooKeeper.feed(lion); // feed banana 출력
    }
}
```

05-5절에서 보았던 Dog 클래스와 마찬가지로 이번에는 Animal을 상속한 Tiger와 Lion이 등장했다. 그리고 ZooKeeper 클래스를 정의하였다. ZooKeeper 클래스는 tiger가 왔을 때, lion이 왔을 때, 각각 다른 feed 메서드가 호출된다.

ZooKeeper 클래스의 feed 메서드처럼 입력값의 자료형 타입이 다르지만(앞에서는 Tiger, Lion으로 서로 다르다.) 메서드명은 동일하게(여기서는 메서드명이 feed로 동일하다) 사용할 수 있다. 이런 것을 메서드 오버로딩이라고 한다.

이 부분을 이해하기 어렵다면 05-5절에서 다시 살펴보자.

프로그램을 실행하면 다음과 같은 결과가 출력된다.

실행 결과

```
feed apple
feed banana
```

만약 Tiger와 Lion뿐이라면 ZooKeeper 클래스는 더 이상 할 일이 없겠지만 Crocodile, Leopard 등이 계속 추가된다면 ZooKeeper는 클래스가 추가될 때마다 매번 다음과 같은 feed 메서드를 추가해야 한다.

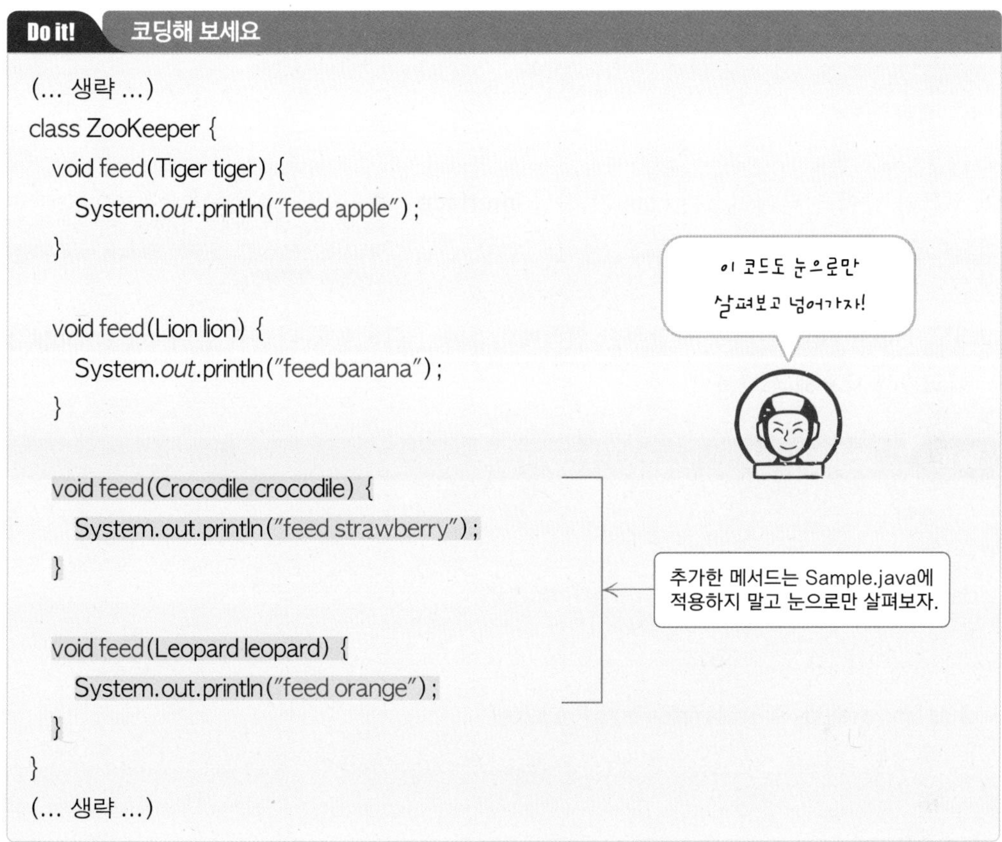

Do it! 코딩해 보세요

```
(... 생략 ...)
class ZooKeeper {
    void feed(Tiger tiger) {
        System.out.println("feed apple");
    }

    void feed(Lion lion) {
        System.out.println("feed banana");
    }

    void feed(Crocodile crocodile) {
        System.out.println("feed strawberry");
    }

    void feed(Leopard leopard) {
        System.out.println("feed orange");
    }
}
(... 생략 ...)
```

이렇게 클래스가 추가될 때마다 feed 메서드를 추가해야 한다면 ZooKeeper 클래스가 얼마나 복잡하겠는가? 이런 어려움을 극복하기 위해서 바로 인터페이스의 도움이 필요하다.

인터페이스 작성하기

다음과 같이 코드 상단에 Predator 인터페이스를 추가하자.

Do it! 코딩해 보세요

```
interface Predator {
}

class Animal {
    String name;
```

```
    void setName(String name) {
        this.name = name;
    }
}

(... 생략 ...)
```

이 코드와 같이 인터페이스는 class가 아닌 interface 키워드로 작성한다.

인터페이스는 클래스와 마찬가지로 Predator.java와 같은 단독 파일로 저장하는 것이 일반적이나 여기서는 설명의 편의를 위해 Sample.java 파일의 최상단에 작성하였다.

그리고 Tiger, Lion 클래스는 작성한 인터페이스를 구현하도록 다음과 같이 implements라는 키워드를 사용해 수정하자.

Do it! 코딩해 보세요

```
(... 생략 ...)

class Tiger extends Animal implements Predator{
}

class Lion extends Animal implements Predator{
}

(... 생략 ...)
```

이렇게 Tiger, Lion 클래스가 Predator 인터페이스를 구현하게 되면 ZooKeeper 클래스의 feed 메서드를 다음과 같이 변경할 수 있다.

변경 전

```
(... 생략 ...)

class ZooKeeper {
    void feed(Tiger tiger) {
        System.out.println("feed apple");
    }
```

```
    void feed(Lion lion) {
        System.out.println("feed banana");
    }
}

(... 생략 ...)
```

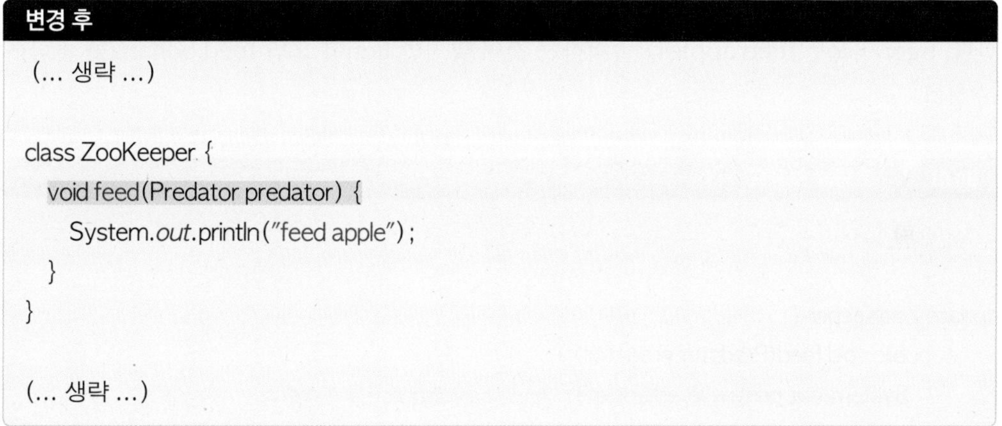

변경 후

```
(... 생략 ...)

class ZooKeeper {
    void feed(Predator predator) {
        System.out.println("feed apple");
    }
}

(... 생략 ...)
```

feed 메서드의 입력으로 Tiger, Lion을 각각 필요로 했지만 이제 이것을 Predator라는 인터페이스로 대체할 수 있게 되었다. tiger, lion은 각각 Tiger, Lion의 객체이기도 하지만 Predator 인터페이스의 객체이기도 하기 때문에 이와 같이 Predator를 자료형으로 사용할 수 있는 것이다. 05-5절에서 공부했던 IS-A 관계가 인터페이스에도 적용된다. 즉, 'Tiger is a Predator', 'Lion is a Predator'가 성립된다.

> 이와 같이 객체가 1개 이상의 자료형 타입을 갖게 되는 특성을 다형성(폴리모피즘)이라고 하는데 이는 05-8절에서 자세히 다룬다.

- tiger: Tiger 클래스의 객체이자 Predator 인터페이스의 객체
- lion: Lion 클래스의 객체이자 Predator 인터페이스의 객체

이제 어떤 육식동물 클래스가 추가되더라도 ZooKeeper는 feed 메서드를 추가할 필요가 없다. 다만 육식동물 클래스가 추가될 때마다 다음과 같이 Predator 인터페이스를 구현해야 한다.

> 여기서 말하는 육식동물 클래스는 Crocodile이나 Leopard와 같이 육식 동물들의 이름을 한 클래스들을 말한다.

```
class Crocodile extends Animal implements Predator {
}
```

Crocodile 클래스는 실제 코드에 적용하지 말고 눈으로만 살펴보자.

이제 왜 인터페이스가 필요한지 감을 잡았을 것이다. 보통 중요 클래스(ZooKeeper)를 작성하는 시점에서는 클래스(Animal)의 구현체(Tiger, Lion)가 몇 개가 될지 알 수 없으므로 인터페이스(Predator)를 정의하여 인터페이스를 기준으로 메서드(feed)를 만드는 것이 효율적이다.

인터페이스의 메서드

그런데 앞서 살펴본 ZooKeeper 클래스에 약간의 문제가 발생했다. ZooKeeper 클래스의 feed 메서드를 보면 tiger가 오든지, lion이 오든지 무조건 feed apple이라는 문자열을 출력한다. tiger가 오면 feed apple을 출력하는 것이 맞지만 lion이 오면 feed banana를 출력해야 한다.

Do it! 코딩해 보세요

```
(... 생략 ...)

class ZooKeeper {
    public void feed(Predator predator) {
        System.out.println("feed apple"); // 항상 feed apple만을 출력한다.
    }
}

(... 생략 ...)
```

실행 결과

```
feed apple
feed apple
```

이번에도 인터페이스의 마법을 부려 보자. Predator 인터페이스에 다음과 같은 getFood 메서드를 추가해 보자.

인터페이스의 메서드는 메서드의 이름과 입출력에 대한 정의만 있고 그 내용은 없다. 그 이유는 인터페이스는 '규칙'이기 때문이다. 즉, getFood 메서드는 인터페이스를 implements한 클래스들이 강제적으로 구현해야 하는 규칙이 된다.

이제 Predator 인터페이스에 getFood메서드를 추가하면 Tiger, Lion 등의 Predator 인터페이스를 구현한 클래스에서 컴파일 오류가 발생할 것이다. 오류를 해결하려면 다음처럼 Tiger, Lion 클래스에 getFood 메서드를 구현해야 한다.

Do it! 코딩해 보세요

```
(... 생략 ...)

class Tiger extends Animal implements Predator{
    public String getFood() {
    return "apple";
  }
}

class Lion extends Animal implements Predator{
    public String getFood() {
    return "banana";
  }
}

(... 생략 ...)
```

Tiger, Lion 클래스의 getFood 메서드는 각각 apple과 banana를 리턴하게 했다.

인터페이스의 메서드는 항상 public으로 구현해야 한다.

이어서 ZooKeeper 클래스도 다음과 같이 변경이 가능하다.

Do it! 코딩해 보세요

```
(... 생략 ...)

class ZooKeeper {
    public void feed(Predator predator) {
        System.out.println("feed "+predator.getFood());
    }
}

(... 생략 ...)
```

feed 메서드가 feed apple 대신 "feed "+predator.getFood()를 출력하도록 코드를 수정하였다. predator.getFood()를 호출하면 Predator 인터페이스를 구현한 구현체(Tiger, Lion)의 getFood() 메서드가 호출된다.

이제 프로그램을 실행해 보자. 원하던 대로 다음과 같은 결괏값이 출력되는 것을 확인할 수 있다.

실행 결과

```
feed apple
feed banana
```

인터페이스 더 파고들기

여기서는 왜 인터페이스가 필요한지를 이해하고 넘어가는 것이 가장 중요하다. 동물(Tiger, Lion, Crocodile 등) 클래스의 종류만큼 feed 메서드가 필요했던 ZooKeeper 클래스를 Predator 인터페이스를 이용하여 구현했더니 단 한 개의 feed 메서드로 구현이 가능해졌다. 여기서 중요한 점은 메서드의 개수가 줄어들었다는 점이 아니라 ZooKeeper 클래스가 동물 클래스에 의존적인 클래스에서 동물 클래스와 상관없는 독립적인 클래스가 되었다는 점이다. 바로 이 점이 인터페이스의 핵심이다.

이번에는 좀 더 개념적으로 인터페이스를 생각해 보자. 아마도 여러분은 컴퓨터의 USB 포트를 잘 알고 있을 것이다. USB 포트에 연결할 수 있는 기기는 하드디스크, 메모리 스틱, 스마트폰 등 무척 다양하다. 바로 이 USB 포트가 물리적 세계의 인터페이스라고 할 수 있다. USB 포트의 규격만 알면 어떤 기기도 연결할 수 있다. 또, 컴퓨터는 USB 포트만 제공하고 어떤 기기가 연결되는지 신경 쓸 필요가 없다. 바로 이 점이 자바의 인터페이스와 매우 비슷하다. 앞서 만든 ZooKeeper 클래스가 어떤 동물 클래스(Tiger, Lion, …)이든 상관하지 않고 feed 메서드를 구현한 것처럼 말이다.

물리적 세계	자바 세계
컴퓨터	ZooKeeper
USB 포트	Predator
하드디스크, 메모리 스틱, 스마트폰, …	Tiger, Lion, Crocodile, …

상속과 인터페이스

Predator 인터페이스 대신 Animal 클래스에 getFood 메서드를 추가하고 Tiger, Lion 등에서 getFood 메서드를 오버라이딩한 후 Zookeeper의 feed 메서드가 Predator 대신 Animal을 입력 자료형으로 사용해도 동일한 효과를 거둘 수 있다. 하지만 상속은 자식 클래스가 부모 클래스의 메서드를 오버라이딩하지 않고 사용할 수 있기 때문에 해당 메서드를 반드시 구현해야 한다는 '강제성'을 갖지 못한다. 그래서 상황에 맞게 상속을 사용할 것인지, 인터페이스를 사용해야 할지를 결정해야 한다. 인터페이스는 인터페이스의 메서드를 반드시 구현해야 하는 강제성을 갖는다는 점을 반드시 기억하자.

디폴트 메서드

자바 8 버전 이후부터는 디폴트 메서드default method를 사용할 수 있다. 인터페이스의 메서드는 구현체를 가질 수 없지만 디폴트 메서드를 사용하면 실제 구현된 형태의 메서드를 가질 수 있다. 예를 들어 Predator 인터페이스에 다음과 같은 디폴트 메서드를 추가할 수 있다.

Do it! 코딩해 보세요

```
interface Predator {
  String getFood();

  default void printFood() {
    System.out.printf("my food is %s\n", getFood());
  }
}
(... 생략 ...)
```

디폴트 메서드는 메서드명 가장 앞에 default라고 표기해야 한다. 이렇게 Predator 인터페이스에 printFood 디폴트 메서드를 구현하면 Predator 인터페이스를 구현한 Tiger, Lion 등의 실제 클래스는 printFood 메서드를 구현하지 않아도 사용할 수 있다. 그리고 디폴트 메서드는 오버라이딩이 가능하다. 즉, printFood 메서드를 실제 클래스에서 다르게 구현하여 사용할 수 있다.

스태틱 메서드

자바 8 버전 이후부터는 인터페이스에 스태틱 메서드static method를 사용할 수 있다. 인터페이스에 스태틱 메서드를 구현하면 **인터페이스명.스태틱메서드명**과 같이 사용하여 일반 클래스의 스태틱 메서드를 사용하는 것과 동일하게 사용할 수 있다.

예를 들어 Predator 인터페이스에 다음과 같은 스태틱 메서드를 추가할 수 있다.

Do it! 코딩해 보세요

```
interface Predator {
  String getFood();
  default void printFood() {
    System.out.printf("my food is %s\n", getFood());
  }
  int LEG_COUNT = 4; // 인터페이스 상수

  static int speed() {
    return LEG_COUNT * 30;
  }
}
(... 생략 ...)
```

이렇게 스태틱 메서드를 추가하면 다음과 같이 사용할 수 있다.

```
Predator.speed();
```

인터페이스 상수

앞서 코드에서 사용한 int LEG_COUNT = 4;은 인터페이스에 정의한 상수이다. 인터페이스에 정의한 상수는 int LEG_COUNT = 4;처럼 public static final을 생략해도 자동으로 public static final이 적용된다(다른 형태의 상수 정의는 불가능하다.).

public, static, final 키워드는 07장에서 자세히 알아본다.

05-8
다형성

객체 지향 프로그래밍의 특징 중에는 **다형성**polymorphism이 있다. 도대체 다형성은 무엇이고 이게 왜 필요한 걸까? 예제를 통해 차근차근 알아보자.

앞서 작성한 Sample.java 파일에 다음과 같이 Bouncer 클래스를 추가해 보자.

Do it! 코딩해 보세요

```
interface Predator {
    (... 생략 ...)
}

class Animal {
    (... 생략 ...)
}

class Tiger extends Animal implements Predator {
    (... 생략 ...)
}

class Lion extends Animal implements Predator {
    (... 생략 ...)
}

class ZooKeeper {
    (... 생략 ...)
}
```

```
class Bouncer {
    void barkAnimal(Animal animal) {
        if (animal instanceof Tiger) {
            System.out.println("어흥");
        } else if (animal instanceof Lion) {
            System.out.println("으르렁");
        }
    }
}

public class Sample {
    public static void main(String[] args) {
        Tiger tiger = new Tiger();
        Lion lion = new Lion();

        Bouncer bouncer= new Bouncer();
        bouncer.barkAnimal(tiger);
        bouncer.barkAnimal(lion);
    }
}
```

실행 결과

```
어흥
으르렁
```

Bouncer 클래스를 살펴보면 barkAnimal 메서드는 입력으로 받은 객체가 Tiger의 객체라면 '어흥'을 출력하고, Lion 객체라면 '으르렁'을 출력한다.

instanceof는 어떤 객체가 특정 클래스의 객체인지를 조사할 때 사용되는 자바의 내장 명령어이다. 여기서 animal instanceof Tiger는 'animal 객체는 Tiger 클래스로 만들어진 객체인가?'를 묻는 조건문이고, 조건이 참이라면 '어흥'을 출력하게 되는 것이다.

IS-A 관계 되짚어 보기

barkAnimal 메서드의 입력 자료형은 Tiger나 Lion이 아닌 Animal이다. 하지만 barkAnimal 메서드를 호출할 때는 tiger 또는 lion 객체를 전달할 수가 있다. 이게 가능한 이유는 Tiger, Lion 클래스가 Animal이라는 부모 클래스를 상속한 자식 클래스이기 때문이다. 자식 클래스에 의해서 만들어진 객체는 언제나 부모 클래스의 자료형을 사용할 수가 있다. 이전에 공부했던 IS-A 관계를 떠올려 보면 이해할 수 있다. 즉, 다음과 같은 코딩이 가능하다.

```
Animal tiger = new Tiger();  // Tiger is a Animal
Animal lion = new Lion();  // Lion is a Animal
```

여러분은 이 Bouncer 클래스의 barkAnimal 메서드가 마음에 드는가? 만약 Crocodile, Leopard 등의 클래스가 추가된다면 barkAnimal 메서드는 다음처럼 수정되어야 한다.

Do it! 코딩해 보세요

```
(... 생략 ...)

class Bouncer {
    void barkAnimal(Animal animal) {
        if (animal instanceof Tiger) {
            System.out.println("어흥");
        } else if (animal instanceof Lion) {
            System.out.println("으르렁");
        } else if (animal instanceof Crocodile) {
            System.out.println("쩝쩝");
        } else if (animal instanceof Leopard) {
            System.out.println("캬옹");
        }
    }
}

(... 생략 ...)
```

이 코드는 눈으로만 살펴보자.

그러나 이 같은 방식은 동물 클래스가 추가될 때마다 분기문이 추가되어야 하므로 좋지 않다. 우리는 이미 인터페이스를 배웠으므로 좀 더 나은 해법을 찾을 수 있다.

다음처럼 Barkable 인터페이스를 작성하고 Tiger 클래스와 Lion 클래스가 Barkable 인터페이스를 구현하도록 변경해 보자.

Do it! 코딩해 보세요

```
interface Predator {
        (... 생략 ...)
}

interface Barkable {
    void bark();
}
```

```
class Animal {
  (... 생략 ...)
}

class Tiger extends Animal implements Predator, Barkable {
  public String getFood() {
    return "apple";
  }

  public void bark() {
    System.out.println("어흥");
  }
}

class Lion extends Animal implements Predator,Barkable {
  public String getFood() {
    return "banana";
  }
  public void bark() {
    System.out.println("으르렁");
  }
}

class ZooKeeper {
  (... 생략 ...)
}

class Bouncer {
  void barkAnimal(Barkable animal) { //Animal 대신 Barkable을 사용
    animal.bark();
  }
}

public class Sample {
    (... 생략 ...)
}
```

콤마로 연결

코드에서 보았듯이 콤마(,)를 이용하여 인터페이스를 여러 개 implements할 수 있다. Tiger, Lion 클래스는 Predator 인터페이스와 Barkable 인터페이스를 implements하였다. 이어서 Tiger, Lion 클래스는 bark 메서드를 구현해야 한다. 이렇게 Tiger, Lion 클래스에 bark 메서드를 구현하면 Bouncer 클래스의 barkAnimal 메서드를 이같이 수정할 수 있다.

다음은 앞서 instanceof를 활용했던 Bouncer 클래스의 barkAnimal 메서드와 인터페이스를 사용해 수정한 barkAnimal 메서드를 비교한 것이다.

변경 전

```
void barkAnimal(Animal animal) {
    if (animal instanceof Tiger) {
        System.out.println("어흥");
    } else if (animal instanceof Lion) {
        System.out.println("으르렁");
    }
}
```


변경 후

```
void barkAnimal(Barkable animal) {
    animal.bark();
}
```

barkAnimal 메서드의 입력 자료형이 Animal에서 Barkable로 변경되었다. 그리고 animal의 객체 타입을 체크하여 '어흥' 또는 '으르렁'을 출력하던 부분을 그냥 bark 메서드를 호출하도록 변경했다. 이렇게 변경했더니 복잡하던 조건 분기문도 사라지고 누가 봐도 명확한 코드가 되었다.

예제에서 사용한 tiger, lion 객체는 각각 Tiger, Lion 클래스의 객체이면서 Animal 클래스의 객체이기도 하고, Barkable과 Predator 인터페이스의 객체이기도 하다. 이러한 이유로 barkAnimal 메서드의 입력 자료형을 Animal에서 Barkable로 바꾸어 사용할 수 있는 것이다.

이렇게 하나의 객체가 여러 개의 자료형 타입을 가질 수 있는 것을 객체 지향 세계에서는 **다형성**이라고 한다.

다형성을 이용하면 복잡한 형태의 분기문을 간단하게 처리할 수 있는 경우가 많아!

그러므로 Tiger 클래스의 객체는 다음과 같이 여러 가지 자료형으로 표현할 수 있다.

```
Tiger tiger = new Tiger(); // Tiger is a Tiger
Animal animal = new Tiger(); // Tiger is a Animal
Predator predator = new Tiger(); // Tiger is a Predator
Barkable barkable = new Tiger(); // Tiger is a Barkable
```

여기서 중요한 점은 Predator로 선언된 predator 객체와 Barkable로 선언된 barkable 객체는 사용할 수 있는 메서드가 서로 다르다는 점이다. predator 객체는 getFood() 메서드가 선언된 Predator 인터페이스의 객체이므로 getFood 메서드만 호출이 가능하다. 이와 마찬가지로 Barkable로 선언된 barkable 객체는 bark 메서드만 호출이 가능하다.

만약 getFood 메서드와 bark 메서드를 모두 사용하고 싶다면 어떻게 해야 할까? Predator, Barkable 인터페이스를 구현한 Tiger로 선언된 tiger 객체를 그대로 사용하거나 다음과 같이 getFood, bark 메서드를 모두 포함하는 새로운 인터페이스를 만들어 사용하면 된다.

Do it! 코딩해 보세요

```
interface Predator {
(... 생략 ...)
}

interface Barkable {
    void bark();
}

interface BarkablePredator extends Predator, Barkable {
}
(... 생략 ...)
```

기존의 인터페이스를 상속하여 BarkablePredator를 만들었다. 이와 같이 하면 BarkablePredator는 Predator의 getFood 메서드, Barkable의 bark 메서드를 그대로 사용할 수 있다. 지금까지 봐왔던 것처럼 인터페이스는 일반 클래스와는 달리 extends를 이용하여 여러 개의 인터페이스(여기서는 Predator, Barkable)를 동시에 상속할 수 있다. 즉, 다중 상속이 지원된다.

일반 클래스는 단일 상속만 가능하다.

이번에는 Lion 클래스를 앞서 작성한 BarkablePredator 인터페이스를 구현하도록 수정해 보자.

Do it! 코딩해 보세요

```
(... 생략 ...)

class Lion extends Animal implements BarkablePredator {
    public String getFood() {
        return "banana";
    }
    public void bark() {
        System.out.println("으르렁");
    }
}

(... 생략 ...)
```

실행 결과

```
어흥
으르렁
```

이렇게 Lion 클래스를 수정하고 Bouncer 클래스를 실행하더라도 이와 같이 동일한 결괏값이 출력되는 것을 확인할 수 있다.

Bouncer 클래스의 barkAnimal 메서드의 입력 자료형이 Barkable이더라도 BarkablePredator를 구현한 lion 객체를 전달할 수 있다. 그 이유는 BarkablePredator는 Barkable 인터페이스를 상속받은 자식 인터페이스이기 때문이다. 자식 인터페이스로 생성한 객체의 자료형은 부모 인터페이스로 사용하는 것이 가능하다. 자식 클래스의 객체 자료형을 부모 클래스의 자료형으로 사용 가능하다는 점과 동일하다.

다음은 지금까지 진행했던 Sample.java의 전체 코드이다.

Do it! 코딩해 보세요

```
interface Predator {
    String getFood();

    default void printFood() {
        System.out.printf("my food is %s\n", getFood());
    }

    int LEG_COUNT = 4; // 인터페이스 상수

    static int speed() {
        return LEG_COUNT * 30;
    }
}

interface Barkable {
    void bark();
}

interface BarkablePredator extends Predator, Barkable {
}

class Animal {
    String name;

    void setName(String name) {
        this.name = name;
    }
}

class Tiger extends Animal implements Predator, Barkable {
    public String getFood() {
        return "apple";
    }
```

```
    public void bark() {
        System.out.println("어흥");
    }
}

class Lion extends Animal implements BarkablePredator {
    public String getFood() {
        return "banana";
    }

    public void bark() {
        System.out.println("으르렁");
    }
}

class ZooKeeper {
    void feed(Predator predator) {
        System.out.println("feed " + predator.getFood());
    }
}

class Bouncer {
    void barkAnimal(Barkable animal) {
        animal.bark();
    }
}

public class Sample {
    public static void main(String[] args) {
        Tiger tiger = new Tiger();
        Lion lion = new Lion();

        Bouncer bouncer = new Bouncer();
        bouncer.barkAnimal(tiger);
        bouncer.barkAnimal(lion);
    }
}
```

05-9
추상 클래스

추상 클래스abstract class는 인터페이스의 역할도 하면서 클래스의 기능도 가지고 있는 자바의 '돌연변이' 같은 클래스이다. 어떤 사람은 '추상 클래스는 인터페이스로 대체하는 것이 좋은 디자인'이라고도 얘기한다. 이러한 추상 클래스를 알아 보기 위해 우리가 작성했던 Predator 인터페이스를 다음과 같이 추상 클래스로 변경해 보자.

앞서 언급했듯이 05장에서 사용되는 예제는 모두 연속되므로 순서대로 예제를 따라 해야 한다.

Do it! 코딩해 보세요

```
abstract class Predator extends Animal {
    abstract String getFood();

    default void printFood() {
        System.out.printf("my food is %s\n", getFood());
    }

    static int LEG_COUNT = 4;  // 추상 클래스의 상수는 static 선언이 필요하다.
    static int speed() {
        return LEG_COUNT * 30;
    }
}
(... 생략 ...)
```

이해를 돕기 위해 여기에는 그대로 적었지만 실습할 때는 삭제

추상 클래스를 만들려면 class 앞에 abstract를 표기해야 한다. 또한 인터페이스의 메서드와 같은 역할을 하는 메서드(여기서는 getFood 메서드)에도 역시 abstract를 붙여야 한다. abstract 메서드는 인터페이스의 메서드와 마찬가지로 구현체가 없다. 즉, abstract 클래스를 상속하는 클래스에서 해당 abstract 메서드를 구현해야만 한다. 그리고 Animal 클래스의 기능을 유지하기 위해 Animal 클래스를 상속했다.

인터페이스의 디폴트 메서드는 더 이상 사용할 수 없으므로 default 키워드를 삭제하여 일반 메서드로 변경했다. 그리고 LEG_COUNT 상수도 인터페이스에서는 자동으로 static으로 인식하지만 추상 클래스는 명시적으로 static이라고 적어 주어야 한다.

추상 클래스는 일반 클래스와 달리 단독으로 객체를 생성할 수 없다. 반드시 추상 클래스를 상속한 실제 클래스를 통해서만 객체를 생성할 수 있다.

Predator 인터페이스를 이와 같이 추상 클래스로 변경하면 Predator 인터페이스를 상속했던 BarkablePredator 인터페이스는 더 이상 사용이 불가능하므로, 다음과 같이 삭제해야 한다. 그리고 Tiger, Lion 클래스도 Animal 클래스 대신 Predator 추상 클래스를 상속하도록 변경해야 한다.

Do it! 코딩해 보세요

```
abstract class Predator extends Animal {
    (... 생략 ...)
}

interface Barkable {
    (... 생략 ...)
}

interface BarkablePredator extends Predator, Barkable {
}

class Animal {
    (... 생략 ...)
}

class Tiger extends Predator implements Barkable {
        (... 생략 ...)
}

class Lion extends Predator implements Barkable {
    (... 생략 ...)
}

class ZooKeeper {
    (... 생략 ...)
}
```

이해를 돕기 위해 여기에는 그대로 적었지만 실습할 때는 삭제

```
class Bouncer {
    (... 생략 ...)
}

public class Sample {
    (... 생략 ...)
}
```

Predator 추상 클래스에 선언된 getFood 메서드는 Tiger, Lion 클래스에 이미 구현되어 있으므로 추가로 구현할 필요는 없다. 추상 클래스에 abstract로 선언된 메서드는 인터페이스의 메서드와 마찬가지로 반드시 구현해야 한다. 추상 클래스에는 abstract 메서드 외에 실제 메서드도 사용할 수 있다. 추상 클래스에 실제 메서드를 추가하면 Tiger, Lion 등으로 만들어진 객체에서 그 메서드들을 모두 사용할 수 있게 된다. 원래 인터페이스에서 default 메서드로 사용했던 printFood가 추상 클래스의 실제 메서드에 해당된다.

인터페이스와 추상 클래스의 차이

자바 8 버전부터 인터페이스에 default 메서드가 추가되어 추상 클래스와의 차이점이 살짝 모호해졌다. 하지만 추상 클래스는 인터페이스와 달리 일반 클래스처럼 객체 변수, 생성자, private 메서드 등을 가질 수 있다.

private 메서드는 클래스 내에서만 사용되며, 다른 클래스에서 호출이 불가능하다. 07-2절에서 자세히 공부한다.

되/새/김/문/제

긴 호흡으로 공부하신 여러분!
포기하지 말고 되새김 문제를 통해
실력을 점프해 보세요!

05장의 정답 및 풀이는 331~338쪽에 있습니다.

Q1 클래스 상속하고 메서드 추가하기

다음은 Calculator 클래스와 그 사용법을 담은 코드이다.

```
class Calculator {
    int value;

    Calculator() {
        this.value = 0;
    }

    void add(int val) {
        this.value += val;
    }

    int getValue() {
        return this.value;
    }
}

public class Sample {
    public static void main(String[] args) {
        Calculator cal = new Calculator();
        cal.add(10);
        System.out.println(cal.getValue());    <- 10을 출력
    }
}
```

Calculator 클래스를 상속하는 UpgradeCalculator를 만들고 값을 뺄 수 있는 minus 메서드를 추가해 보자. 즉, 다음과 같이 동작하는 클래스를 만들어야 한다.

```
UpgradeCalculator cal = new UpgradeCalculator();
cal.add(10);
cal.minus(3);
System.out.println(cal.getValue());   <- 10에서 3을 뺀 7을 출력
```

Q2 클래스 상속하고 메서드 오버라이딩하기

객체 변수 value가 100보다 큰 값은 가질 수 없도록 제한하는 MaxLimitCalculator 클래스를 만들어 보자. 즉, 다음과 같이 동작해야 한다.

```
MaxLimitCalculator cal = new MaxLimitCalculator();
cal.add(50); <- 50을 더함
cal.add(60); <- 60을 더함
System.out.println(cal.getValue());   <- 100을 출력
```

단, MaxLimitCalculator 클래스는 반드시 다음의 Calculator 클래스를 상속해서 만들어야 한다.

```
class Calculator {
  int value;

  Calculator() {
    this.value = 0;
  }

  void add(int val) {
    this.value += val;
  }

  int getValue() {
    return this.value;
  }
}
```

메서드 오버라이딩을 사용해 보자.

Q3 홀수/짝수 판별하기 2

다음과 같이 주어진 정수가 홀수인지 짝수인지 판별해 주는 Calculator 클래스를 작성해 보자. 이때 홀수이면 true, 짝수면 false를 리턴해야 한다.

```
Calculator cal = new Calculator();
System.out.println(cal.isOdd(3));    ← 3은 홀수이므로 true 출력
System.out.println(cal.isOdd(4));    ← 4은 짝수이므로 false 출력
```

실행 결과

```
true
false
```

Q4 메서드 오버로딩하기

다음과 같이 정수 배열 또는 정수의 리스트로 그 평균을 구해 리턴하는 Calculator 클래스를 작성해 보자.

```
int[] data = {1, 3, 5, 7, 9};
Calculator cal = new Calculator();
int result = cal.avg(data);
System.out.println(result);    ← 5를 출력
```

실행 결과

```
5
```

```
ArrayList<Integer> data = new ArrayList<>(Arrays.asList(1, 3, 5, 7, 9));
Calculator cal = new Calculator();
int result = cal.avg(data);
System.out.println(result);    ← 5를 출력
```

실행 결과

```
5
```

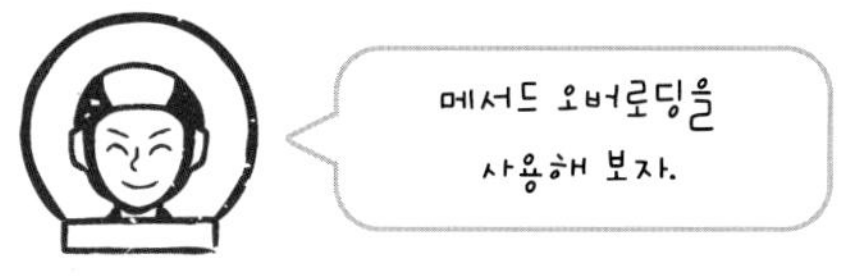

Q5 리스트와 객체 확인하기

다음 코드의 실행 결과를 예상해 보고, 왜 그렇게 생각했는지 그 이유를 설명해 보자.

```
import java.util.ArrayList;
import java.util.Arrays;

public class Sample {
    public static void main(String[] args) {
        ArrayList<Integer> a = new ArrayList<>(Arrays.asList(1, 2, 3));
        ArrayList<Integer> b = a;
        a.add(4);
        System.out.println(b.size());
    }
}
```

Q6 생성자와 초깃값 설정하기

다음은 Calculator 객체를 생성하고 값을 더한 후, 그 결괏값을 출력하는 예제이다. 하지만 코드를 실행하면 오류가 발생한다. 오류가 발생하지 않도록 코드를 수정해 보자.

```
class Calculator {
    Integer value;

    void add(int val) {
        this.value += val;
    }

    public Integer getValue() {
        return this.value;

    }
}
```

이 코드를 실행하면
NullPointerException이 발생해!
인텔리제이에서 알려주는 오류 내용을
살펴보는 것도 좋아!

```java
public class Sample {
    public static void main(String[] args) {
        Calculator cal = new Calculator();
        cal.add(3);
        System.out.println(cal.getValue());
    }
}
```

Q7 인터페이스 사용하기

다음은 광물 계산기 프로그램을 구현한 것이다. 이 프로그램은 금(Gold)인 경우 100, 은(Silver)인 경우 90, 동(Bronze)의 경우는 80의 가치를 더하는 기능(add 메서드)이 있다. 하지만 이 광물 계산기는 광물 메서드가 추가될 때마다 add 메서드를 추가해야 한다는 불편함이 있다. 광물이 추가되더라도 MineralCalculator 클래스를 변경할 필요가 없도록 코드를 수정해 보자.

```java
class Gold {
}

class Silver {
}

class Bronze {
}

class MineralCalculator {
    int value = 0;

    public void add(Gold gold) {
        this.value += 100;
    }
```

```
    public void add(Silver silver) {
        this.value += 90;
    }

    public void add(Bronze bronze) {
        this.value += 80;
    }

    public int getValue() {
        return this.value;
    }
}

public class Sample {
    public static void main(String[] args) {
        MineralCalculator cal = new MineralCalculator();
        cal.add(new Gold());
        cal.add(new Silver());
        cal.add(new Bronze());
        System.out.println(cal.getValue());    <- 270을 출력
    }
}
```

이럴 때 필요한 것이 바로
인터페이스라고 배웠던 걸 기억해?
여기서는 Mineral 인터페이스를 생성하고
클래스들을 변경해 보자.

Q8 오류 찾기 1

다음 코드에서 ❶ ~ ❺ 중 오류가 발생하는 문장을 찾고, 오류의 원인을 설명해 보자.

```
interface Predator {
}

class Animal {
}

class Dog extends Animal {
}

class Lion extends Animal implements Predator {
}

public class Sample {
  public static void main(String[] args) {
   ❶ Animal a = new Animal();
   ❷ Animal b = new Dog();
   ❸ Animal c = new Lion();
   ❹ Dog d = new Animal();
   ❺ Predator e = new Lion();
  }
}
```

Q9 오류 찾기 2

다음 코드에서 ❶ ~ ❻ 중 오류가 발생하는 문장을 모두 찾고, 오류의 원인을 설명해 보자.

```
interface Predator {
    String bark();
}

abstract class Animal {
    public String hello() {
        return "hello";
    }
}

class Dog extends Animal {
}

class Lion extends Animal implements Predator {
    public String bark() {
        return "Bark bark!!";
    }
}

public class Sample {
    public static void main(String[] args) {
        Animal a = new Lion();
        Lion b = new Lion();
        Predator c = new Lion();

        ❶ System.out.println(a.hello());
        ❷ System.out.println(a.bark());
        ❸ System.out.println(b.hello());
        ❹ System.out.println(b.bark());
        ❺ System.out.println(c.hello());
        ❻ System.out.println(c.bark());
    }
}
```

06

자바의 입출력

이번 장에서는 이전까지 학습한 내용을 바탕으로, 콘솔과 파일의 입력과 출력을 알아보자. 먼저, 콘솔 입출력 부분에서는 표준 입력과 표준 출력 스트림을 사용하여 콘솔과 상호 작용하는 방법을 배우고, 이어서 파일 입출력 부분에서는 파일에 데이터를 쓰거나 파일에서 데이터를 읽는 방법에 대해 배워 보자.

06-1
콘솔 입출력

어떤 자바 프로그램을 실행했더니 다음과 같은 문자열이 출력되었다고 가정해 보자.

```
생년월일(YYYY/MM/DD)을 입력해 주세요:
```

이렇게 사용자에게 문자열을 보여 주는 것이 바로 **콘솔 출력**이고, 출력된 질문에 사용자가 답변을 입력하는 것을 **콘솔 입력**이라 한다.

콘솔이란?

콘솔console은 환경에 따라 변경될 수 있다. 인텔리제이에서 실행했다면 인텔리제이의 콘솔 창이 콘솔이 될 것이고 윈도우 명령 창에서 프로그램을 실행했다면 명령 창이 콘솔이 된다. 즉, 콘솔은 사용자의 입력을 받거나 사용자에게 문자열을 출력해 주는 역할을 하는 것을 통칭하는 말이다.

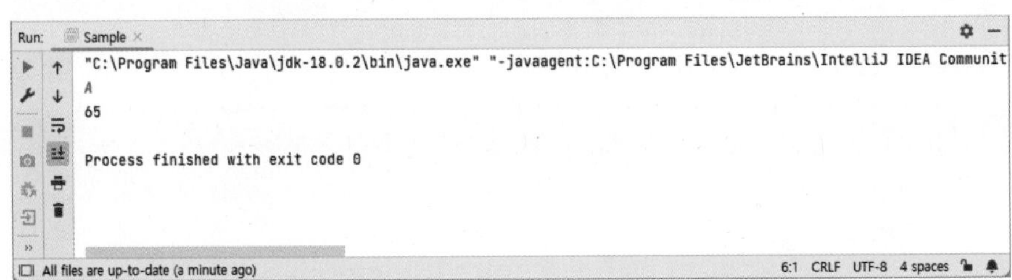

인텔리제이 콘솔 창

콘솔 입력

콘솔 출력으로 생년월일을 입력하라는 질문에 여러분은 아마도 다음처럼 키보드로 답변을 입력할 것이다.

```
2002/01/01
```

이렇게 여러분이 입력한 문자열이 바로 **콘솔 입력**에 해당한다.

자바에서 사용자가 입력한 문자열을 얻기 위해서는 다음과 같이 System.in을 사용한다.

Do it! 코딩해 보세요

```
import java.io.IOException;
import java.io.InputStream;

public class Sample {
    public static void main(String[] args) throws IOException {
        InputStream in = System.in;

        int a;
        a = in.read();

        System.out.println(a);
    }
}
```

여기서 작성한 InputStream은 자바의 내장 클래스이다. 이와 같이 java.lang 패키지에 속해 있지 않은 자바 내장 클래스는 필요할 때마다 임포트import해서 사용해야 한다.

> java.lang은 자바 프로그래밍에 필요한 가장 기본적인 클래스가 모여 있는 패키지이다. 패키지에 대해서는 07-1절에서 자세히 다룬다.

사실 우리가 그동안 사용해 왔던 System이나 String 등의 클래스는 java.lang 패키지에 속해 있는 클래스여서 별도의 import 과정이 필요 없었어. 이제는 import 문도 잘 기억해 두자구!

다음 문장에서 알 수 있듯이 System.in은 InputStream의 객체이다.

```
InputStream in = System.in;
```

InputStream의 read 메서드는 1byte 크기의 사용자의 입력을 받아들인다. 하지만 read 메서드로 읽은 1byte의 데이터는 byte 자료형으로 저장되는 것이 아니라 int 자료형으로 저장된다. 이때 저장되는 int값은 0~255 사이의 정수값으로, 이는 아스키코드값이다.

```
int a;
a = in.read();
```

> 아스키ASCII코드는 7비트를 활용한 표준화된 문자 표현 코드이다. 알파벳 대소문자, 숫자 0~9, 특수기호 등을 표현할 수 있다. 숫자 0에 해당하는 아스키코드값은 48, 문자 a에 해당하는 아스키코드값은 97이다.

이 프로그램을 실행하면 프로그램은 종료되지 않고 사용자의 입력을 대기하고 있을 것이다. 왜냐하면 InputStream의 read 메서드가 호출되어 사용자의 입력을 받을 때까지 프로그램이 대기하기 때문이다. 이제 콘솔 창에 a를 입력한 뒤, Enter 키를 눌러 보자.

Enter 키를 입력해야만 사용자의 입력이 종료된다.

콘솔 창에 다음과 같이 출력이 되고 프로그램이 종료된다.

실행 결과

```
97
```

사용자가 입력한 문자인 a에 해당하는 아스키코드값 97이 출력되었다.

main 메서드를 보면 throws IOException을 사용한 부분이 있다. InputStream으로부터 값을 읽어 들일 때는 IOException라는 예외가 발생할 수 있기 때문에 이를 처리를 해야 하는데 throws로 예외 처리를 뒤로 미루게 한 것이다. 예외 처리는 07-4절에서 자세히 다룰 예정이니 지금은 그냥 넘어가도록 하자.

InputStream

InputStream은 바이트(byte) 단위의 데이터를 읽어 들일 때 사용하는 내장 클래스이다. 앞서 만든 프로그램을 실행해 이번엔 abc를 연속해서 입력한 후 Enter 키를 눌러 보자. a를 입력했을 때와 마찬가지로 97이 출력된다.

실행 결과

```
97
```

왜 a에 해당되는 아스키코드값만 출력되었을까? 그 이유는 InputStream의 read 메서드는 1byte만 읽기 때문이다. 즉, 사용자는 abc라는 총 3byte의 데이터를 전달했지만 이 프로그램에서 1byte만 읽은 것이다.

내가 원하는 건 abc의 아스키코드값인 97, 98, 99인데...

이렇게 사용자가 전달한 1byte의 데이터 또는 3byte의 데이터를 **입력 스트림**이라고 한다. 스트림stream 은 byte의 흐름을 추상화한 개념이며 데이터를 byte 단위로 다룬다.

스트림이란?

스트림을 가장 쉽게 이해하려면 수도꼭지를 생각하면 된다. 수도꼭지를 틀면 물이 나오고 수도꼭지를 잠그면 물이 나오지 않는다. A 수도꼭지부터 B 수도꼭지까지 수도관이 연결되어 있고 A에서 계속 물을 보낸다면 B에서 수도꼭지를 열 때마다 물이 나오게 될 것이다. 여기서 스트림은 A에서 B로 이동하는 물의 흐름이라고 할 수 있다.

프로그래밍에서는 다음과 같은 것들을 스트림이라고 할 수 있다.

- 파일 데이터: 파일은 그 시작과 끝이 있는 데이터의 스트림이다.
- HTTP 송수신 데이터: 브라우저가 요청하고 서버가 응답하는 HTTP 형태의 데이터도 스트림이다.
- 키보드 입력: 사용자가 키보드로 입력하는 문자, 숫자, 특수문자 등은 스트림이다.

그렇다면 사용자가 3byte를 입력했을 때 3byte를 전부 읽고 싶다면 어떻게 해야 할까? 다음처럼 코드를 수정해 보자.

Do it! 코딩해 보세요

```
import java.io.IOException;
import java.io.InputStream;

public class Sample {
    public static void main(String[] args) throws IOException {
        InputStream in = System.in;

        int a;
        int b;
        int c;

        a = in.read();
        b = in.read();
        c = in.read();
```

```
        System.out.println(a);
        System.out.println(b);
        System.out.println(c);
    }
}
```

실행 결과

```
abc  ← abc를 입력한 후, Enter 키를 누른다.
97
98   ← 출력
99
```

read 메서드를 3번 실행하도록 수정하고 프로그램을 다시 실행해 보자. 이번에는 abc를 입력하면 총 3byte를 읽어 들여 a, b, c 각각의 아스키코드값을 출력한다.

앞서 작성한 코드를 좀 더 간단하게 만들 수도 있다.

Do it! 코딩해 보세요

```
import java.io.IOException;
import java.io.InputStream;

public class Sample {
    public static void main(String[] args) throws IOException {
        InputStream in = System.in;

        byte[] a = new byte[3];
        in.read(a);

        System.out.println(a[0]);
        System.out.println(a[1]);
        System.out.println(a[2]);
    }
}
```

실행 결과

```
abc  ← abc를 입력한 후, Enter 키를 누른다.
97
98   ← 출력
99
```

길이가 3byte인 배열을 만든 후 read 메서드의 입력값으로 전달하면 콘솔 입력이 해당 배열에 저장된다. 이와 같이 코드를 작성해도 프로그램을 실행해 보면 이전과 동일한 결과가 출력된다.

▶▶ InputStreamReader

사실 읽어 들인 값을 항상 아스키코드값으로 해석해야 하는 이 방식은 불편하다. 우리가 입력한 문잣값을 그대로 출력해 볼 수는 없을까? byte 대신 문자로 입력 스트림을 읽으려면 InputStreamReader를 사용하면 된다. 다음처럼 코드를 수정해 보자.

Do it! 코딩해 보세요

```
import java.io.IOException;
import java.io.InputStream;
import java.io.InputStreamReader;

public class Sample {
    public static void main(String[] args) throws IOException {
        InputStream in = System.in;
        InputStreamReader reader = new InputStreamReader(in);
        char[] a = new char[3];
        reader.read(a);

        System.out.println(a);
    }
}
```

InputStreamReader를 사용하기 위해 import 문이 하나 더 추가되었다. 그리고 InputStreamReader는 객체를 생성할 때 생성자의 입력으로 InputStream 객체가 필요하다.

```
InputStreamReader reader = new InputStreamReader(in);
```

이전에는 읽어 들일 값을 byte 배열로 선언했는데 InputStreamReader를 이용하면 다음처럼 byte 대신 char 배열을 사용할 수 있다.

```
char[] a = new char[3];
```

프로그램을 실행해 abc를 입력한 후 Enter 키를 눌러 사용자 입력을 전달해 보자. 그럼 다음과 같이 문자열 abc가 한꺼번에 출력되는 것을 확인할 수 있다.

실행 결과

```
abc  ← abc를 입력한 후, Enter 키를 누른다.
abc  ← 출력
```

▶ BufferedReader

지금까지 만든 프로그램은 고정된 길이로만 스트림을 읽어야 해 불편하다. 앞서 살펴본 예제에서는 3byte만 읽도록 고정되어 있었다. 길이에 상관없이 사용자가 입력한 값을 모두 받아들일 수는 없을까?

이를 가능하게 하는 것이 바로 BufferedReader이다! 다음처럼 코드를 수정해 보자.

Do it! 코딩해 보세요

```
import java.io.IOException;
import java.io.BufferedReader;
import java.io.InputStream;
import java.io.InputStreamReader;

public class Sample {
    public static void main(String[] args) throws IOException {
        InputStream in = System.in;
        InputStreamReader reader = new InputStreamReader(in);
        BufferedReader br = new BufferedReader(reader);

        String a = br.readLine();
        System.out.println(a);
    }
}
```

역시 BufferedReader를 이용하기 위해 import 문이 추가되었다. BufferedReader는 객체를 생성할 때 생성자의 입력으로 InputStreamReader의 객체가 필요하다. 이제 BufferedReader의 readLine 메서드를 이용하면 사용자가 입력한 문자열 전부를 읽을 수 있게 된다. 프로그램을 실행하고 Hello World를 입력한 후 Enter키를 누르면 문자열 Hello World가 그대로 출력되는 것을 확인할 수 있다.

자바 입문자는 스트림을 처음 배울 때 대부분 혼란스러워 한다. 감싸고, 감싸고, 또 감싸니 도대체 내부적으로 어떻게 돌아가는지 헷갈릴 수밖에 없다. 다음과 같이 기억해 보자.

- InputStream: byte를 읽는다.
- InputStreamReader: character(문자)를 읽는다.
- BufferedReader: String(문자열)을 읽는다.

▶ Scanner

J2SE 5.0부터 java.util.Scanner 클래스가 새로 추가되었다. Scanner 클래스를 이용하면 콘솔 입력을 보다 쉽게 처리할 수 있다. 다음 예를 살펴보자.

Do it! 코딩해 보세요

```
import java.util.Scanner;

public class Sample {
    public static void main(String[] args) {
        Scanner sc = new Scanner(System.in);
        System.out.println(sc.next());
        sc.close();
    }
}
```

Scanner를 사용하기 위해서는 먼저 java.util.Scanner 클래스를 import해야 한다. Scanner 클래스는 생성자의 입력으로 System.in 객체가 필요한데, 이는 콘솔 입력인 InputStream이 필요하다는 의미이다.

Scanner 객체의 next() 메서드는 한 개의 토큰token을 읽어 들인다. Scanner 클래스에는 토큰뿐만 아니라 숫자, 문자열 등을 읽어 들일 수 있는 여러 메서드들이 있다. 그 중 몇 가지만 살펴보자.

- next: 토큰을 읽어 들일 수 있다.
- nextLine: 라인을 읽어 들일 수 있다.
- nextInt: 정수를 읽어 들일 수 있다.

토큰은 정보의 최소 단위로, 문법적으로 의미가 있는 문자열을 의미한다. 일반적으로 공백으로 구분되는 단어나 숫자, 기호 등이 토큰에 해당된다.

콘솔 출력

우리는 System.out.println 메서드를 계속해서 사용해 왔다. System.out은 PrintStream 클래스의 객체이다. PrintStream은 콘솔에 값을 출력할 때 사용되는 클래스이다. 보통 System.out.println은 콘솔에 문자열을 출력할 때나 디버깅할 때 많이 사용한다. System.err도 있는데 System.out과 동일한 역할을 한다. 다만 System.err는 오류 메시지를 출력할 때 사용한다.

유닉스에서의 System.out과 System.err

유닉스Unix에서 콘솔 프로그램을 실행할 때 출력 옵션을 지정하면 다음과 같이 System.out으로 출력한 내용과 System.err로 출력한 내용을 각각 별도의 파일로 저장할 수 있다.

```
public class Sample {
    public static void main(String[] args) {
        System.out.println("일반 출력");
        System.err.println("오류 출력");
    }
}
```

예를 들어 이와 같이 작성한 Sample.java 소스를 컴파일하여 Sample.class 파일을 생성한 후 유닉스에서 다음과 같이 실행하면 out.txt 파일에는 '일반 출력'이라는 문자열이 저장되고 error.txt 파일에는 '오류 출력'이라는 문자열이 저장된다.

```
$ java Sample > out.txt 2> error.txt
```

유닉스에서 '>'는 일반 출력, '2>'는 오류 출력에 해당된다.

06-2
파일 입출력

이번에는 파일을 이용한 입출력 방법을 알아보자.

파일 쓰기

다음의 예제를 작성해 보자.

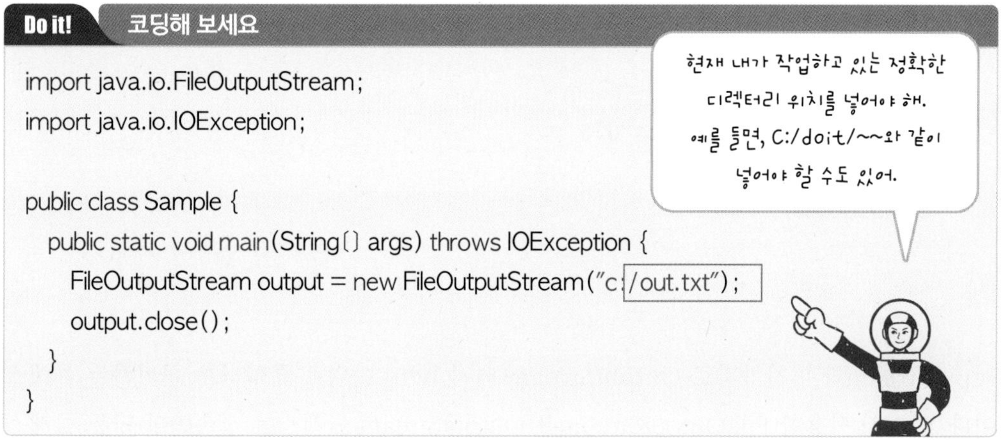


```
import java.io.FileOutputStream;
import java.io.IOException;

public class Sample {
    public static void main(String[] args) throws IOException {
        FileOutputStream output = new FileOutputStream("c:/out.txt");
        output.close();
    }
}
```

이 예제를 실행하면 c:/ 디렉터리 바로 밑에 새로운 파일인 out.txt가 생성되는 것을 확인할 수 있다.

> c:/와 같은 디렉터리명을 생략하면 현재 이 프로그램(java.exe)을 실행하는 디렉터리에 해당 파일이 생성된다. 그런데 이것이 어떤 IDE를 사용하는지, 어디에 설치했는지에 따라 다르므로 이러한 애매함을 방지하기 위해 여기서는 c:/와 같은 디렉터리명을 추가한 것이다.

> 맥이나 유닉스 환경에서 실행할 경우 c:/ 디렉터리가 없으므로 디렉터리명을 적절하게 변경하여 실행하도록 하자.

FileOutputStream 클래스를 사용하면 이와 같이 파일을 생성할 수 있다. FileOutputStream 클래스는 객체를 생성할 때 생성자의 입력으로 파일명을 넘겨주어야 한다. 이 예제에서는 경로를 포함하여 c:/out.txt라는 파일명을 생성자의 입력으로 전달하였다.

output.close()라는 문장이 있는데 이것은 사용한 파일 객체를 닫아 주기 위한 코드이다. 사실 이 문장은 생략해도 된다. 왜냐하면 자바 프로그램을 종료할 때 사용한 파일 객체를 자동으로 닫아 주기 때문이다. 그럼에도 불구하고 직접 사용한 파일은 항상 닫아 주는 것이 좋다. 사용했던 파일을 닫지 않고 다시 사용하려고 할 경우에는 오류가 발생하기 때문이다.

▶ FileOutputStream

이번에는 생성한 파일에 내용을 입력해 보자.

Do it! 코딩해 보세요

```
import java.io.FileOutputStream;
import java.io.IOException;

public class Sample {
    public static void main(String[] args) throws IOException {
        FileOutputStream output = new FileOutputStream("C:/out.txt");
        for(int i=1; i<11; i++) {
            String data = i+" 번째 줄입니다.\r\n";
            output.write(data.getBytes());
        }
        output.close();
    }
}
```

InputStream과 마찬가지로 OutputStream 역시 byte 단위로 데이터를 처리하는 클래스이다. 여기서 사용한 FileOutputStream은 OutputStream 클래스를 상속받아 만든 클래스이므로 역시 byte 단위로 데이터를 처리한다. FileOutputStream에 값을 쓸 때는 byte 단위로 써야 하므로 String을 byte 배열로 바꾸어 주는 getBytes() 메서드를 이용했다.

\r\n은 줄바꿈 문자이다. 유닉스에서는 \n만 있으면 되지만 윈도우에서는 \r\n으로 작성해야 노트패드 같은 에디터에서 줄바꿈이 제대로 표시된다.

▶ FileWriter

문자열을 파일에 쓸 때에는 FileOutputStream이 조금 불편하다. String을 byte 배열로 변환해야 하기 때문이다. 그럼 좀 더 편리한 방법은 없을까? 다음 예제를 통해 알아보자.

Do it! 코딩해 보세요

```
import java.io.FileWriter;
import java.io.IOException;
```

```
public class Sample {
    public static void main(String[] args) throws IOException {
        FileWriter fw = new FileWriter("C:/out.txt");
        for(int i=1; i<11; i++) {
            String data = i+" 번째 줄입니다.\r\n";
            fw.write(data);
        }
        fw.close();
    }
}
```

FileOutputStream 대신에 FileWriter를 이용하면 byte 배열 대신 문자열을 사용할 수 있어 편리하다.

▶ PrintWriter

FileWriter를 사용하더라도 \r\n을 문자열 뒤에 덧붙여야 해 번거롭다. 이런 불편함을 해소하려면 FileWriter 대신 PrintWriter를 사용하면 된다. PrintWriter를 이용하면 \r\n을 덧붙이는 대신 println이라는 메서드를 사용할 수 있다. 다음은 PrintWriter를 이용하여 파일을 작성하는 예제이다.

Do it! 코딩해 보세요

```
import java.io.IOException;
import java.io.PrintWriter;

public class Sample {
    public static void main(String[] args) throws IOException {
        PrintWriter pw = new PrintWriter("c:/out.txt");
        for(int i=1; i<11; i++) {
            String data = i+" 번째 줄입니다.";
            pw.println(data);
        }
        pw.close();
    }
}
```

작성한 프로그램을 다음의 프로그램과 비교해 보자.

```
(... 생략 ...)
for(int i=1; i<11; i++) {
    String data = i+" 번째 줄입니다.";
    System.out.println(data);
}
(... 생략 ...)
```

두 프로그램의 차이점은 데이터를 출력시키는 방법이다. 이 프로그램은 우리가 지금까지 했던 것처럼 콘솔로 데이터를 출력하고, PrintWriter를 사용한 프로그램은 콘솔 대신에 파일로 출력한다. 다만 System.out 대신에 PrintWriter의 객체를 사용한 차이가 있을 뿐이다.

PrintWriter를 사용한 프로그램을 실행한 후, out.txt 파일에 어떤 내용이 저장되었는지 확인해 보자. System.out을 사용한 프로그램을 실행했을 때 콘솔에 출력될 내용이 파일에 고스란히 들어가 있는 것을 확인할 수 있다.

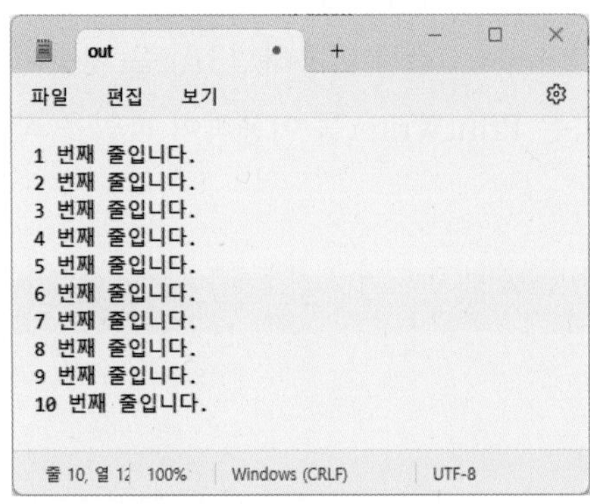

PrintWriter를 사용한 파일 출력 화면

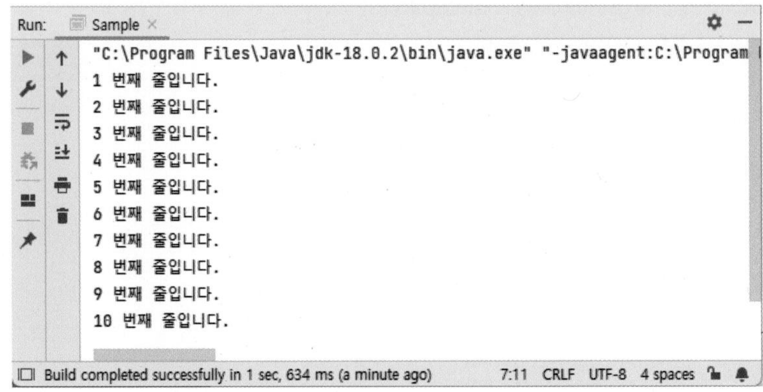

System.out을 사용한 콘솔 출력 화면

▶ 파일에 내용 추가하기

프로그램을 만들다 보면 파일에 내용을 입력한 후 새로운 내용을 추가할 수도 있다. 이런 경우에는 이미 작성된 파일을 **추가 모드**로 열어서 추가할 내용을 작성하면 된다.

Do it! 코딩해 보세요

```
import java.io.FileWriter;
import java.io.IOException;

public class Sample {
  public static void main(String[] args) throws IOException {
    FileWriter fw = new FileWriter("c:/out.txt");
    for(int i=1; i<11; i++) {
      String data = i+" 번째 줄입니다.\r\n";
      fw.write(data);
    }
    fw.close();

    FileWriter fw2 = new FileWriter("c:/out.txt", true); // 파일을 추가 모드로 연다.
    for(int i=11; i<21; i++) {
      String data = i+" 번째 줄입니다.\r\n";
      fw2.write(data);
    }
    fw2.close();
  }
}
```

fw2 객체는 FileWriter("c:/out.txt", true)에서 알 수 있듯 두 번째 파라미터를 추가로 전달하여 생성했다. 두 번째 boolean 입력 파라미터는 파일을 추가 모드로 열 것인지에 대한 구분값이다. 두 번째 파라미터값이 true이면 추가 모드로 파일을 연다. 두 번째 파라미터를 생략할 경우 디폴트값인 false로 인식된다. 파일을 추가 모드로 열면 기존 파일에 내용을 덮어쓰지 않고 이어 쓰게 된다. 예제를 실행해 out.txt 파일에 내용이 추가되는 것을 확인해 보자.

실행하여 파일을 확인해 보면
이전 예제에 내용이 추가된 것을 확인할 수 있어.
'20번째 줄입니다.'까지 출력되더라구!

만약 FileWriter 대신 PrintWriter를 이용하고 싶다면 다음과 같이 코드를 수정해야 한다.

Do it! 코딩해 보세요

```
import java.io.FileWriter;
import java.io.IOException;
import java.io.PrintWriter;

public class Sample {
  public static void main(String[] args) throws IOException {
    PrintWriter pw = new PrintWriter("c:/out.txt");
    for(int i=1; i<11; i++) {
      String data = i+" 번째 줄입니다.";
      pw.println(data);
    }
    pw.close();

    PrintWriter pw2 = new PrintWriter(new FileWriter("c:/out.txt", true));
    for(int i=11; i<21; i++) {
      String data = i+" 번째 줄입니다.";
      pw2.println(data);
    }
    pw2.close();
  }
}
```

PrintWriter를 사용할 경우에는 생성자의 파라미터로 파일명 대신 추가 모드로 열린 FileWriter의 객체를 전달해야 한다.

파일 읽기

파일을 읽기 위해서는 FileInputStream 클래스를 이용한다. 다음 예제를 통해 살펴보자.

Do it! 코딩해 보세요

```
import java.io.FileInputStream;
import java.io.IOException;
```

```java
public class Sample {
    public static void main(String[] args) throws IOException {
        byte[] b = new byte[1024];
        FileInputStream input = new FileInputStream("c:/out.txt");
        input.read(b);
        System.out.println(new String(b)); // byte 배열을 문자열로 변경하여 출력
        input.close();
    }
}
```

다만 byte 배열을 이용하여 파일을 읽어야 하기 때문에 읽어야 하는 데이터 길이를 모를 경우에는 좀 불편한 방법이다. 여기서는 1024byte를 읽도록 코딩했다.

byte 배열을 문자열로 변경할 때는 new String(byte 배열)처럼 사용하여 변경한다.

파일을 한 줄(라인) 단위로 읽어 들일 수 있다면 훨씬 편리할 것이다. FileInputStream 대신 FileReader와 BufferedReader의 조합을 사용하면 한 줄 단위로 파일을 읽을 수 있다.

Do it! 코딩해 보세요

```java
import java.io.BufferedReader;
import java.io.FileReader;
import java.io.IOException;

public class Sample {
    public static void main(String[] args) throws IOException {
        BufferedReader br = new BufferedReader(new FileReader("c:/out.txt"));
        while(true) {
            String line = br.readLine();
            if (line==null) break; // 더 이상 읽을 라인이 없을 경우 while 문을 빠져나간다.
            System.out.println(line);
        }
        br.close();
    }
}
```

BufferedReader의 readLine 메서드는 더 이상 읽을 라인이 없을 경우 null을 리턴한다.

06장

되/새/김/문/제

긴 호흡으로 공부하신 여러분!
포기하지 말고 되새김 문제를 통해
실력을 점프해 보세요!

06장의 정답 및 풀이는 339~344쪽에 있습니다.

Q1 입력한 숫자의 합 구하기

두 개의 숫자를 입력받아 그 합을 출력하는 프로그램을 완성해 보자.

```
import java.util.Scanner;

public classSample {
  public static void main(String[] args) {
    Scanner sc = new Scanner([        ]);
    System.out.print("첫번째 숫자를 입력하세요:");
    int first = [        ];
    System.out.print("두번째 숫자를 입력하세요:");
    int second = [        ];

    int result = first + second;
    System.out.printf("%d + %d = %d 입니다.%n", first, second, result);
  }
}
```

nextInt 메서드를 기억해?

Q2 입력한 영문을 대문자로 변경하기

영문을 입력하고 Enter 키를 누르면 입력한 영문을 대문자로 변경하여 출력하는 프로그램을 완성해 보자. 단, 사용자가 'END'라는 문자열을 입력하기 전까지 반복해서 문장을 입력받을 수 있게 한다.

```
import java.util.Scanner;

public class Sample {
    public static void main(String[] args) {
        while (true) {
            Scanner sc = new Scanner(          );
            System.out.print("영어 문장을 입력하세요:");
            String line =           ();
            if ("END".equals(line)) {          <- 입력된 문장이 'END'면 종료
                break;
            }
            System.out.println(line.toUpperCase());     <- 대문자로 변경하여 출력
        }
    }
}
```

nextLine 메서드를 활용해 보자.

Q3 오류 수정하기

다음은 sample.txt 파일에 'Write once, run anywhere' 문자열을 저장한 후 다시 그 파일을 읽어 저장한 문자열을 출력하는 프로그램이다. 하지만 이 프로그램은 우리가 예상한 'Write once, run anywhere'라는 문장을 출력하지 않고 null을 출력한다. 저장한 문장이 출력될 수 있도록 프로그램을 수정해 보자.

```
import java.io.BufferedReader;
import java.io.FileReader;
import java.io.FileWriter;
import java.io.IOException;

public class Sample {
  public static void main(String[] args) throws IOException {
    FileWriter fw = new FileWriter("sample.txt");
    fw.write("Write once, run anywhere");

    BufferedReader br = new BufferedReader(new FileReader("sample.txt"));
    String line = br.readLine();
    System.out.println(line);
  }
}
```

파일을 쓰거나 읽은 후에 반드시 '어떤' 메서드를 넣어 파일 처리를 종료해야 해. 어떤 메서드일까?

Q4 사용자의 입력을 파일에 저장하기

사용자의 입력을 sample.txt 파일에 저장하는 프로그램을 작성해 보자. 단, 프로그램을 다시 실행하더라도 기존에 작성한 내용을 유지하고 새로 입력한 내용을 추가해야 한다.

FileWriter 또는 PrintWriter를 사용해 보자!

Q5 파일 내용 바꾸어 저장하기

다음과 같은 내용을 지닌 sample.txt 파일이 있다. 이 파일에서 문자열 'python'을 'java'로 바꾸어 저장해 보자.

```
Life is too short
you need python
```

replaceAll 메서드를 사용해 보자.

07

자바 날개 달기

지금까지 잘 따라온 여러분은 이제 자바의 기초적인 문법을 모두 익혔다고 보아도 무방하다. 다만 본격적인 자바 프로그래밍을 하기 위해서 몇 가지 추가로 알아야 할 것들이 있는데, 이 장에서는 그중에서도 가장 중요한 것들에 대해서 설명한다. 이를 익혀 본격적인 자바 프로그래밍에 날개를 달아 보자.

07-1
패키지

여러분은 아마도 폴더를 이용하여 파일을 정리해 본 경험이 있을 것이다. 여러 개의 파일이 뒤죽박죽 섞여 있을 때 파일들을 성격에 맞게 분류하여 새 폴더에 저장하는 식으로 말이다. 자바의 패키지도 이와 동일한 개념이라 할 수 있다. 정리하면 **패키지**package**는 비슷한 성격의 클래스들을 모아 놓은 자바의 디렉터리**이다.

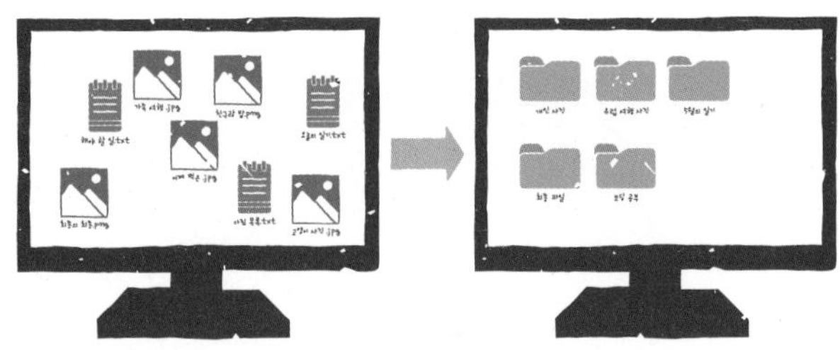

패키지 만들기

예를 들어 HousePark, HouseKim 등의 클래스들이 있다면 house라는 패키지로 분류하면 편리할 것이다. 그러기 위해 먼저 다음과 같이 house 패키지를 생성해 보자. src 디렉터리 위에서 마우스 오른쪽 버튼을 클릭해 [New → Package]를 선택한다.

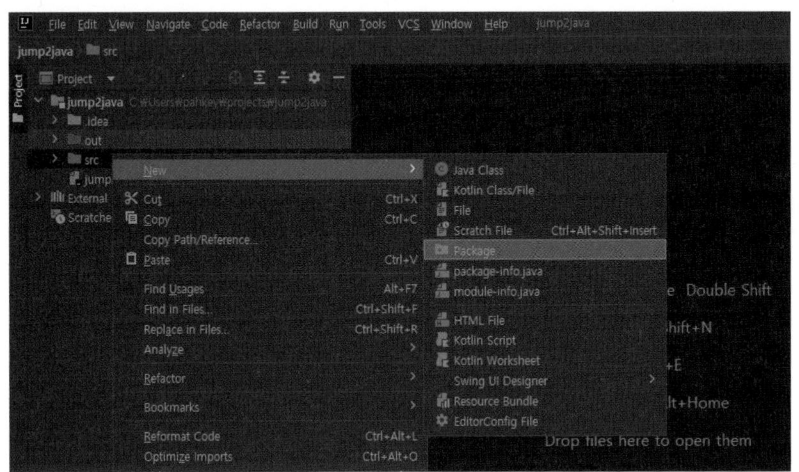

그다음 패키지명에는 house를 입력한다.

생성된 house 패키지 위에서 마우스 오른쪽 버튼을 클릭해 [New → Java Class]를 선택하여 HouseKim, HousePark 클래스를 생성하자.

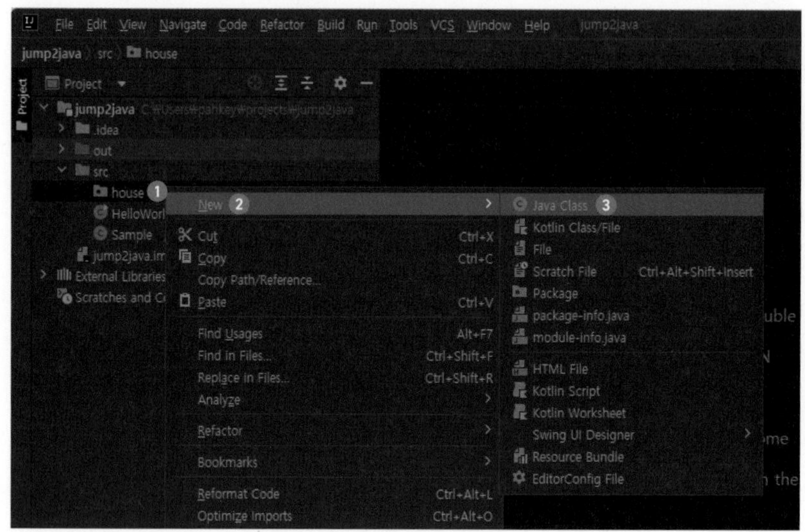

house 패키지에서 클래스를 생성하면 다음처럼 package house;와 같은 문장이 자동으로 삽입된다.

Do it! 코딩해 보세요 house/HouseKim.java

```
package house;

public class HouseKim {
}
```

Do it! 코딩해 보세요 house/HousePark.java

```
package house;

public class HousePark {
}
```

package는 이 파일이 어떤 패키지의 파일인지를 알려 주는 역할을 한다.

서브 패키지란?

서브 패키지는 기본 패키지 안에 존재하는 하위 패키지이다. 이를 사용해 기본 패키지 내의 클래스들을 분류하여 체계적으로 관리하고, 가독성을 향상시킬 수 있다. house 패키지 위에서 마우스 오른쪽 버튼을 클릭해 [New → Package]를 선택하여 house.person이라는 서브 패키지subpackage를 만들어 보자.

그다음 person 패키지 위에서 마우스 오른쪽 버튼을 클릭해 [New → Java Class]를 선택하여 EungYongPark 클래스를 생성해 보자.

Do it! 코딩해 보세요 house/person/EungYongPark.java

```
package house.person;

public class EungYongPark {
}
```

EungYongPark 클래스의 package가 house.person으로 생성되었다. 이렇게 패키지는 도트(.)를 이용하여 서브 패키지를 표시한다. 다시 말해, house.person은 house 패키지의 서브 패키지이다.

패키지 사용하기

다른 클래스에서 HouseKim 클래스를 사용하려면 다음과 같이 import를 해야 한다.

Do it! 코딩해 보세요 Sample.java

```
import house.HouseKim;

public class Sample {
    public static void main(String[] args) {
        HouseKim kim = new HouseKim();
    }
}
```

또는 다음과 같이 * 기호를 이용해 house 패키지 내의 모든 클래스를 사용할 수 있다.

Do it! 코딩해 보세요

```
import house.*;

public class Sample {
    public static void main(String[] args) {
        HouseKim kim = new HouseKim();
        HousePark park = new HousePark();
    }
}
```

만약 HouseKim과 동일한 패키지 내에 있는 클래스(여기서는 HousePark)라면 HouseKim 클래스를 사용하기 위해서 따로 import할 필요는 없다. 같은 패키지 내에서는 import 없이도 사용할 수 있다.

Do it! 코딩해 보세요

```
package house;

public class HousePark {
    public static void main(String[] args) {
        HouseKim kim = new HouseKim(); // HouseKim 사용을 위해서 import가 필요없다.
    }
}
```

패키지를 사용하는 이유

패키지를 사용하면 비슷한 성격의 클래스들끼리 묶을 수 있어 클래스의 분류가 용이하다. 그리고 자바 코드를 작성하다 보면 다른 사람이 작성한 자바 클래스나 라이브러리를 사용해야 할 경우도 많이 생기는데, 이때 클래스명이 동일한 경우도 발생할 수 있을 것이다. 하지만 패키지명이 다르면 클래스명이 동일해도 충돌 없이 사용할 수 있다.

패키지의 장점을 다음과 같이 정리해 보았다.

- 클래스의 분류가 용이하다 (비슷한 것끼리 묶는다).
- 패키지가 다르다면 동일한 클래스명을 사용할 수 있다.

만약 배포용 프로그램을 만든다면 자바 클래스를 반드시 패키지 구조로 작성하는 것이 가장 좋아!

07-2 접근 제어자

접근 제어자access modifier를 사용하여 변수나 메서드의 사용 권한을 설정할 수 있다. 다음과 같은 접근 제어자를 사용하여 사용 권한을 설정할 수 있다.

- private
- default
- protected
- public

접근 제어자는 private 〈 default 〈 protected 〈 public순으로 보다 많은 접근을 허용한다. 하나씩 순서대로 살펴보자.

private

접근 제어자가 private으로 설정되었다면 private이 붙은 변수나 메서드는 해당 클래스 안에서만 접근이 가능하다.

Do it! 코딩해 보세요 Sample.java

```
public class Sample {
    private String secret;
    private String getSecret() {
        return this.secret;
    }
}
```

secret 변수와 getSecret 메서드는 오직 Sample 클래스에서만 접근이 가능하고 다른 클래스에서는 접근이 불가능하다.

default

접근 제어자를 별도로 설정하지 않는다면 변수나 메서드는 default 접근 제어자가 자동으로 설정되어 동일한 패키지 안에서만 접근이 가능하다.

Do it! 코딩해 보세요 house/HouseKim.java

```
package house; // 패키지가 동일하다.
public class HouseKim {
    String lastname = "kim"; // lastname은 default 접근 제어자로 설정했다.
}
```

Do it! 코딩해 보세요 house/HousePark.java

```
package house; // 패키지가 동일하다.

public class HousePark {
    String lastname = "park";

    public static void main(String[] args) {
        HouseKim kim = new HouseKim();
        System.out.println(kim.lastname); // HouseKim 클래스의 lastname 변수를 사용할 수
있다.
    }
}
```

실행 결과

```
kim
```

HouseKim과 HousePark의 패키지는 house로 동일하다. 따라서 HousePark 클래스에서 default 접근 제어자로 설정된 HouseKim의 lastname 변수에 접근이 가능하다.

protected

접근 제어자가 protected로 설정되었다면 protected가 붙은 변수나 메서드는 동일 패키지의 클래스 또는 해당 클래스를 상속받은 클래스에서만 접근이 가능하다.

Do it! 코딩해 보세요 house/HousePark.java

```
package house; // 패키지가 서로 다르다.

public class HousePark {
    protected String lastname = "park";
}
```

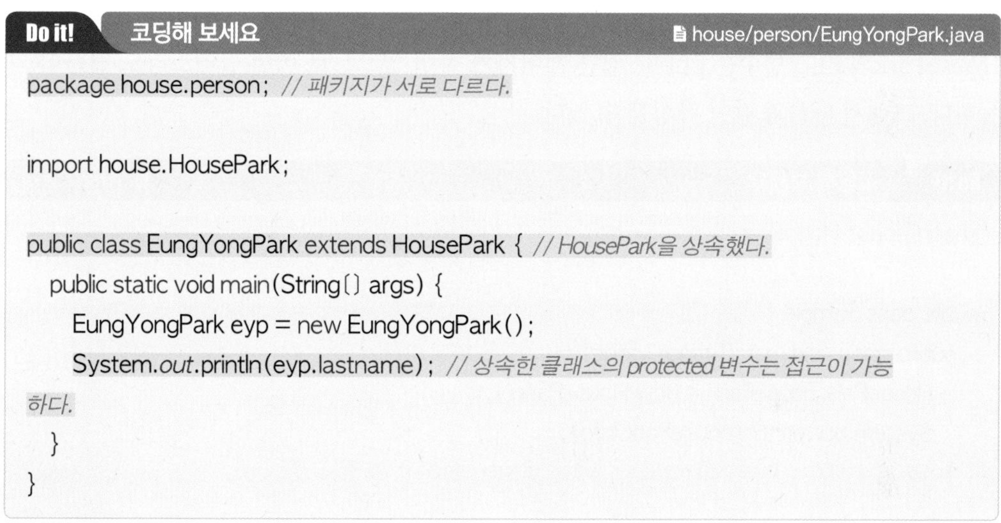

Do it! 코딩해 보세요 house/person/EungYongPark.java

```
package house.person; // 패키지가 서로 다르다.

import house.HousePark;

public class EungYongPark extends HousePark { // HousePark을 상속했다.
    public static void main(String[] args) {
        EungYongPark eyp = new EungYongPark();
        System.out.println(eyp.lastname); // 상속한 클래스의 protected 변수는 접근이 가능
하다.
    }
}
```

실행 결과

```
park
```

HousePark 클래스를 상속한 EungYongPark 클래스의 패키지는 house.person으로 HousePark의 패키지인 house와 다르지만 HousePark의 lastname 변수가 protected이기 때문에 eyp.lastname과 같은 접근이 가능하다. 만약 lastname의 접근 제어자가 protected가 아닌 default였다면 eyp.lastname 문장은 컴파일 오류가 발생할 것이다.

public

접근 제어자가 public으로 설정되었다면 public 접근 제어자가 붙은 변수나 메서드는 어떤 클래스에서도 접근이 가능하다.

Do it! 코딩해 보세요 house/HousePark.java

```
package house;

public class HousePark {
    protected String lastname = "park";
    public String info = "this is public message.";
}
```

HousePark의 info 변수는 public 접근 제어자가 붙어 있으므로 어떤 클래스라도 접근이 가능하다. 그래서 다음과 같이 작성할 수 있다.

Do it! 코딩해 보세요 Sample.java

```
import house.HousePark;

public class Sample {
    public static void main(String[] args) {
        HousePark housePark = new HousePark();
        System.out.println(housePark.info);
    }
}
```

실행 결과

```
this is public message.
```

지금까지 4개의 접근 제어자를 살펴보았다. 앞서 변수를 예를 들어 설명했지만 클래스나 메서드도 마찬가지로 접근 제어자의 규칙을 따른다.

접근 제어자를 적절히 활용하자

변수나 메서드의 접근 제어자를 모두 public으로 설정해도 프로그램은 잘 동작할 것이다. 하지만 접근 제어자를 이용하면 프로그래머의 실수를 방지할 수 있고 기타 위험 요소를 제거할 수 있는 등의 장점이 있다.

07-3
스태틱

스태틱static은 클래스에서 공유되는 변수나 메서드를 정의할 때 사용된다. 이번 절에서는 스태틱에 대해서 자세히 알아보자.

static 변수

다음과 같은 HouseLee 클래스가 있다고 하자.

Do it! 코딩해 보세요 Sample.java

```
class HouseLee {
    String lastname = "이";
}

public class Sample {
    public static void main(String[] args) {
        HouseLee lee1 = new HouseLee();
        HouseLee lee2 = new HouseLee();
    }
}
```

HouseLee 클래스를 만들고 객체를 생성하면 객체마다 객체 변수 lastname을 저장하기 위한 메모리가 별도로 할당된다.

하지만 가만히 생각해 보면 HouseLee 클래스의 lastname은 어떤 객체이든지 동일한 값인 '이'이어야 할 것 같지 않은가? 이렇게 항상 값이 변하지 않는다면 static을 사용해 메모리 낭비를 줄일 수 있다. 앞서 작성한 예제를 수정해 보자.

Do it! 코딩해 보세요

```
class HouseLee {
    static String lastname = "이";
}

public class Sample {
    public static void main(String[] args) {
        HouseLee lee1 = new HouseLee();
        HouseLee lee2 = new HouseLee();
    }
}
```

lastname 변수에 static 키워드를 붙이면 자바는 메모리 할당을 딱 한 번만 하게 되어 메모리를 적게 사용할 수 있다.

> 만약 HouseLee 클래스의 lastname값이 변경되지 않기를 바란다면 static 키워드 앞에 final이라는 키워드를 붙이면 된다. final 키워드는 한 번 설정되면 그 값을 변경할 수 없다. 만약 변경하려고 하면 오류가 발생한다.

static을 사용하는 또 다른 이유는 값을 공유할 수 있기 때문이다. static으로 설정하면 같은 메모리 주소만을 바라보기 때문에 static 변수의 값을 공유하게 되는 것이다.

다음의 예를 보면 더욱 명확하게 파악할 수 있을 것이다. 객체를 생성할 때마다 숫자를 증가시키는 Counter 클래스가 다음과 같다고 가정해 보자.

Do it! 코딩해 보세요

```
class Counter {
    int count = 0;
    Counter() {
        this.count++;
        System.out.println(this.count);
    }
}

public class Sample {
    public static void main(String[] args) {
        Counter c1 = new Counter();
        Counter c2 = new Counter();
    }
}
```

Sample 클래스를 실행하면 다음과 같은 결괏값이 나온다.

실행 결과

```
1
1
```

객체 c1, c2를 생성할 때 생성자에서 객체 변수인 count의 값을 1씩 증가시키더라도 c1, c2와 count는 서로 다른 메모리를 가리키고 있기 때문에 원하던 결과(count가 증가된 결과)가 나오지 않는다. 객체 변수는 항상 독립적인 값을 갖기 때문에 당연한 결과이다.

이번에는 다음 예제를 살펴보자.

Do it! 코딩해 보세요

```
class Counter {
    static int count = 0;
    Counter() {
        count++;  // count는 더 이상 객체 변수가 아니므로 this를 제거하는 것이 좋다.
        System.out.println(count);  // this 제거
    }
}

public class Sample {
    public static void main(String[] args) {
        Counter c1 = new Counter();
        Counter c2 = new Counter();
    }
}
```

실행 결과

```
1
2
```

int count = 0 앞에 static 키워드를 붙였더니 count값이 공유되어 count가 증가되어 출력된다.

보통 변수에 쓰는 static 키워드는 프로그래밍을 할 때 메모리의 효율을 높이기 위한 목적보다는 공유의 목적으로 훨씬 더 많이 사용한다.

static 메서드

static이라는 키워드가 메서드 앞에 붙으면 이 메서드는 스태틱 메서드static method가 된다. 무슨 말인지 알쏭달쏭하지만 예제를 보면서 이해하면 매우 쉽다.

Do it! 코딩해 보세요

```
class Counter  {
    static int count = 0;
    Counter() {
        count++;
        System.out.println(count);
    }

    public static int getCount() {
        return count;
    }
}

public class Sample {
    public static void main(String[] args) {
        Counter c1 = new Counter();
        Counter c2 = new Counter();

        System.out.println(Counter.getCount()); // 스태틱 메서드는 클래스를 이용하여 호출
    }
}
```

예제를 따라 해보니
이해하기가 쉽네!

실행 결과

```
1
2
2
```

Counter 클래스에 getCount()라는 스태틱 메서드를 추가했다. 메서드 앞에 static 키워드를 붙이면 Counter.getCount()와 같이 객체 생성 없이도 클래스를 통해 메서드를 직접 호출할 수 있다.

스태틱 메서드 안에서는 객체 변수 접근이 불가능하다. 이 예에서는 count 변수가 static 변수이기 때문에 스태틱 메서드에서 접근이 가능하다.

특히 스태틱 메서드는 유틸리티성 메서드를 작성할 때 많이 사용된다. 예를 들어 '오늘의 날짜 구하기', '숫자에 콤마 추가하기' 등의 메서드를 작성할 때 스태틱 메서드를 사용하는 것이 유리하다.

유틸리티성 메서드는 특정 클래스나 인스턴스에 종속되지 않고, 재사용이 가능하고 범용 기능을 제공하는 스태틱 메서드를 말한다. 이 메서드들은 코드의 중복을 줄이고 가독성을 향상시킨다.

다음은 오늘의 날짜를 구하는 Util 클래스의 예이다. 스태틱 메서드가 어떻게 사용되는지 알아보자.

Do it! 코딩해 보세요

```
import java.text.SimpleDateFormat;
import java.util.Date;

class Util {
    public static String getCurrentDate(String fmt) {
        SimpleDateFormat sdf = new SimpleDateFormat(fmt);
        return sdf.format(new Date());
    }
}

public class Sample {
    public static void main(String[] args) {
        System.out.println(Util.getCurrentDate("yyyyMMdd")); // 오늘 날짜 출력
    }
}
```

싱글톤 패턴

자바의 디자인 패턴 중 하나인 싱글톤singleton을 알아보자. static에 대한 개념이 생겼기 때문에 싱글톤을 이해하는 것이 어렵지 않다. 싱글톤은 단 하나의 객체만을 생성하게 강제하는 디자인 패턴이다. 다시 말해, 클래스를 통해 생성할 수 있는 객체가 한 개만 되도록 만드는 것이 싱글톤이다. 다음 예를 살펴보자.

디자인 패턴은 소프트웨어 설계에서 반복적으로 나타나는 문제들을 효과적으로 해결하는 데 사용되는 검증된 설계 방법론이다.

Do it! 코딩해 보세요

```
class Singleton {
    private Singleton() {
    }
}

public class Sample {
    public static void main(String[] args) {
        Singleton singleton = new Singleton(); // 컴파일 오류가 발생한다.
    }
}
```

이 코드를 실행하면 컴파일 오류가 발생해.

이같이 코드를 작성하면 컴파일 오류가 발생한다. 왜냐하면 Singleton 클래스의 생성자에 private 접근 제어자를 설정하여 다른 클래스에서 Singleton 클래스의 생성자로의 접근을 막았기 때문이다. 이렇게 생성자를 private으로 만들어 버리면 Singleton 클래스를 다른 클래스에서 new를 이용하여 생성할 수 없게 된다.

new를 이용하여 무수히 많은 객체를 생성한다면 싱글톤의 정의에 어긋나지 않겠는가? 그래서 일단 new로 객체를 생성할 수 없도록 막은 것이다.

그렇다면 Singletone 클래스의 객체는 어떻게 생성할 수 있을까? 다음처럼 코드를 수정해 보자.

Do it! 코딩해 보세요

```
class Singleton {
    private Singleton() {
    }

    public static Singleton getInstance() {
        return new Singleton(); // 같은 클래스이므로 private 생성자 호출이 가능하다.
    }
}

public class Sample {
    public static void main(String[] args) {
        Singleton singleton = Singleton.getInstance();
    }
}
```

이같이 getInstance라는 스태틱 메서드를 이용하여 Singleton 클래스의 객체를 생성할 수 있다. 하지만 getInstance를 호출할 때마다 새로운 객체가 생성되기 때문에 이 역시 싱글톤이 아니다. 그럼 어떻게 해야 할까? 다시 코드를 수정해 보자.

Do it! 코딩해 보세요

```
class Singleton {
    private static Singleton one;
    private Singleton() {
    }

```

```
    public static Singleton getInstance() {
        if(one == null) {
            one = new Singleton();
        }
        return one;
    }
}

public class Sample {
    public static void main(String[] args) {
        Singleton singleton1 = Singleton.getInstance();
        Singleton singleton2 = Singleton.getInstance();
        System.out.println(singleton1 == singleton2);  // true 출력
    }
}
```

실행 결과

```
true
```

Singleton 클래스에 one이라는 static 변수를 작성하고, getInstance 메서드에서 one값이 null인 경우에만 객체를 생성하도록 하여 one 객체가 딱 한 번만 만들어지도록 했다.

처음 getInstance가 호출되면 one이 null이므로 new에 의해서 one 객체가 생성된다. 이렇게 한 번 생성되면 one은 static 변수이기 때문에 그 이후로는 null이 아니다. 이어서 다시 getInstance 메서드가 호출되면 이미 만들어진 싱글톤 객체인 one을 항상 리턴한다.

main 메서드에서 getInstance를 두 번 호출하여 각각 얻은 객체가 같은 객체인지 조사해 보았다. 프로그램을 실행하면 예상대로 true가 출력되어 같은 객체임을 확인할 수 있다.

싱글톤 패턴은 static에 대한 이해만 있다면
활용하기 쉬운 디자인 패턴 중 하나야!

07-4 예외 처리

프로그램을 만들다 보면 수없이 많은 예외 상황이 발생한다. 물론 예외가 발생하는 것은 프로그램이 오동작을 하지 않게 하기 위한 자바의 배려이다. 하지만 이러한 예외 상황을 무시하고 싶을 때도 있고, 적절한 처리를 하고 싶을 때도 있다. 원하는 대로 예외를 처리하기 위해서 try ~ catch, throws 구문을 이용해 보자. 예외 처리 방법을 알게 되면 보다 안전하고 유연한 프로그래밍을 구사할 수 있다.

예외는 언제 발생하는가?

예외를 처리하는 방법을 알기 전에 먼저 어떤 상황에서 예외가 발생하는지 살펴보자.

오타로 인해 발생하는 구문 오류를 제외하고, 프로그램에서 자주 발생하는 예외 위주로 알아보자!

다음과 같이 '나없는파일'이라는 이름의 존재하지 않는 파일을 열기 위한 자바 프로그램을 작성해 보자.

Do it! 코딩해 보세요 Sample.java

```
import java.io.*;

public class Sample {
    public static void main(String[] args) throws IOException {
        BufferedReader br = new BufferedReader(new FileReader("나없는파일"));
        br.readLine();
        br.close();
    }
}
```

이 코드를 실행하면 존재하지 않는 파일을 열려고 시도했기 때문에 원하는 파일을 찾을 수 없다는 FileNotFoundException라는 예외가 발생한다.

실행 결과

```
Exception in thread "main" java.io.FileNotFoundException: 나없는파일 (지정된 파일을 찾을 
수 없습니다)
    at java.io.FileInputStream.open(Native Method)
    at java.io.FileInputStream.<init>(Unknown Source)
    at java.io.FileInputStream.<init>(Unknown Source)
    at java.io.FileReader.<init>(Unknown Source)
    ...
```

이번에는 0으로 다른 숫자를 나누는 프로그램을 만들어 보자.

Do it! 코딩해 보세요

```
public class Sample {
    public static void main(String[] args) {
        int c = 4 / 0;
    }
}
```

실행 결과

```
Exception in thread "main" java.lang.ArithmeticException: / by zero
    at Sample.main(Sample.java:14)
```

4를 0으로 나눌 수가 없으므로 이와 같이 산술에 문제가 생겼다는 ArithmeticException 예외가 발생한다.

마지막으로 한 가지 예외를 더 살펴보자.

Do it! 코딩해 보세요

```
public class Sample {
    public static void main(String[] args) {
        int[] a = {1, 2, 3};
        System.out.println(a[3]);
    }
}
```

실행 결과

```
Exception in thread "main" java.lang.ArrayIndexOutOfBoundsException: 3
    at Sample.main(Sample.java:17)
```

a[3]은 a 배열의 4번째 값이므로 a 배열에서 구할 수 없다. 그래서 배열에서 아무것도 없는 곳을 가리켰다는 ArrayIndexOutOfBoundsException 예외가 발생했다.

자바는 이와 같이 예외가 발생하면 프로그램을 중단하고 오류 메시지를 보여 준다.

예외 처리하기

앞서 살펴본 예외들을 처리를 하기 위해 try ~ catch 문을 사용해 보자. 먼저, try ~ catch 문의 기본 구조를 살펴보자.

```
try {
    <수행할 문장 1>;
    <수행할 문장 2>;
    ...
} catch(예외1) {
    <수행할 문장 A>;
    ...
} catch(예외2) {
    <수행할 문장 a>;
    ...
}
```

try 문 안의 수행할 문장 중에서 예외가 발생하지 않는다면 catch 문에 속한 문장들은 수행되지 않는다. 하지만 try 문 안의 문장을 수행하는 도중에 예외가 발생하면 예외에 해당되는 catch 문이 수행된다.

숫자를 0으로 나누었을 때 발생하는 예외를 처리하려면 다음과 같이 할 수 있다.

Do it! 코딩해 보세요

```
public class Sample {
    public static void main(String[] args) {
        int c;
        try {
            c = 4 / 0;
        } catch (ArithmeticException e) {
            c = -1; // 예외가 발생하여 이 문장이 수행된다.
        }
    }
}
```

ArithmeticException이 발생하면 c에 -1을 대입하도록 예외를 처리한 것이다. ArithmeticException e에서 e는 ArithmeticException 클래스의 객체, 즉 예외 객체에 해당한다. 이 예외 객체를 통해 해당 예외 클래스의 변수나 메서드를 호출할 수도 있다.

finally

프로그램 수행 도중 예외가 발생하면 프로그램이 중지되거나 예외 처리에 의해 catch 구문이 실행된다. 하지만 어떤 예외가 발생하더라도 반드시 실행되어야 하는 부분이 있어야 한다면 어떻게 해야 할까? 다음의 예제를 통해 살펴보자.

Do it! 코딩해 보세요

```
public class Sample {
    public void shouldBeRun() {
        System.out.println("ok thanks.");
    }

    public static void main(String[] args) {
        Sample sample = new Sample();
        int c;
```

```
      try {
         c = 4 / 0;
         sample.shouldBeRun(); // 이 코드는 실행되지 않는다.
      } catch (ArithmeticException e) {
         c = -1;
      }
   }
}
```

여기서 sample.shouldBeRun()는 절대로 실행될 수 없다. 왜냐하면 4/0에 의해 ArithmeticException이 발생하여 catch 구문으로 넘어가기 때문이다.

만약 sample.shouldBeRun() 메서드가 반드시 실행되어야 한다면 이런 경우를 처리하기 위해 자바에서는 다음과 같이 finally 문을 사용한다.

Do it! 코딩해 보세요

```
public class Sample {
   public void shouldBeRun() {
      System.out.println("ok, thanks");
   }

   public static void main(String[] args) {
      Sample sample = new Sample();
      int c;
      try {
         c = 4 / 0;
      } catch (ArithmeticException e) {
         c = -1;
      } finally {
         sample.shouldBeRun(); // 예외에 상관없이 무조건 수행된다.
      }
   }
}
```

실행 결과

```
ok, thanks
```

finally 문은 try 문장 수행 중 예외 발생 여부에 상관없이 무조건 실행된다. 따라서 코드를 실행하면 sample.shouldBeRun() 메서드가 수행되어 'ok, thanks'라는 문장이 출력된다.

예외 활용하기 — RuntimeException과 Exception

예외를 직접 만들어 보고 어떻게 활용할 수 있는지 알아보자. 그러기 위해 먼저 05-3절에서 만들었던 다음 예제를 다시 한번 살펴보자.

Do it! 코딩해 보세요 Sample.java

```
public class Sample {
    public void sayNick(String nick) {
        if ("바보".equals(nick)) {
            return;
        }
        System.out.println("당신의 별명은 "+nick+" 입니다.");
    }

    public static void main(String[] args) {
        Sample sample = new Sample();
        sample.sayNick("바보");
        sample.sayNick("야호");
    }
}
```

sayNick 메서드는 '바보'라는 문자열이 입력되면 return으로 메서드를 종료해 별명이 출력되지 못하도록 한다.

▶ RuntimeException

이제 "바보" 문자열이 입력되면 return으로 메서드를 빠져나가지 않고 적극적으로 예외를 발생시켜 보자. 그러기 위해 다음과 같이 FoolException 클래스를 추가해 보자.

Do it! 코딩해 보세요

```
class FoolException extends RuntimeException {
}

public class Sample {
    public void sayNick(String nick) {
```

```
        if ("바보".equals(nick)) {
            throw new FoolException();
        }
        System.out.println("당신의 별명은 "+nick+" 입니다.");
    }

    public static void main(String[] args) {
        Sample sample = new Sample();
        sample.sayNick("바보");
        sample.sayNick("야호");
    }
}
```

단순히 return했던 부분을 throw new FoolException()이라는 문장으로 변경하였다. 이 프로그램을 실행하면 '바보'라는 입력값으로 sayNick 메서드 실행 시 다음과 같은 예외가 발생한다.

실행 결과

```
Exception in thread "main" FoolException
    at Sample.sayNick(Sample.java:7)
    at Sample.main(Sample.java:14)
```

FoolException이 상속받은 클래스는 RuntimeException이다. 예외는 크게 두 가지로 구분된다.

- RuntimeException: 실행 시 발생하는 예외
- Exception: 컴파일 시 발생하는 예외

Exception은 예측이 가능한 경우에 사용하고, RuntimeException은 발생할 수도 있고 발생하지 않을 수도 있는 경우에 사용한다. 그래서 Exception을 Checked Exception, RuntimeException을 Unchecked Exception이라고도 한다.

▶ Exception

이번에는 FoolException 클래스를 다음과 같이 변경해 보자. RuntimeException을 상속하던 것을 Exception을 상속하도록 변경하자. 그런데 이렇게만 하면 Sample 클래스에서 컴파일 오류가 발생할 것이다. FoolException이 예측 가능한 Checked Exception으로 변경되어 예외 처리를 컴파일러가 강제하기 때문이다. 따라서 다음과 같이 변경해야 정상적으로 컴파일이 될 것이다.

Do it! 코딩해 보세요

```
class FoolException extends Exception {
}

public class Sample {
    public void sayNick(String nick) {
        try {
            if ("바보".equals(nick)) {
                throw new FoolException();
            }
            System.out.println("당신의 별명은 "+nick+" 입니다.");
        }catch(FoolException e) {
            System.err.println("FoolException이 발생했습니다.");
        }
    }

    public static void main(String[] args) {
        Sample sample = new Sample();
        sample.sayNick("바보");
        sample.sayNick("야호");
    }
}
```

이와 같이 컴파일 오류를 막기 위해서는 sayNick 메서드에서 try ~ catch 문으로 FoolException을 처리해야 한다.

예외 던지기

앞 예제를 보면 sayNick 메서드에서 FoolException을 발생시키고 예외 처리도 sayNick 메서드에서 했다. 하지만 이렇게 하지 않고 sayNick을 호출한 곳에서 FoolException을 처리하도록 예외를 위로 던질 수 있는 방법이 있다.

Do it! 코딩해 보세요

```
class FoolException extends Exception {
}

public class Sample {
    public void sayNick(String nick) throws FoolException {
        try { // try ... catch 문을 삭제할 수 있다.
            if("바보".equals(nick)) {
                throw new FoolException();
            }
            System.out.println("당신의 별명은 "+nick+" 입니다.");
        }catch(FoolException e) {
            System.err.println("FoolException이 발생했습니다.");
        }
    }

    public static void main(String[] args) {
        Sample sample = new Sample();
        sample.sayNick("바보");
        sample.sayNick("야호");
    }
}
```

이해를 돕기 위해 여기에는 그대로 적었지만 실습할 때는 삭제한다.

sayNick 메서드 뒷부분에 throws라는 구문을 이용하여 FoolException을 위로 보낼 수가 있다(이를 '예외를 뒤로 미루기'라고도 한다.).

throw와 throws의 차이

throw와 throws는 예외 처리와 관련된 키워드로 다음과 같은 차이점이 있다.

- throw: 메서드 내에서 예외를 발생시키는 데 사용된다.(예: throw new FoolException())
- thorws: 메서드 선언부에서 사용되며, 해당 메서드가 처리하지 않은 예외를 호출자에게 전달함을 나타낸다.(예: public void sayNick(String nick) throws FoolException)

이와 같이 sayNick 메서드를 변경하면 main 메서드에서 컴파일 오류가 발생할 것이다. throws 구문 때문에 FoolException의 예외를 처리해야 하는 대상이 sayNick 메서드에서 main 메서드(sayNick 메서드를 호출하는 메서드)로 변경되었기 때문이다. 따라서 컴파일 오류를 해결하려면 이번에는 다음과 같이 main 메서드를 변경해야 한다.

Do it! 코딩해 보세요

```
class FoolException extends Exception {
}

public class Sample {
    public void sayNick(String nick) throws FoolException {
        if ("바보".equals(nick)) {
            throw new FoolException();
        }
        System.out.println("당신의 별명은 "+nick+" 입니다.");
    }

    public static void main(String[] args) {
        Sample sample = new Sample();
        try {
            sample.sayNick("바보");
            sample.sayNick("야호");
        }catch (FoolException e) {
            System.err.println("FoolException이 발생했습니다.");
        }
    }
}
```

실행 결과

```
FoolException이 발생했습니다.
```

main 메서드에서 try ~ catch 문으로 sayNick 메서드에 대한 FoolException 예외를 처리하였다.

이제 한 가지 고민이 남아 있다. FoolException 처리를 sayNick 메서드에서 하는 것이 좋을까? 아니면 throws를 이용하여 예외 처리를 main 메서드에서 하는 것이 좋을까? sayNick 메서드에서 처리하는 것과 main 메서드에서 처리하는 것에는 아주 큰 차이가 있다. sayNick 메서드에서 예외를 처리하는 경우에는 다음의 두 문장이 모두 수행된다.

```
sample.sayNick("바보");
sample.sayNick("야호");
```

물론 sample.sayNick("바보"); 문장 수행 시에는 FoolException이 발생하겠지만 그다음 문장인 sample.sayNick("야호"); 역시 수행된다.

하지만 main 메서드에서 예외 처리를 한 경우에는 sample.sayNick("야호");가 수행되지 않는다. 왜냐하면 이미 첫 번째 문장에서 예외가 발생하여 catch 문으로 빠져 버리기 때문이다.

```
try {
    sample.sayNick("바보");
    sample.sayNick("야호"); // 이 문장은 수행되지 않는다.
}catch(FoolException e) {
    System.err.println("FoolException이 발생했습니다.");
}
```

이러한 이유로 프로그래밍할 때 예외를 처리하는 위치는 대단히 중요하다. 프로그램의 수행 여부를 결정하기도 하고 다음에 배울 트랜잭션 처리와도 밀접한 관계가 있기 때문이다.

트랜잭션

갑자기 트랜잭션이라는 용어가 나와서 뜬금없다고 생각할 수도 있겠지만 트랜잭션transaction과 예외 처리는 매우 밀접한 관련이 있다. 트랜잭션과 예외 처리가 서로 어떤 관련이 있는지 알아보자.

트랜잭션이란 하나의 작업 단위를 뜻한다.

예를 들어 쇼핑몰의 '상품발송'이라는 트랜잭션을 가정해 보자. '상품발송' 트랜잭션에는 다음과 같은 작업들이 있다.

- 포장
- 영수증 발행
- 발송

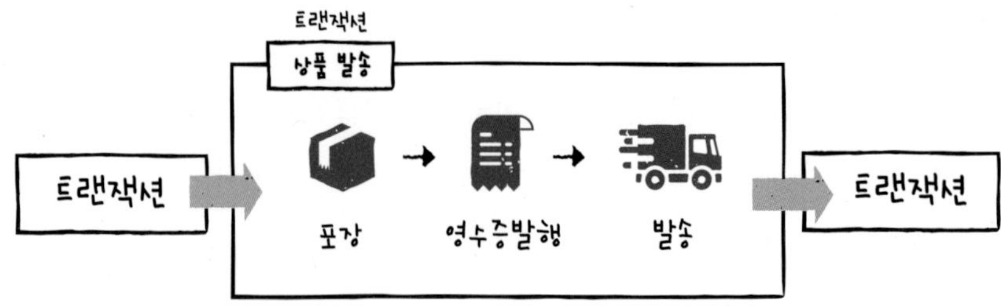

쇼핑몰의 운영자는 이 3가지 일 중 하나라도 실패하면 3가지 모두 취소하고 '상품발송' 전의 상태로 되돌리고 싶어 한다.

> 모두 취소하지 않으면 데이터 정합성이 크게 흔들리게 된다. 이렇게 모두 취소하는 행위를 롤백rollback이라 한다. 여기서 데이터 정합성이란 간단히 말해 데이터들의 값이 서로 일관성 있게 일치하는 것을 말한다.

다음은 트랜잭션을 설명하기 위해 상품 발송과 관련된 프로그램을 슈도코드pseudocode로 작성하였다. 실제 코드는 아니지만 어떻게 동작하는지를 살펴보자.

> 슈도코드(의사코드)란 특정 프로그래밍 언어의 문법을 따라 쓰여진 것이 아니라, 일반적인 언어로 코드를 흉내 내어 알고리즘을 작성한 코드를 말한다. 흉내만 내는 코드이기 때문에 실제 코드처럼 컴퓨터에서 실행할 수 없으며, 특정 언어로 프로그램을 작성하기 전에 알고리즘을 대략적으로 모델링하는 데에 쓰인다.

```
상품발송() {
  포장();
  영수증발행();
  발송();
}

포장() {
  ...
}

영수증발행() {
  ...
}

발송() {
  ...
}
```

다시 정리하자면, 쇼핑몰 운영자는 '포장', '영수증발행', '발송'이라는 3가지 작업 중 1가지라도 실패하면 모든 작업을 취소하고 싶어 한다. 이런 경우 어떻게 예외 처리를 하는 것이 좋을까?

다음과 같이 포장, 영수증발행, 발송 메서드에서는 각각 예외를 던지고 상품발송 메서드에서 던져진 예외를 처리한 뒤 모두 취소하는 것이 완벽한 트랜잭션 처리 방법이다.

```
상품발송() {
  try {
    포장();
    영수증발행();
    발송();
  }catch(예외) {
    모두취소(); // 하나라도 실패하면 모두 취소한다.
  }
}

포장() throws 예외 {
  ...
}

영수증발행() throws 예외 {
  ...
}

발송() throws 예외 {
  ...
}
```

이와 같이 코드를 작성하면 포장, 영수증발행, 발송이라는 세 개의 단위 작업 중 하나라도 실패할 경우 예외가 발생되어 상품발송이 모두 취소될 것이다.

그런데 다음처럼 상품발송 메서드가 아닌 포장, 영수증발행, 발송 메서드에 각각 예외 처리가 된다고 가정해 보자.

```
상품발송() {
  포장();
  영수증발행();
  발송();
}

포장(){
  try {
    ...
```

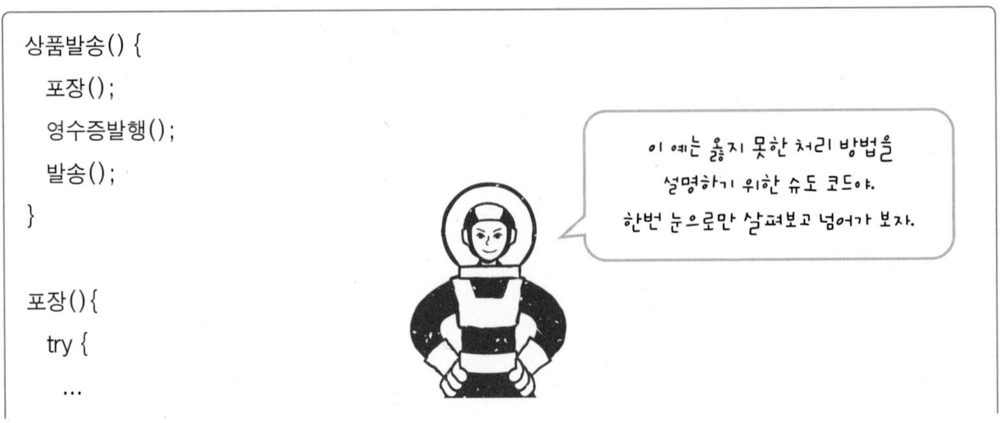

```
    }catch(예외) {
      포장취소();
    }
  }

  영수증발행() {
    try {
      ...
    }catch(예외) {
      영수증발행취소();
    }
  }

  발송() {
    try {
      ...
    }catch(예외) {
      발송취소();
    }
  }
```

이렇게 각각의 메서드에서 예외가 처리된다면 포장 메서드는 실행되었는데 발송 메서드는 실행이 안 되고, 포장 메서드는 실행이 안되었는데도 발송 메서드는 실행이 될 수도 있다. 잘못된 예외 처리로 이런 뒤죽박죽한 상황이 연출된 것이다.

실제 프로젝트에서도 이와 같이 트랜잭션 관리를 잘못하여 고생하는 경우를 많이 보았는데 그것은 재앙에 가까워…!

07-4절에서는 자바의 예외 처리를 알아보았다. 사실 예외 처리는 자바에서 다소 어려운 부분이다. 보통 프로그래머의 실력을 평가할 때 예외 처리를 어떻게 하고 있는지를 보면 그 사람의 실력을 어느 정도 가늠해 볼 수 있다고 말한다. 코드의 특정 부분만 알아서는 안 되고 코드 전체뿐만 아니라 코드의 동작 과정이나 흐름 등을 모두 알아야만 예외 처리를 정확히 할 수 있기 때문이다.

07-5
스레드

동작하고 있는 프로그램을 프로세스process라고 한다. 보통 한 개의 프로세스는 한 가지의 일을 하지만, 스레드thread를 이용하면 한 프로세스 내에서 두 가지 또는 그 이상의 일을 동시에 할 수 있다.

Thread

스레드 역시 간단한 예제를 통해서 알아보자.

Do it! 코딩해 보세요 Sample.java

```
public class Sample extends Thread {
    public void run() { // Thread를 상속하면 run 메서드를 구현해야 한다.
        System.out.println("thread run.");
    }

    public static void main(String[] args) {
        Sample sample = new Sample();
        sample.start(); // start()로 스레드를 실행한다.
    }
}
```

실행 결과

```
thread run.
```

Sample 클래스가 Thread 클래스를 상속했다. Thread 클래스의 run 메서드를 구현하면 sample.start() 메서드를 실행할 때 sample 객체의 run 메서드가 수행된다.

Thread 클래스를 extends를 사용해 상속했기 때문에 start 메서드를 실행하면 run 메서드가 수행된다. Thread 클래스는 start 메서드를 실행할 때 run 메서드가 수행되도록 내부적으로 동작한다.

이 예제를 실행하면 'thread run.'이라는 문장이 출력된다. 하지만 이와 같이 스레드가 하나인 경우에는 도대체 스레드가 어떻게 동작하고 있는지 명확하지 않다.

스레드의 동작을 확인할 수 있게 예제를 수정해 보자.

Do it! 코딩해 보세요

```
public class Sample extends Thread {
    int seq;

    public Sample(int seq) {
        this.seq = seq;
    }

    public void run() {
        System.out.println(this.seq + " thread start."); // 스레드 시작
        try {
            Thread.sleep(1000); // 1초 대기한다.
        } catch (Exception e) {
        }
        System.out.println(this.seq + " thread end."); // 스레드 종료
    }

    public static void main(String[] args) {
        for (int i = 0; i < 10; i++) { // 총 10개의 스레드를 생성하여 실행한다.
            Thread t = new Sample(i);
            t.start();
        }
        System.out.println("main end."); // main 메서드 종료
    }
}
```

총 10개의 스레드를 실행시키는 예제이다. 어떤 스레드인지 확인하기 위해서 스레드마다 생성자에 순서를 부여했다. 그리고 시작과 종료를 출력하게 했고 시작과 종료 사이에 1초의 간격이 생기도록 (Thread.sleep(1000)) 작성했다. 그리고 main 메서드 종료 시 'main end.'를 출력하도록 했다. 결과는 다음과 비슷하게 나올 것이다.

실행 결과

```
0 thread start.
4 thread start.
6 thread start.
2 thread start.
main end.
3 thread start.
7 thread start.
```

```
8 thread start.
1 thread start.
9 thread start.
5 thread start.
0 thread end.
4 thread end.
2 thread end.
6 thread end.
7 thread end.
3 thread end.
8 thread end.
9 thread end.
1 thread end.
5 thread end.
```


0번 스레드부터 9번 스레드까지 순서대로 실행되지 않고, 그 순서가 일정치 않은 것을 보면 스레드는 순서에 상관없이 동시에 실행된다는 사실을 알 수 있다. 더욱 재밌는 사실은 스레드가 종료되기 전에 main 메서드가 종료되었다는 사실이다. main 메서드가 종료될 때 'main end.'라는 문자열이 출력되는데 여기서는 중간쯤에 출력되어 있다.

Join

앞선 예제를 보면 스레드가 모두 수행되고 종료되기 전에 main 메서드가 먼저 종료되어 버렸다. 그렇다면 모든 스레드가 종료된 후에 main 메서드를 종료하고 싶은 경우에는 어떻게 해야 할까?

Do it! 코딩해 보세요

```
import java.util.ArrayList;
public class Sample extends Thread {
    int seq;
    public Sample(int seq) {
        this.seq = seq;
    }

    public void run() {
        System.out.println(this.seq+" thread start.");
        try {
```

```
        Thread.sleep(1000);
    }catch(Exception e) {
    }
    System.out.println(this.seq+" thread end.");
}

public static void main(String[] args) {
    ArrayList<Thread> threads = new ArrayList<>();
    for(int i=0; i<10; i++) {
        Thread t = new Sample(i);
        t.start();
        threads.add(t);
    }

    for(int i=0; i<threads.size(); i++) {
        Thread t = threads.get(i);
        try {
            t.join(); // t 스레드가 종료할 때까지 기다린다.
        }catch(Exception e) {
        }
    }
    System.out.println("main end.");
}
}
```

생성된 스레드를 담기 위해서 ArrayList 객체인 threads를 만든 후 스레드 생성 시 생성된 객체를 threads에 저장했다. 그리고 main 메서드가 종료되기 전에 threads 객체에 담긴 각각의 스레드에 join 메서드를 호출하여 스레드가 종료될 때까지 대기하도록 했다. join 메서드는 스레드가 종료될 때까지 기다리게 하는 메서드이다. 코드를 변경한 후 프로그램을 실행하면 다음과 비슷한 결과가 나올 것이다.

실행 결과

```
0 thread start.
5 thread start.
2 thread start.
6 thread start.
9 thread start.
```

```
1 thread start.
7 thread start.
3 thread start.
8 thread start.
4 thread start.
0 thread end.
5 thread end.
2 thread end.
9 thread end.
6 thread end.
1 thread end.
7 thread end.
4 thread end.
8 thread end.
3 thread end.
main end
```


여기서는 'main end.' 문자열이 가장 마지막에 출력되는 것을 확인할 수 있다.

스레드를 활용한 프로그래밍을 할 때 가장 많이 실수하는 부분이 스레드가 종료되지 않았는데 스레드가 종료된 줄 알고 그다음 작업을 진행하게 만드는 일이다. 스레드가 모두 종료된 후 그다음 작업을 진행해야 할 때 join 메서드를 꼭 기억하자.

Runnable

Thread 객체를 만들 때 앞서 살펴본 예처럼 Thread 클래스를 상속하여 만들기도 하지만 주로 Runnable 인터페이스를 사용한다. 왜냐하면 Thread 클래스를 상속하면 Thread 클래스를 상속한 클래스가 다른 클래스를 상속할 수 없기 때문이다.

앞서 만든 예제를 Runnable 인터페이스를 사용하는 방식으로 변경해 보자.

Do it! 코딩해 보세요

```
import java.util.ArrayList;

public class Sample implements Runnable {
    int seq;
    public Sample(int seq) {
        this.seq = seq;
    }
```

```
    public void run() {
        System.out.println(this.seq+" thread start.");
        try {
            Thread.sleep(1000);
        }catch(Exception e) {
        }
        System.out.println(this.seq+" thread end.");
    }

    public static void main(String[] args) {
        ArrayList<Thread> threads = new ArrayList<>();
        for(int i=0; i<10; i++) {
            Thread t = new Thread(new Sample(i));
            t.start();
            threads.add(t);
        }

        for(int i=0; i<threads.size(); i++) {
            Thread t = threads.get(i);
            try {
                t.join();
            }catch(Exception e) {
            }
        }
        System.out.println("main end.");
    }
}
```

Thread 클래스를 extends하던 것에서 Runnable 인터페이스를 implements하도록 변경했다.

Runnable 인터페이스는 run 메서드를 구현하도록 강제한다.

그리고 Thread 객체를 생성하는 부분을 다음과 같이 변경했다.

```
Thread t = new Thread(new Sample(i));
```

Thread 객체의 생성자로 Runnable 인터페이스를 구현한 객체를 전달하는 방법을 사용한 것이다. 이렇게 변경된 코드는 이전에 만들었던 예제와 완전히 동일하게 동작한다. Thread 객체가 Thread 클래스를 상속했을 경우에는 다른 클래스를 상속할 수 없지만, 인터페이스를 사용한 경우에는 다른 클래스 상속이 가능하므로 좀 더 유연한 프로그램으로 만들 수 있다.

07-6
함수형 프로그래밍

자바는 Java 8 버전부터 함수형 프로그래밍을 지원하기 위해 **람다**lambda와 **스트림**stream이 도입되었다. 람다와 스트림을 사용하면 함수형 프로그래밍 스타일로 자바 코드를 작성할 수 있다. 물론 람다와 스트림을 사용하여 작성한 코드를 일반 스타일의 자바 코드로 바꾸어 작성하는 것이 불가능하지는 않다. 달리 말하면 람다와 스트림 없이도 자바 코드를 작성하는 데 어려움이 없다는 뜻이다. 그런데도 람다와 스트림을 사용하는 이유는 작성하는 코드의 양이 줄어들고 읽기 쉬운 코드를 만들 수 있기 때문이다.

사실 람다와 스트림은 시간을 들여 깊게 공부해야 한다. 초보자를 위한 이 책에서는 이 두 개에 대해서 자세히 다루지는 않는다. 하지만 람다와 스트림이 무엇이고 어떻게 사용하는지 간단히 알아보고자 한다.

람다

람다lambda는 익명 함수anonymous function를 의미한다. 일반적인 코드와 람다를 적용한 코드를 비교하며 람다에 대해서 자세히 알아보자.

▶ 일반적인 코드

다음과 같은 인터페이스를 보자. 두 개의 정수를 입력으로 받아 정수의 결괏값을 리턴하는 sum 함수를 정의한 인터페이스이다.

```
interface Calculator {
    int sum(int a, int b);
}
```

앞서 정의한 Calculator 인터페이스를 사용하려면 다음처럼 Calculator 인터페이스를 구현해야 한다.

```
class MyCalculator implements Calculator {
    public int sum(int a, int b) {
        return a+b;
    }
}
```

Calculator 인터페이스를 구현한 MyCalculator 클래스를 생성하였다.

Calculator 인터페이스와 MyCalculator 클래스를 사용하여 자바 프로그램을 완성해 보자.

Do it! 코딩해 보세요

```
interface Calculator {
    int sum(int a, int b);
}

class MyCalculator implements Calculator {
    public int sum(int a, int b) {
        return a+b;
    }
}

public class Sample {
    public static void main(String[] args) {
        Calculator mc = new MyCalculator();
        int result = mc.sum(3, 4);
        System.out.println(result); // 7 출력
    }
}
```

실행 결과

```
7
```

▶ 람다를 적용한 코드

이제 앞에서 작성한 일반적인 자바 코드를 다음처럼 람다를 적용한 코드로 바꾸어 보자.

Do it! 코딩해 보세요

```
interface Calculator {
    int sum(int a, int b);
}

public class Sample {
    public static void main(String[] args) {
        Calculator mc = (int a, int b) -> a +b;      ← 람다를 적용한 코드
        int result = mc.sum(3, 4);
        System.out.println(result);
    }
}
```

코드는 다르지만 결과는 같네!

실행 결과

```
7
```

이 코드에서 사용한 람다 함수는 다음과 같다.

```
(int a, int b) -> a +b
```

괄호 사이의 int a, int b는 Calculator 인터페이스의 sum 함수의 입력 항목에 해당하고 -> 뒤의 a+b가 리턴값에 해당한다. 이렇게 람다 함수를 사용하면 MyCalculator와 같은 실제 클래스 없이도 Calculator 객체를 생성할 수 있고, 일반적인 코드보다 훨씬 간단해진다.

▶ 인터페이스 사용 시 주의 사항

여기서 주의해야 할 점은 Calculator 인터페이스의 메서드가 1개를 초과하여 람다 함수를 사용할 수 없다는 점이다.

```
interface Calculator {
    int sum(int a, int b);
    int mul(int a, int b);  // mul 메서드를 추가하면 컴파일 오류가 발생한다.
}
```

그래서 람다 함수로 사용할 인터페이스는 다음처럼 @FunctionalInterface 어노테이션을 사용하는 것이 좋다. @FunctionalInterface 어노테이션을 사용하면 다음처럼 2개 이상의 메서드를 가진 인터페이스를 작성하는 것이 불가능해진다.

```
@FunctionalInterface
interface Calculator {
    int sum(int a, int b);
    int mul(int a, int b); // @FunctionalInterface는 두 번째 메서드를 허용하지 않는다.
}
```

@FunctionalInterface는 인터페이스가 함수형 인터페이스임을 표시하며, 단 하나의 메서드만 가질 수 있게 한다. 주로 람다 표현식과 함께 사용한다.

▶ 람다 축약하기

앞서 작성한 람다를 적용한 자바 코드는 다음처럼 조금 더 축약이 가능하다. 인터페이스에 이미 입출력에 대한 타입이 정의되어 있으므로 입력값의 자료형인 int를 생략할 수 있다.

Do it! 코딩해 보세요

```
interface Calculator {
    int sum(int a, int b);
}

public class Sample {
    public static void main(String[] args) {
        Calculator mc = (a, b) -> a +b;
        int result = mc.sum(3, 4);
        System.out.println(result);
    }
}
```

Integer.sum으로 더 축약하기

두 수를 더하여 그 결과를 리턴하는 함수 (a, b) -> a+b는 Integer.sum(int a, int b)와 동일하기 때문에 다음과 같이 더 축약이 가능해진다.

```
Integer::sum
```

어떤 클래스의 메서드를 사용할 때는 이와 같이 :: 기호를 사용하여 클래스와 메서드를 구분하여 표기한다.

Integer::sum을 적용한 코드는 다음과 같다.

```
@FunctionalInterface
interface Calculator {
    int sum(int a, int b);
}

public class Sample {
    public static void main(String[] args) {
        Calculator mc = Integer::sum;
        int result = mc.sum(3, 4);
        System.out.println(result);
    }
}
```

▶▶ 람다 함수 인터페이스

이번에는 인터페이스를 생성하는 대신 함수형 프로그래밍을 위해 제공되는 인터페이스를 사용하여 위 코드를 좀 더 축약해 보자. 자바가 제공하는 BiFunction 인터페이스를 사용하면 Calculator 인터페이스를 대신하여 다음과 같이 작성할 수 있다.

Do it! 코딩해 보세요

```
import java.util.function.BiFunction;

@FunctionalInterface
interface Calculator {  // BiFunction 인터페이스를 사용하면 Calculator 인터페이스가 필요없다.
    int sum(int a, int b);
}

public class Sample {
    public static void main(String[] args) {
        BiFunction<Integer, Integer, Integer> mc = (a, b) -> a + b;
        int result = mc.apply(3, 4);  // sum이 아닌 apply 메서드를 사용해야 한다.
        System.out.println(result);  // 7 출력
    }
}
```

이해를 돕기 위해 여기에는 그대로 적었지만 실습할 때는 삭제한다.

BiFunction의 ⟨Integer, Integer, Integer⟩ 제네릭스는 순서대로 입력 항목 2개, 출력 항목 1개를 의미한다. 그리고 BiFunction 인터페이스의 apply 메서드를 호출하면 람다 함수 (a, b) -> a + b가 실행된다.

BiFunction은 입출력 항목의 자료형을 다양하게 사용할 수 있다.

그런데 우리가 작성한 코드를 자세히 보면 입출력 항목의 타입이 모두 Integer로 동일하다는 것을 알 수 있다. 사실 이렇게 입출력 항목이 모두 동일할 경우에는 다음의 BinaryOperator를 사용하여 더 간단하게 표현할 수 있다.

Do it! 코딩해 보세요

```
import java.util.function.BinaryOperator;
public class Sample {
    public static void main(String[] args) {
        BinaryOperator<Integer> mc = (a, b) -> a + b;
        int result = mc.apply(3, 4);
        System.out.println(result); // 7 출력
    }
}
```

자바에서 람다 함수를 위한 인터페이스는 아주 많지만 이 책에서는 람다 함수를 이해하기 위해 BiFuntion과 BinaryOperator만 다룬다.

스트림

스트림stream은 글자 그대로 해석하면 '흐름'이라는 뜻이다. 데이터가 물결처럼 흘러가면서 필터링 과정을 통해 여러 번 변경되어 반환되기 때문에 이러한 이름을 갖게 되었다. 다음 문제를 통해 스트림을 이해해 보자.

다음과 같은 정수 배열이 있다.

```
int[] data = {5, 6, 4, 2, 3, 1, 1, 2, 2, 4, 8};
```

이 배열에서 짝수만 뽑아 중복을 제거한 후에 역순으로 정렬하는 프로그램을 만들어 보자. 이때 프로그램의 수행 결과는 다음과 같아야 한다.

```
int[] result = {8, 6, 4, 2};
```

이 문제를 해결하기 위해서는 다음처럼 코드를 작성해야 한다.

Do it! 코딩해 보세요

```
import java.util.*;

public class Sample {
    public static void main(String[] args) {
        int[] data = {5, 6, 4, 2, 3, 1, 1, 2, 2, 4, 8};

        // 짝수만 포함하는 ArrayList 생성
        ArrayList<Integer> dataList = new ArrayList<>();
        for(int i=0; i<data.length; i++) {
            if(data[i] % 2 == 0) {
                dataList.add(data[i]);
            }
        }

        // Set을 사용하여 중복을 제거
        HashSet<Integer> dataSet = new HashSet<>(dataList);

        // Set을 다시 List로 변경
        ArrayList<Integer> distinctList = new ArrayList<>(dataSet);

        // 역순으로 정렬
        distinctList.sort(Comparator.reverseOrder());

        // Integer 리스트를 정수 배열로 변환
        int[] result = new int[distinctList.size()];
        for(int i=0; i< distinctList.size(); i++) {
            result[i] = distinctList.get(i);
        }
    }
}
```

정수 배열에서 짝수만을 찾아 ArrayList에 넣고 Set을 사용하여 중복을 제거한 후에 다시 Set을 리스트로 변환했다. 그리고 리스트의 sort를 사용하여 역순으로 정렬하고 정렬된 값으로 다시 정수 배열을 생성했다. 복잡하지만 보통 이와 비슷한 과정을 통해 문제를 해결해야 한다.

그런데 이 문제는 스트림을 사용하면 다음과 같이 간단하게 해결할 수 있다.

Do it! 코딩해 보세요

```
import java.util.Arrays;
import java.util.Comparator;

public class Sample {
    public static void main(String[] args) {
        int[] data = {5, 6, 4, 2, 3, 1, 1, 2, 2, 4, 8};
        int[] result = Arrays.stream(data) // IntStream을 생성한다.
                .boxed() // IntStream을 Stream<Integer>로 변경한다.
                .filter((a) -> a % 2 == 0) // 짝수만 뽑아낸다.
                .distinct() // 중복을 제거한다.
                .sorted(Comparator.reverseOrder()) // 역순으로 정렬한다.
                .mapToInt(Integer::intValue) // Stream<Integer>를 IntStream으로 변경한다.
                .toArray() // int[] 배열로 반환한다.
                ;
    }
}
```

이 코드는 다음과 같은 순서로 동작한다.

1. Arrays.stream(data)로 정수 배열을 IntStream으로 생성한다.
2. .boxed()로 IntStream을 Integer의 Stream으로 변경한다. 이렇게 하는 이유는 뒤에서 사용할 Comparator.reverseOrder 메서드는 원시 타입인 int 대신 Integer를 사용해야 하기 때문이다.
3. .filter((a) -> a % 2 == 0)로 짝수만 필터링한다. 이때 사용한 '(a) -> a % 2 == 0' 구문은 앞에서 공부한 람다 함수이다. 입력 a가 짝수인지를 조사하는 람다 함수로 짝수에 해당되는 데이터만 필터링한다.
4. .distinct()로 스트림에서 중복을 제거한다.
5. .sorted(Comparator.reverseOrder())로 역순으로 정렬한다.
6. .mapToInt(Integer::intValue)로 Integer의 Stream을 IntStream으로 변경한다. 왜냐하면 최종적으로 int[] 타입의 배열을 리턴해야 하기 때문이다.
7. .toArray()를 호출하여 IntStream의 배열인 int[] 배열을 리턴한다.

스트림 방식은 일반적인 코드보다 확실히 간결하고 가독성이 좋다는 것을 확인할 수 있을 것이다.

사실 Arrays.stream처럼 스트림을 생성하고 boxed, filter, distinct, sorted, mapToInt처럼 스트림을 가공하고, toArray처럼 스트림을 원하는 형태로 반환하는 방법에는 이것 말고도 여러 가지가 있다. 하지만 이 책에서는 스트림을 이해하기 위한 목적으로 이와 같이 몇 가지만 알고 넘어가자.

07장

되/새/김/문/제

긴 호흡으로 공부하신 여러분!
포기하지 말고 되새김 문제를 통해
실력을 점프해 보세요!

07장의 정답 및 풀이는 345~348쪽에 있습니다.

Q1 패키지 오류 수정하기

다음과 같이 house 패키지로 정의된 클래스가 있다.

```
package house;

public class HousePark {
    protected String lastname = "park";

    public String getLastname() {
        return this.lastname;
    }
}
```

Sample 클래스에서 HousePark 클래스를 사용하려는데 다음과 같이 작성하면 HousePark 클래스를 찾을 수 없다는 오류가 발생한다. 오류가 발생하지 않도록 import 문을 수정해 보자.

```
import HousePark;

public class Sample {
    public static void main(String[] args) {
        HousePark housePark = new HousePark();
        System.out.println(housePark.getLastname());
    }
}
```

Q2 예외 처리하기

다음 코드의 실행 결과를 예측하고 왜 그렇게 생각했는지 그 이유를 설명해 보자.

```
import java.util.ArrayList;
import java.util.Arrays;

public class Sample {
    public static void main(String[] args) {
        int result = 0;
        try {
            int[] a = {1, 2, 3};
            int b = a[3];
            ArrayList c = new ArrayList(Arrays.asList("3"));
            int d = (int) c.get(0);
            int e = 4 / 0;
        } catch (ClassCastException e) {
            result += 1;
        } catch (ArithmeticException e) {
            result += 2;
        } catch (ArrayIndexOutOfBoundsException e) {
            result += 3;
        } finally {
            result += 4;
        }
        System.out.println(result);
    }
}
```

result 값으로
무엇이 출력될까?

Q3 스레드 적용하기

다음 코드는 HeavyWork 클래스의 work 메서드를 4번 수행한다. work 메서드에는 Thread.sleep(100)이 포함되어 있어서 총 수행 시간이 0.5초 정도 소요된다. 따라서 work 메서드를 4번 수행하면 대략 2초 가량 소요된다. 이때 스레드를 사용하면 work 메서드를 동시에 수행하여 시간을 단축할 수 있다. 스레드를 적용하여 시간을 단축할 수 있도록 코드를 수정해 보자.

```
class HeavyWork {
    String name;

    HeavyWork(String name) {
        this.name = name;
    }

    public void work() {
        for (int i = 0; i < 5; i++) {
            try {
                Thread.sleep(100);        ← 0.1초 대기
            } catch (Exception e) {
            }
        }
        System.out.printf("%s done.\n", this.name);
    }
}

public class Sample {
    public static void main(String[] args) {
        long start = System.currentTimeMillis();
        for (int i = 1; i < 5; i++) {
            HeavyWork w = new HeavyWork("w" + i);
            w.work();

        }
        long end = System.currentTimeMillis();
        System.out.printf("elapsed time: %s ms\n", end - start);
    }
}
```

실행 결과

```
w1 done.
w2 done.
w3 done.
w4 done.
elapsed time: 2038 ms
```

Q4 함수형 프로그래밍 활용하기 1

함수형 프로그래밍을 사용하여 다음 정수 배열에서 음수를 모두 제거하는 프로그램을 완성해 보자.

```
int[] numbers = {1, -2, 3, -5, 8, -3};
```

```
import java.util.Arrays;

public class Sample {
  public static void main(String[] args) {
    int[] numbers = {1, -2, 3, -5, 8, -3};
    int[] result = Arrays.stream(numbers)      ← IntStream을 생성
        .filter[          ]                   ← 음수를 제거
        .toArray()                            ← int[] 배열로 반환
        ;
  }
}
```

즉, 프로그램 실행 후 다음과 같은 정수 배열을 얻어야 한다.

```
int[] result = {1, 3, 8};
```

Q5 함수형 프로그래밍 활용하기 2

다음 코드는 정수 배열에서 홀수를 골라 2를 곱한 뒤, 저장하는 코드이다. 함수형 프로그래밍을 사용하여 이 코드를 간단하게 만들어 보자.

```
import java.util.ArrayList;

public class Sample {
    public static void main(String[] args) {
        int[] numbers = {1, 2, 3, 4, 5};
        ArrayList<Integer> temp = new ArrayList<>();
        for (int num : numbers) {
            if (num % 2 == 1) {
                temp.add(num * 2);
            }
        }

        int[] result = new int[temp.size()];
        for (int i = 0; i < temp.size(); i++) {
            result[i] = temp.get(i);
        }
    }
}
```

스트림의 filter와
map 메서드를 활용해 보자고!

08

자바 프로그래밍, 어떻게 시작해야 할까?

이 장에서는 짧지만 유용한 프로그램들을 만들어보자. 프로그래밍을 배우는 가장 좋은 방법은 많은 경험을 쌓는 것이다. 이 장에서 제공하는 자바 프로그래밍 예제들을 통해 프로그래밍 감각을 향상해 보자.

08-1
내가 프로그램을 만들 수 있을까?

프로그램을 막 시작하려는 사람이 맨 먼저 부딪히게 되는 벽은 아마도 다음과 같지 않을까?

"문법도 어느 정도 알겠고, 책 내용도 대부분 이해된다. 하지만 이러한 지식을 바탕으로 내가 도대체 어떤 프로그램을 만들 수 있을까?"

이럴 때는 '어떤 프로그램을 짜야지'라는 생각보다는 다른 사람들이 만든 프로그램 파일을 자세히 들여다보고 분석하는 데서 시작하는 것이 좋다. 그러다 보면 다른 사람들의 생각도 읽을 수 있고, 거기에 더해 뭔가 새로운 아이디어가 떠오를 수도 있다. 하지만 여기에서 가장 중요한 것은 자신의 수준에 맞는 소스를 찾는 일이다. 그래서 08장에서는 쉬운 예제부터 시작해서 차츰 수준을 높여 실용적인 예제까지 다룬다. 공부한 내용을 어떻게 활용하는가는 여러분의 몫이다.

필자는 예전에 프로그래밍을 막 시작한 사람에게 구구단 프로그램을 짜보라고 한 적이 있다. 쉬운 과제이고 자바 문법도 다 공부한 사람이었는데 프로그램을 어떻게 만들어야 할지 전혀 갈피를 잡지 못했다. 그래서 필자는 다음과 같은 해결책을 알려 주었다.

"프로그램을 만들려면 가장 먼저 입력과 출력을 생각하라."

구구단 프로그램 중 2단을 만든다면 2를 입력값으로 주었을 때 어떻게 출력되어야 할지 생각해 보라고 했다. 그래도 그림이 그려지지 않는 것 같아 연습장에 직접 적어 가며 설명해 주었다.

- 메서드 이름은? gugu로 짓자
- 입력받는 값은? 2
- 출력하는 값은? 2단(2, 4, 6, 8, …, 18)
- 결과는 어떤 형태로 저장하지? 연속된 자료형이니까 배열!

우리도 한번 이렇게 해보자!

1. 먼저 인텔리제이를 열고 다음과 같이 입력해 보자. gugu라는 메서드에 2를 입력값으로 주면 result라는 변수에 결괏값을 넣으라는 뜻이다.

```
public class Sample {
    public static void main(String[] args) {
        result = gugu(2);
    }
}
```

물론, 현재 result에 대한 자료형 타입도 없고 gugu 메서드도 없기 때문에 지금 작성한 코드는 오류가 발생한다. 차츰 오류를 수정할 예정이니 지금은 신경 쓰지 말자.

2. 이제 결괏값을 어떤 형태로 받을 것인지 고민해 보자. 2단이니까 2, 4, 6, … 18까지 결과가 나올 것이다. 이런 종류의 데이터는 정수형 배열이 적합이다. 따라서 int[] result = {2, 4, 6, 8, 10, 12, 14, 16, 18}과 같은 결과를 얻는 것이 좋겠다는 생각을 먼저 하고, 프로그래밍을 시작하는 태도가 필요하다. 이런 식으로 머릿속에 그림이 그려지기 시작하면 의외로 생각이 가볍게 좁혀지는 것을 느낄 수 있을 것이다.

3. 어떻게 만들지 생각해 봤으니 진짜 프로그램을 작성해 보자. 일단 이름을 gugu로 지은 메서드를 다음과 같이 만든다.

```
public class Sample {

    static int[] gugu(int dan) {
        System.out.println(dan);
        return null;
    }

    public static void main(String[] args) {
        int[] result = gugu(2);
    }
}
```

gugu 메서드는 static 메서드로 작성했다. 만약 일반 메서드로 작성한다면 Sample 클래스의 객체를 만들어 사용해야 한다. gugu 메서드는 입력으로 받은 값(dan 변숫값)을 출력하고 null을 리턴하게 했다. 입력값으로 2가 잘 들어오는지 확인만 해보려는 것이다. 그리고 gugu 메서드를 실행한 main 메서드에서도 gugu 메서드의 리턴값을 int[] result처럼 정수형 배열로 선언했다.

이와 같이 완성하고 Sample 클래스를 실행하면 다음과 같이 gugu 메서드에 전달한 2가 출력된다.

실행 결과

```
2
```

4. 이제 결괏값을 담을 정수 배열을 하나 생성하자. 앞에서 작성한 System.out.println(dan);은 입력값이 잘 전달되는지 확인하기 위한 것이었으므로 이제 지워도 좋다.

```
public class Sample {

    static int[] gugu(int dan) {
        int[] result = new int[9];
        return result;
    }

    public static void main(String[] args) {
        int[] result = gugu(2);
    }
}
```

구구단의 2단, 3단 등은 총 9개의 숫자를 담아야 하므로 int[9]으로 9개의 정수 배열을 만들었다. 그리고 null 대신 정수 배열을 리턴하도록 변경하였다.

5. 이번에는 result에 2, 4, 6, …, 18을 어떻게 넣어야 할지 생각해 보자. 필자는 다음과 같이 배열의 각 요소에 순서대로 값을 입력하는 방법을 사용했다.

```
public class Sample {

    static int[] gugu(int dan) {
        int[] result = new int[9];
        result[0] = dan * 1;
        result[1] = dan * 2;
        result[2] = dan * 3;
        result[3] = dan * 4;
        result[4] = dan * 5;
        result[5] = dan * 6;
        result[6] = dan * 7;
        result[7] = dan * 8;
        result[8] = dan * 9;
        return result;
    }

    public static void main(String[] args) {
        int[] result = gugu(2);
        for (int a: result) {
            System.out.println(a);
        }
    }
}
```

그리고 main 메서드에서 gugu 메서드의 실행 결괏값을 for 문으로 출력하게 했다. 이와 같이 완성하고 실행하면 다음과 같은 결괏값이 출력된다.

실행 결과

```
2
4
6
8
10
12
14
16
18
```

다소 무식한 방법이지만 입력값으로 2를 주었을 때 원하는 결괏값을 얻을 수 있다.

6. 그런데 앞에서 작성한 gugu 메서드에 반복이 너무 많다. 살펴보면 result[0] = dan * 1;과 같은 문장이 숫자가 1씩 증가하며 반복된다는 것을 알 수 있다. 우리는 똑같은 코드를 반복할 때 반복문을 사용한다고 배웠다. 그렇다면 우리가 만들려는 프로그램에서도 숫자 1부터 9까지 1씩 증가시키며 반복할 수 있는 반복문을 사용할 수 있지 않을까? 다음과 같이 말이다.

```
for(int i=0; i<9; i++) {
  ...
}
```

7. 앞서 정리한 내용을 바탕으로 완성한 gugu 메서드는 다음과 같다.

```
public class Sample {

  static int[] gugu(int dan) {
    int[] result = new int[9];
    for(int i=0; i<result.length; i++) {
      result[i] = dan * (i+1);
    }
    return result;
  }

  public static void main(String[] args) {
    int[] result = gugu(2);
    for (int a: result) {
      System.out.println(a);
    }
  }
}
```


만족스러운 결과가 나왔다. 사실 gugu 메서드는 이와 같은 과정을 거치지 않고도 바로 만들 수 있을 것이다. 하지만 더 복잡한 코드를 만들게 된다면 이처럼 구체적이고 단계적으로 접근하는 방식이 많은 도움이 된다. 프로그래밍할 땐 매우 구체적으로 접근해야 오히려 머리가 덜 아프다는 것을 기억하자. 자, 이제 다양한 예제를 접해 보며 여러분 나름대로 멋진 생각을 해 보기 바란다.

08-2
3과 5의 배수 합하기

다음 문제를 어떻게 풀면 좋을지 생각해 보자.

> 10 미만의 자연수에서 3과 5의 배수를 구하면 3, 5, 6, 9이다. 이들의 총합은 23이다. 그렇다면 1000 미만의 자연수에서 3과 5의 배수의 총합을 구하라.

이 문제를 풀기 위해 다음 내용을 정리해 보자.

- 입력 받는 값은 1부터 999까지(1000 미만의 자연수)이다.
- 출력하는 값은 3의 배수와 5의 배수의 총합이다.
- 생각해 볼 것은 다음 2가지이다.
  - 3의 배수와 5의 배수는 어떻게 찾지?
  - 3의 배수와 5의 배수가 겹칠 때는 어떻게 하지?

이 문제를 풀기 위한 중요 포인트는 두 가지이다. 한 가지는 1000 미만의 자연수를 구하는 방법이고 또 다른 한 가지는 3과 5의 배수를 구하는 것이다. 이 두 가지만 해결되면 문제는 쉽게 해결될 것으로 보인다.

1. 먼저 1000 미만의 자연수는 어떻게 구할지 생각해 보자. 여러 가지 방법이 있지만, 다음과 같이 변수에 초깃값 1을 준 후 루프를 돌리며 1씩 증가시켜서 999까지 진행하는 방법이 가장 일반적이다.

Do it! 코딩해 보세요

```
public class Problem1 {
    public static void main(String[] args) {
        int n = 1;
        while (n < 1000) {
            System.out.println(n);
            n++;
```

```
        }
    }
}
```

또는 다음과 같이 for 문을 사용할 수도 있다.

Do it! 코딩해 보세요 Problem.java

```java
public class Problem1 {
    public static void main(String[] args) {
        for (int n = 1; n < 1000; n++) {
            System.out.println(n);
        }
    }
}
```

실행 결과

```
1
2
3
⋮
999
```

2가지 예 모두 실행하면 1부터 999까지 출력하는 것을 확인할 수 있다.

2. 1000까지의 자연수를 차례로 구하는 방법을 알았으니 3과 5의 배수를 구하는 방법을 알아보자. 먼저, 1000 미만의 자연수 중 3의 배수는 다음과 같이 증가한다.

```
3, 6, 9, 12, 15, 18, ..., 999
```

그렇다면 1부터 1000까지 수가 진행되는 동안 그 수가 3의 배수인지는 어떻게 알 수 있을까? 1부터 1000까지의 수 중 3으로 나누었을 때 나누어떨어지는 경우, 즉 3으로 나누었을 때 나머지가 0인 경우가 바로 3의 배수이다. 따라서 다음과 같이 % 연산자를 사용하면 3의 배수를 쉽게 찾을 수 있다.

Do it! 코딩해 보세요

```java
public class Problem1 {
    public static void main(String[] args) {
        for (int n = 1; n < 1000; n++) {
            if (n % 3 == 0) {
                System.out.println(n);
            }
        }
    }
}
```

그렇다면 5의 배수 또한
n%5 == 0 식으로 구할 수 있겠어!

3. 이러한 내용을 바탕으로 만든 최종 코드는 다음과 같다.

Do it! 코딩해 보세요

```
public class Problem1 {
    public static void main(String[] args) {
        int result = 0;
        for (int n = 1; n < 1000; n++) {
            if (n % 3 == 0 || n % 5 == 0) {
                result += n;
            }
        }
        System.out.println(result);
    }
}
```

실행 결과

```
233168
```

3과 5의 배수에 해당하는 수를 result 변수에 계속해서 더한다. 그런데 이 문제에는 한 가지 함정이 있다. 15와 같이 3으로도 나누어지고, 5로도 나누어지는 수가 중복으로 더해질 수 있다는 점이다. 따라서 15와 같이 3의 배수도 되고 5의 배수도 되는 값이 중복으로 더하지 않기 위해 || 연산자를 사용했다.

다음은 15와 같은 수가 중복으로 더해져 잘못된 결과를 출력하는 코드이다.

잘못된 코드

```
public class Problem1 {
    public static void main(String[] args) {
        int result = 0;
        for (int n = 1; n < 1000; n++) {
            if (n % 3 == 0) {
                result += n;
            }
            if (n % 5 == 0) {
                result += n;
            }
        }
        System.out.println(result);
    }
}
```

이렇게 풀지 않도록 조심해!
(난 실수할 뻔…)

실행 결과

```
266333
```

코딩 연습을 할 수 있는 사이트

이 프로그램은 코딩 연습을 할 수 있는 '프로젝트 오일러Project Euler'라는 사이트의 첫 번째 문제이다. 이 사이트에서는 첫 번째 문제부터 차례대로 풀 수 있으며 작성한 답이 맞는지 즉시 확인할 수도 있다.

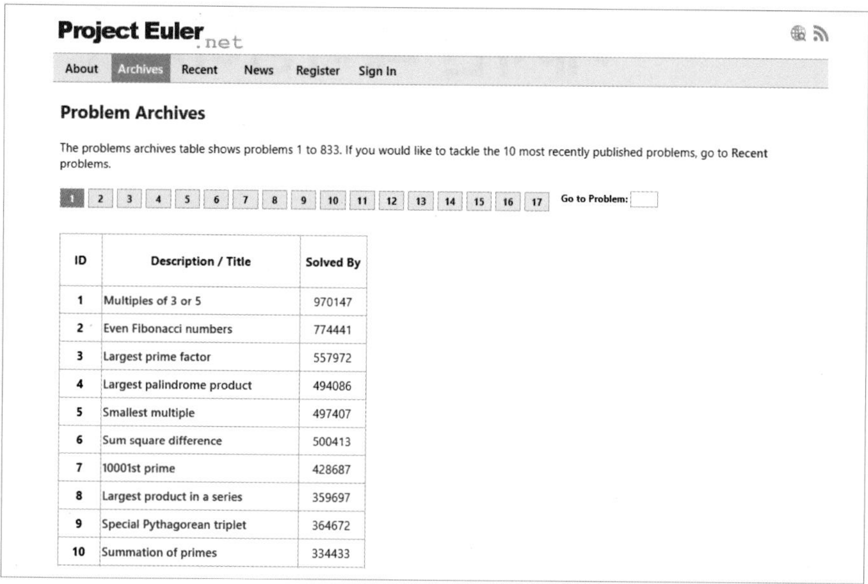

Project Euler.net

About | Archives | Recent | News | Register | Sign In

Problem Archives

The problems archives table shows problems 1 to 833. If you would like to tackle the 10 most recently published problems, go to **Recent** problems.

1 2 3 4 5 6 7 8 9 10 11 12 13 14 15 16 17 **Go to Problem:**

ID	Description / Title	Solved By
1	Multiples of 3 or 5	970147
2	Even Fibonacci numbers	774441
3	Largest prime factor	557972
4	Largest palindrome product	494086
5	Smallest multiple	497407
6	Sum square difference	500413
7	10001st prime	428687
8	Largest product in a series	359697
9	Special Pythagorean triplet	364672
10	Summation of primes	334433

프로젝트 오일러(http://projecteuler.net/archives)

08-3

게시판 페이징하기

A씨는 게시판 프로그램을 작성하고 있다. 그런데 게시물의 총 개수와 한 페이지에 보여 줄 게시물 수를 입력으로 주었을 때 총 페이지 수를 출력하는 프로그램이 필요하다고 한다. 이 문제를 풀기 위해 다음 내용을 정리해 보자.

게시판의 페이지 수를 보여 주는 것을 '페이징한다' 라고 말한다.

- 메서드 이름은 getTotalPage이다.
- 입력 받는 값은 게시물의 총 개수(m), 한 페이지에 보여 줄 게시물 수(n)이다.
- 출력하는 값은 총 페이지 수이다.

A씨가 프로그램을 만들기 위해 입력값과 결괏값이 어떻게 나와야 하는지 먼저 살펴보자. 게시물의 총 개수가 5이고 한 페이지에서 보여 줄 게시물 수가 10이면 총 페이지 수는 당연히 1이 된다. 만약 게시물의 총 개수가 15이고 한 페이지에서 보여 줄 게시물 수가 10이라면 총 페이지 수는 2가 될 것이다.

게시물의 총 개수(m)	페이지당 보여 줄 게시물 수(n)	총 페이지 수
5	10	1
15	10	2
25	10	3
30	10	3

이 문제는 총 페이지 수를 구하는 문제이다. 실제 게시판 프로그램을 만들 때 가장 처음 마주치는 난관이라고 할 수 있다. 사실 페이징 기술은 훨씬 복잡한데 여기에서는 가장 간단한 총 페이지 수를 구하는 방법에 대해서만 알아보겠다.

1. 게시물의 총 개수(m)를 한 페이지에 보여 줄 게시물 수(n)로 나누고 1을 더하면 총 페이지 수를 얻을 수 있다.

```
총 페이지 수 = (총 개수 / 한 페이지당 보여 줄 개수) + 1
```

2. 앞서 살펴본 공식을 적용했을 경우 총 페이지 수가 표의 값처럼 구해지는지 확인해 보자.

Do it! 코딩해 보세요 Problem2.java

```java
public class Problem2 {
    static int getTotalPage(int m, int n) {
        return m / n + 1;
    }

    public static void main(String[] args) {
        System.out.println(getTotalPage(5, 10)); // 1 출력
        System.out.println(getTotalPage(15, 10)); // 2 출력
        System.out.println(getTotalPage(25, 10)); // 3 출력
        System.out.println(getTotalPage(30, 10)); // 4 출력
    }
}
```

첫 번째, 두 번째, 세 번째 케이스는 공식에 맞게 결과가 출력된다. 하지만 네 번째 케이스는 총 개수가 30이고 한 페이지에 보여 줄 개수가 10인데 4가 출력되어 원하는 결과가 출력되지 않았다.

실행 결과

```
1
2
3
4
```

다시 잘 생각해 보자. 총 개수가 30이고 한 페이지에 보여 줄 개수가 10이라면 당연히 총 페이지 수는 3이 되어야 해. 뭐가 문제일까?

3. 원하는 결과가 출력되지 않은 이유는 총 게시물 개수와 한 페이지에 보여 줄 게시물 수를 나눈 나머지 값이 0이 될 때 잘못 처리하였기 때문이다. 앞선 코드의 문제를 해결하려면 다음과 같이 코드를 변경해야 한다.

Do it! 코딩해 보세요

```
public class Problem2 {
    static int getTotalPage(int m, int n) {
        if (m % n == 0) {
            return m / n;
        } else {
            return m / n + 1;
        }
    }

    public static void main(String[] args) {
        System.out.println(getTotalPage(5, 10)); // 1 출력
        System.out.println(getTotalPage(15, 10)); // 2 출력
        System.out.println(getTotalPage(25, 10)); // 3 출력
        System.out.println(getTotalPage(30, 10)); // 3 출력
    }
}
```

나누었을 때 나머지가 0인 경우는 나누기의 몫만 돌려주고 그 이외의 경우에는 1을 더하여 돌려주도록 변경했다. 프로그램을 실행해 보면 원하던 결과가 출력되는 것을 확인할 수 있다.

실행 결과

```
1
2
3
3
```

08-4
자릿수 구하기

양의 정수를 입력받고, 입력받은 수의 자릿수를 출력하는 프로그램을 작성해 보자. 예를 들어 3이 입력되면 한 자릿수 숫자이므로 1, 25가 입력되면 2, 7876이 입력되면 4를 출력해야 한다.

숫자	숫자의 자릿수
3	1
25	2
333	3
7876	4

숫자와 자릿수를 잘 관찰하면 숫자의 개수와 자릿수의 개수는 일치한다는 것을 알 수 있다. 이러한 관계를 이용하여 자릿수를 구해 보자.

먼저, 다음과 같이 123이라는 숫자를 10으로 나누어 보자.

Do it! 코딩해 보세요 Problem3.java

```
public class Problem3 {
  public static void main(String[] args) {
    int n = 123;
    System.out.println(123 / 10); // 12 출력
  }
}
```

123을 10으로 나누면 끝자리 숫자 3이 제거되고 몫 12만 남는다. 즉, 어떤 수를 10으로 나눌 때마다 끝자리 숫자가 1개씩 제거되는 것을 알 수 있다. 정리해 보면 다음과 같다.

> 123을 10으로 나누면(나누기 1회) 12가 되고, 다시 12를 10으로 나누면(나누기 2회) 1이 되고, 다시 1을 10으로 나누면(나누기 3회) 0이 된다. 0이 되면 나누기를 멈추고 지금까지 나눈 횟수를 더하면 123의 자릿수를 구할 수 있다.

이런 생각을 바탕으로 코드를 작성하면 다음과 같다.

Do it! 코딩해 보세요

```
public class Problem3 {
    static int getDigitCount(int n) {
        int count = 0;
        while (true) {
            if (n == 0) {
                break;
            }
            n = n / 10; // 숫자 n을 10으로 나누고 그 값을 다시 숫자 n에 대입한다.
            count++;
        }
        return count;
    }

    public static void main(String[] args) {
        System.out.println(getDigitCount(3)); // 1 출력
        System.out.println(getDigitCount(25)); // 2 출력
        System.out.println(getDigitCount(333)); // 3 출력
        System.out.println(getDigitCount(7876)); // 4 출력
    }
}
```

getDigitCount 메서드는 숫자를 입력으로 받아 숫자가 0이 될 때까지 10으로 계속 나누고, 그 나눈 횟수를 리턴하는 메서드이다. 사실 이 문제는 숫자를 문자열로 바꾸고 그 문자열의 개수를 세는 방법을 사용하면 더 간단하다.

숫자를 문자열로 바꾼다고?
어떻게 바꾼다는 걸까?
코드를 입력해 보면서 이해해야겠어.

문자열로 변환하여 그 개수를 세는 코드로 수정해 보자.

Do it! **코딩해 보세요**

```
public class Problem3 {
    static int getDigitCount(int n) {
        String s = "" +n; // 숫자를 문자열로 바꾼다.
        return s.length();
    }

    public static void main(String[] args) {
        System.out.println(getDigitCount(3)); // 1 출력
        System.out.println(getDigitCount(25)); // 2 출력
        System.out.println(getDigitCount(333)); // 3 출력
        System.out.println(getDigitCount(7876)); // 4 출력
    }
}
```

숫자를 문자열로 바꾸고 그 개수를 리턴하도록 수정하였다. 숫자를 문자열로 바꾸는 방법은 숫자에 빈 문자열을 더해 주면 된다.

08-5

공백을 제외한 글자 수 세기

어떠한 문자열을 입력받았을 때 공백을 제외한 글자 수만을 리턴하는 코드를 작성해 보자. 예를 들어, 문자열이 '점프 투 자바'라면 띄어쓰기를 위해 필요한 공백 문자 2개를 제외하고 5라는 숫자를 리턴해야 한다.

```
점프 투 자바
```

실행 결과

```
5
```

이 문제는 문자열의 각 문자가 공백인지 아닌지를 판별하면 쉽게 해결할 수 있다. 어떤 문자가 공백인지 확인하는 코드는 다음과 같다.

Do it! 코딩해 보세요 Problem4.java

```java
public class Problem4 {
    public static void main(String[] args) {
        String a = "점프 투 자바";
        System.out.println("["+a.charAt(0)+"]"); // [점]을 출력
        System.out.println("["+a.charAt(2)+"]"); // [ ]을 출력
    }
}
```

실행 결과

```
[점]
[ ]
```

a 문자열의 첫 번째 문자는 a.charAt(0)와 같이 구할 수 있다. 첫 번째 문자는 '점'이고, 좌우에 대괄호를 포함하여 [점]을 출력한다. a.charAt(2)는 a 문자열의 세 번째 문자이므로 공백을 의미하는 [ ]을 출력한다.

이러한 내용을 기반으로 공백을 제외한 글자 수를 구하는 프로그램은 다음과 같이 작성할 수 있다.

Do it! 코딩해 보세요

```
public class Problem4 {
    static int getCharCount(String s) {
        int result = 0;
        for (int i = 0; i < s.length(); i++) {
            if (s.charAt(i) != ' ') { // 공백이 아닌 경우에만 결괏값을 증가
                result++;
            }
        }
        return result;
    }

    public static void main(String[] args) {
        System.out.println(getCharCount("점프 투 자바")); // 5 출력
        System.out.println(getCharCount("점프 투 자바의 연습문제 풀이")); // 12 출력
    }
}
```

getCharCount 메서드는 총 문자열 길이만큼 루프를 돌며 공백을 제외한 문자만 세어 리턴하는 메서드이다.

실행 결과

```
5
12
```

Do it!
자바 코딩 면허 시험 15제

코딩 면허 시험의 정답 및 풀이는 349~362쪽에 있습니다.

자바는 웹, 모바일, GUI, 네트워크, 인공지능 등 상당히 많은 일을 할 수 있는 언어이다. 여러분이 지금까지 배운 내용을 충분히 이해했다면 이제 이들을 향해 첫발을 내디딜 준비를 마친 것이다. 하지만 그전에 여기에 준비한 문제들을 풀어 보면서 여러분이 얼마나 자바에 익숙해졌는지 점검해 보자. 이곳에 준비한 문제들은 조금 어려울 수 있다. 하지만 자바와 함께 라면 이 문제들을 해결하는 과정 역시 또 하나의 즐거움이라는 것을 분명 느끼게 될 것이다. 그럼, 자바 코딩 면허 시험을 통해 자바 실력을 한 단계 올려 보자!

13~15개를 맞혔다면	9~12개를 맞혔다면	8개 이하를 맞혔다면
틀린 문제와 관련 있는 페이지로 돌아가 복습해 보세요.	틀린 문제와 관련 있는 절을 다시 복습해 보세요.	'Do it! 코딩해 보세요'를 다시 따라 하면서 한 번 더 복습해 보세요.

Q1 문자열 바꾸기

다음과 같은 문자열이 있다.

```
a:b:c:d
```

문자열의 split과 String.join 메서드를 사용하여 위 문자열을 다음과 같이 출력해 보자.

```
a#b#c#d
```

Q2 맵에서 값 추출하기

다음은 맵 a에서 'C'라는 key에 해당하는 value를 출력하는 프로그램이다. 하지만 맵 a에는 'C'라는 key가 없어 null이 출력된다. 코드를 수정하여 'C'에 해당하는 key 값이 없을 경우, null 대신 70을 출력해 보자.

```
import java.util.HashMap;

public class Sample {
    public static void main(String[] args) {
        HashMap<String, Integer> a = new HashMap<>();
        a.put("A", 90);
        a.put("B", 80);
        System.out.println(a.get("C"));    <- null 출력
    }
}
```

Q3 50점 이상인 점수의 총합 구하기

다음은 A학급 학생들의 점수를 나타내는 정수 배열이다. 다음 배열에서 50점 이상인 점수만 골라 총합을 구해 보자.

```
int[] A = {20, 55, 67, 82, 45, 33, 90, 87, 100, 25};
```

Q4 피보나치 수열 출력하기

다음과 같이 첫 번째 항의 값이 0이고 두 번째 항의 값이 1일 때, 이후에 이어지는 항은 이전의 두 항을 더한 값으로 이루어지는 수열을 피보나치 수열이라고 한다.

```
0, 1, 1, 2, 3, 5, 8, 13,...
```

사용자로부터 입력을 정수 n으로 받았을 때, n항 이하까지의 피보나치 수열을 출력하는 프로그램을 만들어 보자.

Q5 한 줄 구구단 만들기

다음과 같이 사용자로부터 숫자 2~9 중 하나를 입력받아 해당 숫자의 구구단을 한 줄로 출력하는 프로그램을 만들어 보자.

```
구구단을 출력할 숫자를 입력하세요(2~9): 2
2 4 6 8 10 12 14 16 18
```

Q6 입력 숫자의 총합 구하기

사용자로부터 다음과 같은 숫자를 입력받고, 그 숫자들의 총합을 구하는 프로그램을 만들어 보자. 이때 숫자는 콤마로 구분하여 입력받아야 한다.

```
65,45,2,3,45,8
```

Q7 파일을 읽어 역순으로 저장하기

다음과 같은 내용의 파일 abc.txt가 있다. 이 파일의 내용을 다음과 같이 역순으로 바꾸어 result.txt 파일에 저장해 보자.

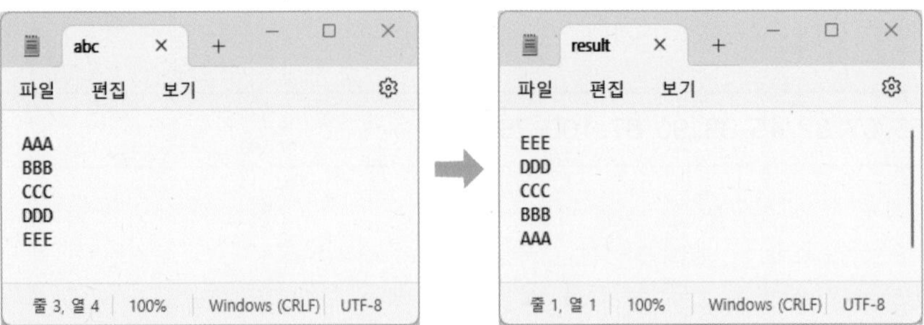

Q8 파일을 읽어 평균값 저장하기

다음과 같이 총 10줄로 이루어진 sample.txt 파일이 있다. 이 sample.txt 파일의 숫잣값을 모두 읽어 총합과 평균값을 구한 후, 평균값을 result.txt 파일에 저장하는 프로그램을 만들어 보자.

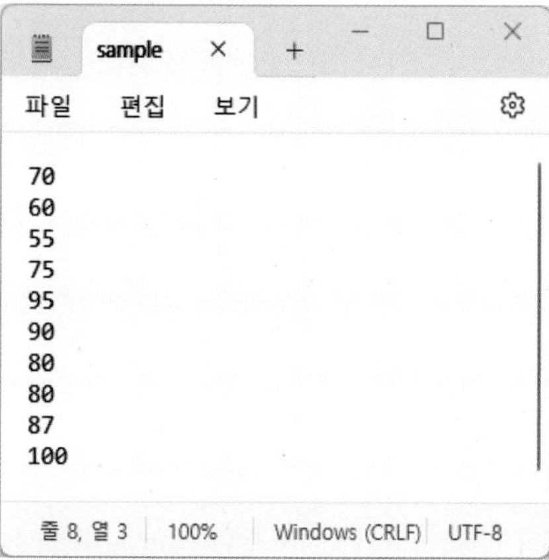

Q9 계산기 만들기

다음 코드를 참고하여 합계와 평균을 계산하는 Calculator 클래스를 완성해 보자.

```
public class Sample {
  public static void main(String[] args) {
    int[] data1 = {1,2,3,4,5};
    Calculator cal1 = new Calculator(data1);
    System.out.println(cal1.sum());
    System.out.println(cal1.avg());

    int[] data2 = {6,7,8,9,10};
    Calculator cal2 = new Calculator(data2);
    System.out.println(cal2.sum());
    System.out.println(cal2.avg());
  }
}
```

Q10 오류에 상관없이 모두 수행하기

다음은 Random 클래스를 사용하여 0~10 사이의 숫자를 무작위로 생성한 후, 입력 숫자가 짝수인 경우에는 '짝수입니다.'를 출력하고 홀수인 경우에는 OddException을 발생시키는 코드이다.

```
import java.util.Random;

class OddException extends Exception {
}

public class Sample {
    static void execute(int n) throws OddException {
        System.out.printf("입력 숫자: %d\n", n);
        if (n % 2 == 1) {
            throw new OddException();
        }
        System.out.println("짝수입니다.");
    }

    public static void main(String[] args) {
        Random r = new Random();
        try {
            for (int i = 0; i < 10; i++) {
                execute(r.nextInt(10));
            }
        } catch (OddException e) {
            e.printStackTrace();
        }
    }
}
```

홀수라면 oddException이 발생

범위를 나타냄

random 클래스의 nextInt 메서드는 범위 내의 정수 중 임의의 정수(즉, 난수)를 리턴해!

그런데 Random 클래스로 생성된 숫자가 홀수면 프로그램이 즉시 종료되는 문제가 있다. OddException이 발생하더라도 프로그램이 종료되지 않고 10번 모두 호출할 수 있도록 프로그램을 수정해 보자.

Q11 dashInsert 메서드 만들기

다음과 같이 숫자로 구성된 문자열을 입력받은 후, 문자열 안에서 연속한 홀수가 있다면 그 두 수 사이에 - 를 추가하고, 연속한 짝수가 있다면 * 를 추가하는 프로그램을 만들어 보자. dashInsert라는 메서드를 만들어 다음과 같은 출력이 나올 수 있도록 완성해 보자.

```
입력 예시: 4546793
출력 예시: 454*67-9-3
```

Q12 문자열 압축하기

입력받은 문자열에서 같은 문자가 연속적으로 반복되는 경우, 다음과 같이 문자와 반복 횟수를 표시해 문자열을 압축해 보자.

```
입력 예시: aaabbcccccca
출력 예시: a3b2c6a1
```

Q13 chkDupNum 메서드 만들기

0~9의 숫자로 구성된 문자열을 입력받았을 때, 이 입력값이 0~9의 모든 숫자를 각각 한 번씩만 사용한 것인지 확인하는 프로그램을 만들어 보자. 이때 chkDupNum 메서드를 만들어 다음과 같은 출력이 나올 수 있도록 완성해 보자.

```
입력 예시: 0123456789 01234 01234567890 6789012345 012322456789
출력 예시: true false false true false
```

Q14 모스 부호 해독하기

다음과 같이 모스 부호 .(dot)과 - (dash)를 해독하여 'HE SLEEPS EARLY'를 출력하는 프로그램을 만들어 보자. 이때 글자와 글자 사이는 공백 1개, 단어와 단어 사이는 공백 2개로 구분한다.

```
.... .  ... .-.. . . .--. ...  . .- .-. .-.. -.-
```

```
HE SLEEPS EARLY
```

이 모스 부호는
문자열로 입력을 받아.

참고로, 모스 부호 규칙은 다음과 같다.

문자	부호	문자	부호
A	.-	N	-.
B	-...	O	—
C	-.-.	P	.-.
D	-..	Q	-.-
E	.	R	.-.
F	..-.	S	...
G	-.	T	-
H	....	U	..-
I	..	V	...-
J	.—	W	.-
K	-.-	X	-..-
L	.-..	Y	-.-
M	-	Z	-..

Q15 시저 암호 해독하기

시저 암호란 고대 로마의 황제 줄리어스 시저가 사용한 암호 작성 방법이다. 어떤 단어의 알파벳을 각각 일정하게(n번째 만큼) 뒤로 밀어서 다른 알파벳으로 바꾸는 원리이다. 예를 들어, 암호화하려는 단어가 'CAT'이고 n을 5로 지정한다면 암호는 'HFY'가 된다. 단어와 n을 입력받아 시저 암호를 출력하는 프로그램을 만들어 보자. 이때, 알파벳은 A~Z 까지의 대문자만 사용한다.

Do it! 챗GPT와 함께 자바 공부하기

ChatGPT

챗GPT를 활용하여 자바를 공부하는 방법에 대해서 알아보자. 챗GPT Generative Pre-trained Transformer는 OpenAI에서 개발한 딥러닝 언어 모델로 사용자가 질문을 하면 대답을 해주는 인공지능 챗봇이다. 챗GPT는 https://chat.openai.com/chat 사이트에 접속하여 가입한 후 사용할 수 있다.

자바를 공부할 때 챗GPT를 훌륭한 도우미로 사용할 수 있다. ≪점프 투 자바≫를 공부하다가 궁금한 점이 생겼는데 책을 통해 알 수가 없다면 챗GPT에 물어 그 궁금증을 해결해 보자. 또한 작성한 코드에 오류가 발생했는데 도저히 그 이유를 모르겠다면 역시 챗GPT에 질문해 오류를 해결해 보자.

- 활용법 1 오류의 원인 물어보기
- 활용법 2 작성한 코드에 문제가 있는지 물어보기
- 활용법 3 작성한 코드의 개선 요청하기
- 활용법 4 주석 삽입 요청하기
- 활용법 5 코드의 해석 요청하기
- 활용법 6 기능 구현 요청하기

활용법 1: 오류의 원인 물어보기

다음은 자바에서 실행 오류가 발생하는 코드이다.

```
public class Sample {
    public static void main(String[] args) {
        String str = null;
        int length = str.length();
    }
}
```

오류가 발생하는 자바 코드를 작성했을 때 그 원인을 파악하기 힘들다면 다음과 같이 챗 GPT에 물어보자.

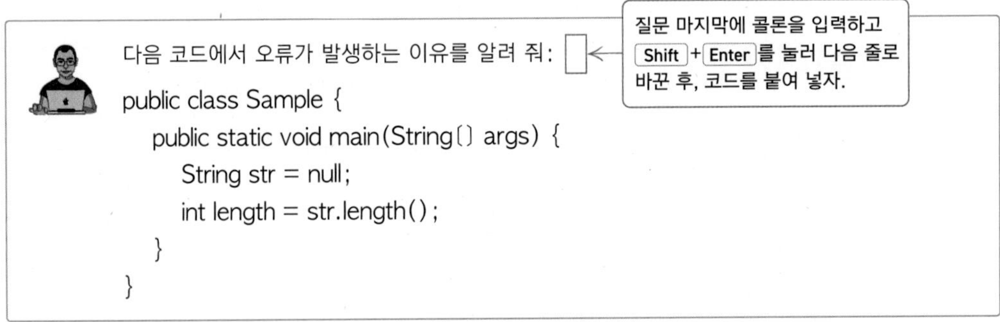
다음 코드에서 오류가 발생하는 이유를 알려 줘:

```
public class Sample {
    public static void main(String[] args) {
        String str = null;
        int length = str.length();
    }
}
```


그러면 질문에 대해 챗GPT는 다음과 같이 답변한다.

이 코드에서 오류가 발생하는 이유는 str 변수가 null값으로 초기화되어 있고, 이후에 str.length() 메서드를 호출하려고 시도하기 때문입니다. null 참조는 객체를 가리키지 않으므로, 메서드를 호출할 때 NullPointerException이 발생합니다.

이 오류를 해결하려면 str 변수를 유효한 문자열로 초기화하거나, str이 null인지 확인한 다음 메서드를 호출해야 합니다.

예를 들어, 다음과 같이 코드를 수정할 수 있습니다:

```
public class Sample {
    public static void main(String[] args) {
        String str = "Hello, world!";
        int length = str.length();
    }
}
```

또는 null 확인을 추가할 수 있습니다:

```
public class Sample {
    public static void main(String[] args) {
        String str = null;
        int length = 0;
        if (str != null) {
            length = str.length();
        }
    }
}
```

챗GPT는 나날이 성장하고 있어. 그래서 책에 나온 내용과 다른 답변이 나올 수 있어! 참고로 이 책은 'ChatGPT Mar 14' 버전을 사용했어. 새로운 버전의 챗GPT를 사용한다면 더 좋은 답변이 나올 거야!

활용법 2: 작성한 코드에 문제가 있는지 물어보기

다음은 자바에서 문제가 발생하는 코드이다.

```
public class Sample {
    public static void main(String[] args) {
        int[] numbers = new int[5];
        for (int i = 0; i <= numbers.length; i++) {
            numbers[i] = i * 2;
        }
    }
}
```

작성한 코드에 문제가 있는지 확인하기 위해 다음과 같이 챗GPT에 물어보자.

다음 코드에 오류가 있는지 확인해 줘:

```
public class Sample {
    public static void main(String[] args) {
        int[] numbers = new int[5];
        for (int i = 0; i <= numbers.length; i++) {
            numbers[i] = i * 2;
        }
    }
}
```

그러면 챗GPT는 다음과 같이 답변할 것이다.

네, 이 코드에는 오류가 있습니다. 오류는 for 문에서 인덱스 범위를 초과하는 것과 관련이 있습니다.

int[] numbers = new int[5]; 라인에서 배열의 크기를 5로 초기화했습니다. 배열의 인덱스는 0부터 시작하므로, 배열의 마지막 인덱스는 4입니다.

그러나 for 문에서 i <= numbers.length; 조건을 사용하면, i가 5일 때도 반복문이 실행됩니다. 이로 인해 배열 인덱스 범위를 초과하게 되고, ArrayIndexOutOfBoundsException이 발생합니다.

for문의 조건을 i < numbers.length;로 변경하여 이 문제를 해결할 수 있습니다:

```
public class Sample {
    public static void main(String[] args) {
        int[] numbers = new int[5];
        for (int i = 0; i < numbers.length; i++) {
            numbers[i] = i * 2;
        }
    }
}
```

이렇게 수정하면 i가 4일 때만 마지막으로 반복문이 실행되고, 인덱스 범위를 초과하지 않습니다.

활용법 3: 작성한 코드의 개선 요청하기

다음은 자바에서 정수 배열의 평균값을 구해 출력하는 코드의 일부이다.

```java
public class Sample {
    public static void main(String[] args) {
        int[] numbers = {1, 2, 3, 4, 5};
        int sum = 0;

        for (int i = 0; i < numbers.length; i++) {
            sum += numbers[i];
        }

        double average = (double) sum / numbers.length;
        System.out.println("평균: " + average);
    }
}
```

이 코드보다 더 좋은 품질의 코드를 작성할 수 있을까? 궁금하다면 이 또한 다음과 같이 챗GPT에 물어보자.

다음 코드를 개선해 줘:

```java
public class Sample {
    public static void main(String[] args) {
        int[] numbers = {1, 2, 3, 4, 5};
        int sum = 0;

        for (int i = 0; i < numbers.length; i++) {
            sum += numbers[i];
        }

        double average = (double) sum / numbers.length;
        System.out.println("평균: " + average);
    }
}
```

그러면 챗GPT는 다음과 같이 개선된 코드를 보여 주고 그 이유에 대해서도 친절히 설명해 줄 것이다.

자바 스트림 API를 사용하여 코드를 개선하면 다음과 같습니다.

```
import java.util.Arrays;

public class Sample {
    public static void main(String[] args) {
        int[] numbers = {1, 2, 3, 4, 5};
        // 스트림 API를 사용하여 배열의 합계와 평균을 구합니다.

        int sum = Arrays.stream(numbers).sum();
        double average = Arrays.stream(numbers).average().orElse(0.0);

        System.out.println("평균: " + average);
    }
}
```

이 코드에서는 java.util.Arrays 패키지의 stream() 메서드를 사용하여 배열을 스트림으로 변환하였습니다. 그런 다음 sum() 메서드를 사용하여 배열의 합계를 구하고, average() 메서드를 사용하여 평균을 구했습니다. average() 메서드는 OptionalDouble 객체를 반환하므로, orElse() 메서드를 사용하여 기본값(여기서는 0.0)을 설정했습니다.

스트림 API를 사용하면 코드가 더 간결하고 가독성이 높아집니다. 또한, 함수형 프로그래밍 패러다임을 사용하여 작성된 코드가 선언적이고 일관성이 있습니다.

활용법 4: 주석 삽입 요청하기

다음은 《Do it! 점프 투 자바》의 'Do it! 자바 코딩 면허 시험 15제' 중 13번 문제의 정답 코드 일부이다.

```
import java.util.ArrayList;

public class Sample {
    static boolean chkDupNum(String data) {
        ArrayList<String> result = new ArrayList<>();
        for (String c : data.split("")) {
            if (result.contains(c)) {
                return false;
            } else {
                result.add(c);
            }
        }
        return result.size() == 10;
    }
}
```

하지만 풀이를 살펴보아도 이해하기가 어렵다. 이해하기 어려운 코드를 보다 쉽게 이해하기 위해 챗GPT에 주석을 만들어 달라고 요청해 보자.

다음 코드에 주석을 달아 줄래?

```
import java.util.ArrayList;

public class Sample {
    static boolean chkDupNum(String data) {
        ArrayList<String> result = new ArrayList<>();
        for (String c : data.split("")) {
            if (result.contains(c)) {
                return false;
            } else {
                result.add(c);
            }
        }
        return result.size() == 10;
    }
}
```

그러면 챗GPT는 다음과 같이 주석이 추가된 코드를 보여 주고 코드에 대해서도 친절히 설명해 준다.

다음은 주석이 추가된 코드입니다:

```
import java.util.ArrayList;

public class Sample {
    // chkDupNum 메서드는 주어진 문자열(data)이 중복된 숫자를 포함하지 않고 
길이가 10인지 확인하는 메서드입니다.
    static boolean chkDupNum(String data) {
        // 결과를 저장할 ArrayList를 생성합니다.
        ArrayList<String> result = new ArrayList<>();
        // 문자열을 하나의 문자씩 나누어 반복문을 실행합니다.
        for (String c : data.split("")) {
            // 만약 result에 현재 문자(c)가 이미 포함되어 있다면, 중복된 숫
자가 있으므로 false를 반환합니다.
            if (result.contains(c)) {
                return false;
            } else {
                // result에 현재 문자(c)가 포함되어 있지 않다면, result에 
문자를 추가합니다.
                result.add(c);
            }
        }
        // 모든 문자를 검사한 후, result의 크기가 10인지 확인하여 true 또는 
false를 반환합니다.
        return result.size() == 10;
    }
}
```

이 코드는 주어진 문자열(data)에 중복되지 않은 숫자가 있는지 확인하고, 그 길이가 10인지 확인하는 chkDupNum 메서드를 정의합니다. 문자열에서 각 문자를 검사하고, result라는 ArrayList에 추가합니다. 중복된 숫자가 발견되면 메서드는 즉시 false를 반환하고, 모든 문자를 검사한 후에는 result의 크기가 10인지 확인하여 true 또는 false를 반환합니다.

활용법 5: 코드의 해석 요청하기

다음과 같이 자바에서 스트림으로 작성된 코드를 바로 이해하는 것은 쉽지 않다.

```
import java.util.Arrays;
import java.util.Comparator;

public class Sample {
   public static void main(String[] args) {
      int[] data = {5, 6, 4, 2, 3, 1, 1, 2, 2, 4, 8};
      int[] result = Arrays.stream(data)
            .boxed()
            .filter((a) -> a % 2 == 0)
            .distinct()
            .sorted(Comparator.reverseOrder())
            .mapToInt(Integer::intValue)
            .toArray()
            ;
   }
}
```

이와 같이 이해하기 어려운 코드가 있다면 챗GPT에게 해석을 부탁해 보자.

다음 코드를 해석해 줄래?

```
import java.util.Arrays;
import java.util.Comparator;

public class Sample {
   public static void main(String[] args) {
      int[] data = {5, 6, 4, 2, 3, 1, 1, 2, 2, 4, 8};
```

```
        int[] result = Arrays.stream(data)
                .boxed()
                .filter((a) -> a % 2 == 0)
                .distinct()
                .sorted(Comparator.reverseOrder())
                .mapToInt(Integer::intValue)
                .toArray()
                ;
    }
}
```

그러면 챗GPT는 다음과 같이 코드를 잘 설명해 줄 것이다.

이 코드는 주어진 정수 배열 data에서 짝수만 추출한 다음, 중복을 제거하고 내림차순으로 정렬하는 작업을 수행합니다. 결과는 새로운 정수 배열 result에 저장됩니다.
코드의 각 부분을 해석하면 다음과 같습니다:

1. int[] data는 처리할 정수 배열입니다.
2. Arrays.stream(data)는 data 배열을 스트림으로 변환합니다.
3. .boxed()는 기본 데이터 타입 (여기서는 int)인 스트림을 객체 타입인 Integer로 박싱합니다. 이렇게 하면 Comparator를 사용할 수 있습니다.
4. .filter((a) -> a % 2 == 0)는 스트림에서 짝수만 필터링합니다.
5. .distinct()는 중복되는 요소를 제거합니다.
6. .sorted(Comparator.reverseOrder())는 내림차순 정렬을 위해 Comparator.reverseOrder()를 사용하여 요소들을 정렬합니다.
7. .mapToInt(Integer::intValue)는 박싱된 Integer 객체를 기본 데이터 타입인 int로 언박싱합니다.
8. .toArray()는 스트림을 배열로 변환합니다.

이렇게 하면, result 배열에는 data 배열의 짝수 요소들이 중복을 제거한 후 내림차순으로 정렬되어 저장됩니다. 이 코드에서 result는 {8, 6, 4, 2}가 됩니다.

활용법 6: 기능 구현 요청하기

만약 여러분이 자바로 두 날짜의 차이를 구하는 기능을 구현해야 한다고 가정해 보자. 무작정 자바 코드로 구현하기보다는 라이브러리가 있는지도 궁금할 것이다. 이럴 때, 챗GPT에게 사용할 수 있는 라이브러리가 있는지 물어보고 또 예제 코드도 요청해 보자.

두 날짜의 차이를 구할 수 있는 자바 라이브러리를 알려 주고 예제도 보여 줘

그러면 챗GPT는 다음과 같이 답변할 것이다.

자바에서 두 날짜의 차이를 구하기 위해 java.time 패키지의 LocalDate 및 Period 클래스를 사용할 수 있습니다.
다음은 두 날짜의 차이를 구하는 예제 코드입니다:

```
import java.time.LocalDate;
import java.time.Period;

public class DateDifference {
    public static void main(String[] args) {
        // 두 날짜를 정의합니다.
        LocalDate date1 = LocalDate.of(2023, 4, 18);
        LocalDate date2 = LocalDate.of(2021, 9, 22);

        // 두 날짜의 차이를 구합니다.
        Period period = Period.between(date1, date2);

        // 결과를 출력합니다.
        System.out.println("두 날짜의 차이: ");
        System.out.println("년: " + period.getYears());
        System.out.println("월: " + period.getMonths());
        System.out.println("일: " + period.getDays());
    }
}
```

이 예제 코드에서는 LocalDate.of() 메서드를 사용하여 두 개의 날짜 객체를 생성합니다. 그런 다음 Period.between() 메서드를 사용하여 두 날짜의 차이를 계산하고, Period 객체를 반환받습니다. 마지막으로 Period 객체의 getYears(), getMonths()

및 getDays() 메서드를 사용하여 년, 월, 일의 차이를 출력합니다.
참고로, 두 날짜의 차이를 일 수로 계산하려면 java.time.temporal.ChronoUnit 클래스를 사용할 수도 있습니다.

```
import java.time.LocalDate;
import java.time.temporal.ChronoUnit;

public class DateDifference {
    public static void main(String[] args) {
        // 두 날짜를 정의합니다.
        LocalDate date1 = LocalDate.of(2023, 4, 18);
        LocalDate date2 = LocalDate.of(2021, 9, 22);

        // 두 날짜의 차이를 일 수로 구합니다.
        long daysDifference = ChronoUnit.DAYS.between(date1, date2);

        // 결과를 출력합니다.
        System.out.println("두 날짜의 차이 (일): " + daysDifference);
    }
}
```

이 예제 코드에서는 ChronoUnit.DAYS.between() 메서드를 사용하여 두 날짜의 차이를 일 수로 계산합니다.

이 외에도 챗GPT를 활용할 수 있는 방법은 무궁무진해! 챗GPT를 우리의 자바 도우미로 만들어 친하게 지내 보자.

정답 및 풀이 | 되새김 문제 및 자바 코딩 면허 시험 15제

03장 • 되새김 문제 정답 및 풀이

106~111쪽

Q1 평균 점수 구하기 1

```
public class Sample {
    public static void main(String[] args) {
        int a = 80;
        int b = 75;
        int c = 55;
        System.out.println((a + b + c) / 3);
    }
}
```

```
70
```

Q2 홀수/짝수 판별하기 1

나머지 연산자(%)를 사용하면 자연수의 홀수, 짝수를 쉽게 판별할 수 있다.

```
public class Sample {
    public static void main(String[] args) {
        System.out.println(1 % 2);  ← 1을 출력
        System.out.println(2 % 2);  ← 0을 출력
        System.out.println(3 % 2);  ← 1을 출력
        System.out.println(4 % 2);  ← 0을 출력
    }
}
```

```
1
0
1
0
```

Q3 주민 등록 번호 나누기

```
public class Sample {
    public static void main(String[] args) {
        String pin = "881120-1068234";
        String yyyyMMdd = pin.substring(0, 6);
        String num = pin.substring(7);
        System.out.println(yyyyMMdd);   ← 881120을 출력
        System.out.println(num);   ← 1068234를 출력
    }
}
```

```
881120
1068234
```

Q4 원하는 숫자 추출하기

성별을 나타내는 숫자는 -(하이픈) 다음에 위치한 여덟 번째 숫자이므로 인덱스 7에 해당하는 문자를 charAt 메서드로 찾아 출력한다.

```
public class Sample {
    public static void main(String[] args) {
        String pin = "881120-1068234";
        System.out.println(pin.charAt(7));
    }
}
```

```
1
```

Q5 문자열 바꾸기

```
public class Sample {
    public static void main(String[] args) {
        String a = "a:b:c:d";
        String b = a.replaceAll(":", "#");
        System.out.println(b);
    }
}
```

```
a#b#c#d
```

Q6 리스트를 역순으로 정렬하기

ArrayList의 sort 메서드를 사용하여 리스트 값을 역순으로 정렬한다.

```
(... 생략 ...)

public class Sample {
  public static void main(String[] args) {
    ArrayList<Integer> myList = new ArrayList<>(Arrays.asList(1, 3, 5, 4, 2));
    myList.sort(Comparator.reverseOrder());    <- 역순으로 정렬
    System.out.println(myList);
  }
}
```

```
[5, 4, 3, 2, 1]
```

Q7 리스트를 문자열로 만들기

myList 리스트의 각 단어들을 한 문장으로 만들기 위해 단어와 단어 사이에 공백을 넣어 주어야 한다. 이때 String.join 메서드를 사용해 1개의 공백 문자(" ")를 구분자로 끼워 넣을 수 있다.

```
(... 생략 ...)

public class Sample {
  public static void main(String[] args) {
    ArrayList<String> myList = new ArrayList<>(Arrays.asList("Life", "is", "too",
"short"));
    String result = String.join(" ", myList);
    System.out.println(result);
  }
}
```

```
Life is too short
```

Q8 맵에서 값 삭제하기

'B' 키 값에 해당되는 값이 리턴되고, 맵 grade에서는 그 값이 제거되는 것을 확인할 수 있다.

```
import java.util.HashMap;

public class Sample {
    public static void main(String[] args) {
        HashMap<String, Integer> grade = new HashMap<>();
        grade.put("A", 90);
        grade.put("B", 80);
        grade.put("C", 70);
        int result = grade.remove("B");
        System.out.println(result);          <- 80을 출력
        System.out.println(grade);           <- {A=90, C=70}을 출력
    }
}
```

```
80
{A=90, C=70}
```

Q9 중복 숫자 제거하기

리스트 자료형을 집합 자료형으로 바꾸면 중복된 값이 사라진다. 이와 같은 특징을 활용하면 리스트 내에 중복된 값을 쉽게 제거할 수 있다.

```
(... 생략 ...)

public class Sample {
    public static void main(String[] args) {
        ArrayList<Integer> numbers = new ArrayList<>(Arrays.asList(1, 1, 1, 2, 2, 3, 3,
3, 4, 4, 5));
        HashSet<Integer> temp = new HashSet(numbers);        <- List를 Set으로 변경
        ArrayList<Integer> result = new ArrayList<>(temp);   <- Set을 다시 List로 변경
        System.out.println(result);
    }
}
```

```
[1, 2, 3, 4, 5]
```

Q10 매직 넘버 제거하기

enum을 사용하여 1, 2, 3과 같은 매직 넘버를 제거했다. 이와 함께 99와 같은 엉뚱한 값에 의한 오류도 발생하지 않도록 프로그램을 개선하였다.

```
import java.util.HashMap;

public class Sample {
  enum CoffeeType {
    AMERICANO,
    ICE_AMERICANO,
    CAFE_LATTE
  };

  static void printCoffeePrice(CoffeeType type) {
    HashMap<CoffeeType, Integer> priceMap = new HashMap<>();
    priceMap.put(CoffeeType.AMERICANO, 3000); ← 1: 아메리카노
    priceMap.put(CoffeeType.ICE_AMERICANO, 4000); ← 2: 아이스 아메리카노
    priceMap.put(CoffeeType.CAFE_LATTE, 5000); ← 3: 카페라떼
    int price = priceMap.get(type);
    System.out.println(String.format("가격은 %d원입니다.", price)); ← 가격 출력
  }

  public static void main(String[] args) {
    printCoffeePrice(CoffeeType.AMERICANO);
    printCoffeePrice(99); ← 이해를 돕기 위해 여기에는 그대로 적었지만 이 문장을 삭제해야 오류가 발생하지 않는다.
  }
}
```

```
가격은 3000원입니다.
```

04장 • 되새김 문제 정답 및 풀이

134~137쪽

Q1 조건문의 참과 거짓 판단하기

```
everywhere
```

이와 같은 결과가 출력된 이유를 설명하면,

1. 첫 번째 조건에 따라 'wife' 라는 단어가 a 문자열에 없으므로 거짓이다.
2. 두 번째 조건에 따라 'once' 라는 단어가 a 문자열에 있지만 'run' 또한 a 문자열에 있으므로 거짓이다.
3. 세 번째 조건에 따라 'everywhere' 라는 단어가 a 문자열에 없으므로 참이다.
4. 네 번째 조건에 따라 'anywhere' 라는 단어가 a 문자열에 있으므로 참이다.

이때 가장 먼저 참이 되는 것이 세 번째 조건이므로 'everywhere' 가 출력된다.

Q2 3의 배수의 합 구하기

3의 배수는 3으로 나누어떨어지는 수이다. 이와 같은 특징을 활용하여 코드를 완성하면 다음과 같다.

```java
public class Sample {
  public static void main(String[] args) {
    int result = 0;
    int i = 1;
    while (i <= 1000) {
      if (i % 3 == 0) {    // 3으로 나누어떨어지는 수가 바로 3의 배수!
        result += i;
      }
      i += 1;
    }
    System.out.println(result);
  }
}
```

```
166833
```

Q3 별 표시하기

while 문을 수행할 때마다 i값을 증가시킨다. 별(*) 모양을 5번 출력해야 하므로 i값이 5보다 클 경우 while 문을 벗어나도록 한다. 별(*) 모양을 i 값만큼 출력하기 위해서 for 문을 사용하여 i값만큼 별(*)을 출력하였다. 별(*)을 출력 후에는 줄바꿈을 하기 위해 빈 문자열을 출력하였다.

```
public class Sample {
  public static void main(String[] args) {
    int i = 0;
    while (true) {
      i += 1;           <- while 문 수행 시 1씩 증가
      if (i > 5) {      <- i값이 5보다 크면 while 문을 벗어남
        break;
      }
      for (int j = 0; j < i; j++) {      <- i값만큼 *을 출력
        System.out.print('*');           <- 줄바꿈 문자를 제거하기 위해 print 사용
      }
      System.out.println("");            <- 여기서는 줄바꿈 문자를 출력하기 위해 println 사용
    }
  }
}
```

Q4 1부터 100까지 출력하기

```
public class Sample {
  public static void main(String[] args) {
    for (int i = 1; i < 101; i++) {
      System.out.println(i);
    }
  }
}
```

```
1
2
3
⋮
100
```

Q5 평균 점수 구하기 2

for each 문을 사용하여 A 학급 학생들의 점수를 모두 더한 총 점수를 총 학생 수로 나누어 평균 점수를 구한다. total / marks.length에서 정수를 정수로 나눈 결과 또한 정수이므로 이를 실수로 변경하기 위해 (float)과 같이 캐스팅해 주었다.

```
public class Sample {
  public static void main(String[] args) {
    int[] marks = {70, 60, 55, 75, 95, 90, 80, 80, 85, 100};
    int total = 0;
    for (int mark: marks) {      <- for each 문 사용
      total += mark;
    }
    float average = (float) total / marks.length;
    System.out.println(average);
  }
}
```

```
79.0
```

05장 • 되새김 문제 정답 및 풀이

207~214쪽

Q1 클래스 상속하고 메서드 추가하기

다음과 같이 Calculator 클래스를 상속하고 minus 메서드를 구현한 UpgradeCalculator 클래스를 작성한다.

```
(... 생략 ...)

class UpgradeCalculator extends Calculator {
    void minus(int val) {
        this.value -= val;
    }
}

public class Sample {
    public static void main(String[] args) {
        UpgradeCalculator cal = new UpgradeCalculator();
        cal.add(10);
        cal.minus(3);
        System.out.println(cal.getValue());
    }
}
```

```
7
```

Q2 클래스 상속하고 메서드 오버라이딩하기

다음과 같이 Calculator 클래스를 상속하고 add 메서드를 오버라이딩하여 다음과 같은 MaxLimitCalculator 클래스를 만든다.

```
(... 생략 ...)

class MaxLimitCalculator extends Calculator {
    void add(int val) {
        this.value += val;
        if (this.value > 100) {
            this.value = 100;
```

```
    }
  }
}

public class Sample {
  public static void main(String[] args) {
    MaxLimitCalculator cal = new MaxLimitCalculator();
    cal.add(50); // 50 더하기
    cal.add(60); // 60 더하기
    System.out.println(cal.getValue());
  }
}
```

```
100
```

Q3 홀수/짝수 판별하기 2

다음과 같이 Calculator 클래스에 isOdd 메서드를 구현한다.

```
class Calculator {
  boolean isOdd(int num) {
    return num % 2 == 1;
  }
}

public class Sample {
  public static void main(String[] args) {
    Calculator cal = new Calculator();
    System.out.println(cal.isOdd(3));
    System.out.println(cal.isOdd(4));
  }
}
```

Q4 메서드 오버로딩하기

입력 항목이 int[] 또는 ArrayList<Integer>을 모두 처리할 수 있는 avg 메서드를 오버로딩하여 생성한다.

```
import java.util.ArrayList;
import java.util.Arrays;

class Calculator {
  int avg(int[] data) {
    int total = 0;
    for (int num : data) {
      total += num;
    }
    return total / data.length;
  }

  int avg(ArrayList<Integer> data) {
    int total = 0;
    for (int num : data) {
      total += num;
    }
    return total / data.size();
  }
}

public class Sample {
  public static void main(String[] args) {
    Calculator cal = new Calculator();      ← 5를 출력

    int[] data1 = {1, 3, 5, 7, 9};
    int result1 = cal.avg(data1);
    System.out.println(result1);      ← 5를 출력

    ArrayList<Integer> data2 = new ArrayList<>(Arrays.asList(1, 3, 5, 7, 9));
    int result2 = cal.avg(data2);
    System.out.println(result2);
  }
}
```

```
5
5
```

Q5 리스트와 객체 확인하기

```
4
```

이와 같이 4가 출력된다. 왜냐하면 a와 b는 모두 동일한 리스트 객체를 가리키고 있기 때문이다. 동일한 객체인지를 확인하기 위해 다음과 같이 출력해 보자.

```
import java.util.ArrayList;
import java.util.Arrays;

public class Sample {
  public static void main(String[] args) {
    ArrayList<Integer> a = new ArrayList<>(Arrays.asList(1, 2, 3));
    ArrayList<Integer> b = a;
    a.add(4);
    System.out.println(a==b);      ← true를 출력
  }
}
```

a와 b가 동일한 객체이기 때문에 true가 출력된다.

만약 b 객체를 a 객체와 동일한 값을 가지지만 독립적으로 생성하고 싶다면 다음과 같이 코드를 수정해야 한다.

```
import java.util.ArrayList;
import java.util.Arrays;

public class Sample {
  public static void main(String[] args) {
    ArrayList<Integer> a = new ArrayList<>(Arrays.asList(1, 2, 3));
    ArrayList<Integer> b = new ArrayList<>(a);
    a.add(4);
    System.out.println(b.size());      ← 3을 출력
    System.out.println(a == b);      ← false를 출력
  }
}
```

b 객체를 생성할 때 a 객체의 데이터를 기반으로 신규 객체로 생성했다. 이렇게 하면 a 객체에 요소를 추가해도 b 객체에는 변화가 없고 a == b 로 동일한 객체인지 확인해 보면 다르다는 것을 알 수 있다.

Q6 생성자와 초깃값 설정하기

Integer 자료형에 값이 대입되지 않을 경우 null이기 때문에 add 메서드에서 null에 값을 더하려고 하면 NullPointerException 오류가 발생한다. 따라서 다음과 같이 Calculator 클래스의 생성자를 만들고 초깃값을 설정해야 한다.

```
class Calculator {
    Integer value;

    Calculator() {
        this.value = 0;
    }

    void add(int val) {
        this.value += val;
    }

    public Integer getValue() {
        return this.value;
    }
}

public class Sample {
    (... 생략 ...)
}
```

```
3
```

Q7 인터페이스 사용하기

다음과 같이 Mineral 인터페이스를 생성하고 광물의 가치를 리턴하는 getValue 메서드를 선언하고 각각의 광물 클래스(Gold, Silver, Bronze)는 Mineral 인터페이스를 구현하도록 한다. MineralCalculator 클래스의 add 메서드는 모든 광물을 오버로딩하지 않고 Mineral 인터페이스의 객체만 처리하도록 수정한다.

```
interface Mineral {
  int getValue();
}

class Gold implements Mineral {
  public int getValue() {
    return 100;
  }
}

class Silver implements Mineral {
  public int getValue() {
    return 90;
  }
}

class Bronze implements Mineral {
  public int getValue() {
    return 80;
  }
}

class MineralCalculator {
  int value = 0;

  public void add(Mineral mineral) {
    this.value += mineral.getValue();
  }

  public int getValue() {
```

```
        return this.value;
    }
}

(... 생략 ...)
```

```
270
```

Q8 오류 찾기 1

❹에서 오류가 발생한다. Dog 클래스는 Animal의 자식 클래스로 IS-A 관계가 성립될 수 없기 때문이다. 나머지는 모두 IS-A 관계가 성립한다.

```
(... 생략 ...)

public class Sample {
    public static void main(String[] args) {
        ❶Animal a = new Animal();
        ❷Animal b = new Dog();
        ❸Animal c = new Lion();
        ❹Dog d = new Animal();
        ❺Predator e = new Lion();
```

Q9 오류 찾기 2

❷와 ❺에서 오류가 발생한다. ❷에서 오류가 발생하는 이유는 a 객체가 Animal 타입으로 생성되었기 때문이다. Animal 타입의 객체는 hello 메서드만 사용이 가능하다.

❺에서 오류가 발생하는 이유는 c 객체가 Predator 타입으로 생성되었기 때문이다. Predator 타입의 객체는 bark 메서드만 사용이 가능하다.

```
(... 생략 ...)

public class Sample {
  public static void main(String[] args) {
    Animal a = new Lion();
    Lion b = new Lion();
    Predator c = new Lion();

    ❶System.out.println(a.hello());
    ❷System.out.println(a.bark());
    ❸System.out.println(b.hello());
    ❹System.out.println(b.bark());
    ❺System.out.println(c.hello());
    ❻System.out.println(c.bark());
  }
}
```

06장 • 되새김 문제 정답 및 풀이

232~235쪽

Q1 입력 숫자의 합 구하기

다음과 같이 Scanner의 nextInt 메서드를 사용하여 숫자를 입력받고 합계를 구하여 출력한다.

```
import java.util.Scanner;

public class Sample {
  public static void main(String[] args) {
    Scanner sc = new Scanner(System.in);
    System.out.print("첫 번째 숫자를 입력하세요:");
    int first = sc.nextInt();
    System.out.print("두 번째 숫자를 입력하세요:");
    int second = sc.nextInt();

    int result = first + second;
    System.out.printf("%d + %d = %d입니다.%n", first, second, result);
  }
}
```

```
첫 번째 숫자를 입력하세요: 10
두 번째 숫자를 입력하세요: 20
10 + 20 = 30입니다.
```

Q2 입력한 영문을 대문자로 변경하기

Scanner의 nextLine 메서드를 사용하여 영어 문장을 입력받아 대문자로 변경하여 출력한다. 만약 'END'가 입력되면 루프에서 빠져나와 프로그램을 종료한다.

```
import java.util.Scanner;

public class Sample {
    public static void main(String[] args) {
        while (true) {
            Scanner sc = new Scanner(System.in);
            System.out.print("영어 문장을 입력하세요:");
            String line = sc.nextLine();
            if ("END".equals(line)) {
                break;
            }
            System.out.println(line.toUpperCase());
        }
    }
}
```

```
영어 문장을 입력하세요:easyspublishing
EASYSPUBLISHING
영어 문장을 입력하세요:END
```

Q3 오류 수정하기

파일을 쓰거나 읽은 후에는 반드시 close 메서드로 파일 처리를 종료해야 한다.

```
(... 생략 ...)

public class Sample {
    public static void main(String[] args) throws IOException {
        FileWriter fw = new FileWriter("sample.txt");
        fw.write("Write once, run anywhere");
        fw.close();

        BufferedReader br = new BufferedReader(new FileReader("sample.txt"));
        String line = br.readLine();
        System.out.println(line);
        br.close();
    }
}
```

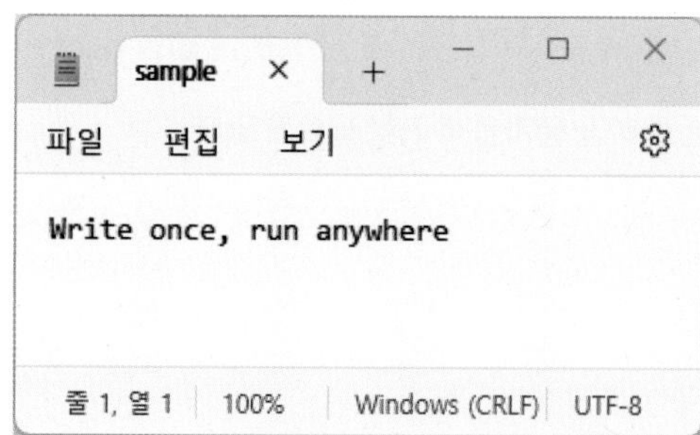

Q4 사용자의 입력을 파일에 저장하기

FileWriter의 두 번째 파라미터에 true를 전달하면 파일 내용이 초기화되지 않고 이어서 추가된다. 이때 추가되는 문장을 기존에 입력된 문장과 구분하기 위해 입력한 문장 뒤에 줄바꿈 문자를 삽입하였다.

```
import java.io.FileWriter;
import java.io.IOException;
import java.util.Scanner;

public class Sample {
    public static void main(String[] args) throws IOException {
        FileWriter fw = new FileWriter("sample.txt", true);
        System.out.print("문장을 입력하세요:");
        Scanner sc = new Scanner(System.in);
        String line = sc.nextLine();
        fw.write(String.format("%s\n", line));
        fw.close();
    }
}
```

다음은 PrintWriter를 사용하는 방법이다. PrintWriter는 줄바꿈 문자를 추가할 필요가 없다.

```
import java.io.FileWriter;
import java.io.IOException;
import java.io.PrintWriter;
import java.util.Scanner;

public class Sample {
    public static void main(String[] args) throws IOException {
        PrintWriter pw = new PrintWriter(new FileWriter("sample.txt", true));
        System.out.print("문장을 입력하세요:");
        Scanner sc = new Scanner(System.in);
        String line = sc.nextLine();
        pw.println(line);
        pw.close();
    }
}
```

Q5 파일 내용 바꾸어 저장하기

sample.txt 파일을 줄 단위로 읽어 리스트에 저장하고 문자열로 변경한 후, 문자열 python을 java로 변경하여 다시 sample.txt 파일에 내용을 저장한다. 이때 파일의 내용을 한 줄 단위로 읽어 리스트에 저장했기 때문에 리스트 데이터를 다시 문자열로 만들 때에는 반드시 줄바꿈 문자를 포함하여 만들어야 한다.

```
import java.io.BufferedReader;
import java.io.FileReader;
import java.io.FileWriter;
import java.io.IOException;
import java.util.ArrayList;

public class Sample {
  public static void main(String[] args) throws IOException {
    // sample.txt 파일을 읽어 줄 단위로 리스트 변수에 저장한다.
    ArrayList<String> data = new ArrayList<>();
    BufferedReader br = new BufferedReader(new FileReader("sample.txt"));
    while(true) {
      String line = br.readLine();
      if (line==null) break;
      data.add(line);
    }
    br.close();

    // 줄 단위로 읽으면 줄바꿈 문자가 없어지므로 줄바꿈 문자를 포함한다.
    String text = String.join("\n", data);
```

```
        // python이라는 단어를 java로 변경한다.
        text = text.replaceAll("python", "java");

        // 변경된 내용을 다시 파일에 적는다.
        FileWriter fw = new FileWriter("sample.txt");
        fw.write(text);
        fw.close();
    }
}
```

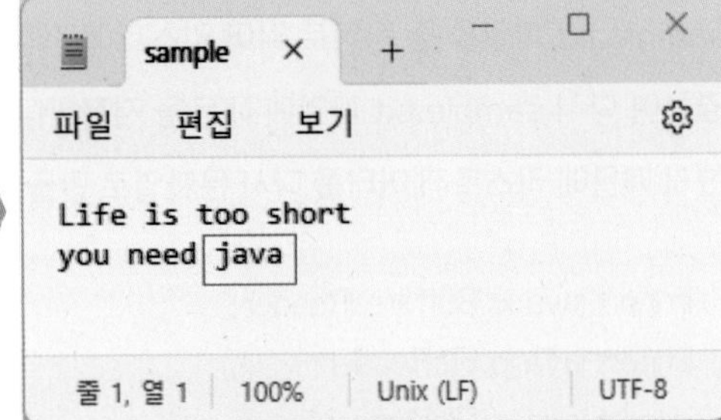

07장 • 되새김 문제 정답 및 풀이

281~285쪽

Q1 패키지 오류 수정하기

HousePark 클래스는 house 패키지 하위에 있으므로 다음과 같이 import 문을 수정해야 한다.

```
import house.HousePark;

(... 생략 ...)
```

Q2 예외 처리하기

정수 배열 a의 크기는 3이기 때문에 a[3]을 작성해 4번째 요소를 얻으려 하면 ArrayIndexOutOfBoundsException 예외가 발생한다. 문자열 값이 들어 있는 리스트 c에서 (int) c.get(0)와 같이 문자열을 정수로 바꾸려고 하면 ClassCastException이 발생한다. 그리고 4를 0으로 나누려고 하면 ArithmeticException이 발생한다.

이처럼 많은 부분에서 예외가 발생하지만 가장 먼저 ArrayIndexOutOfBoundsException이 발생했기 때문에 int b = a[3]; 이후의 문장들은 수행되지 않는다. 결국 ArrayIndexOutOfBoundsException 예외를 처리한 문장이 수행되고 예외와 상관없이 finally 문장이 수행되므로 result는 7이 된다.

```
import java.util.ArrayList;
import java.util.Arrays;

public class Sample {
  public static void main(String[] args) {
    int result = 0;
    try {
      int[] a = {1, 2, 3};
      int b = a[3];            <- ArrayIndexOutOfBoundsException 발생
      ArrayList c = new ArrayList(Arrays.asList("3"));
      int d = (int) c.get(0);  <- ClassCastException 발생
      int e = 4 / 0;           <- ArithmeticException 발생
    } catch (ClassCastException e) {
      result += 1;
```

```
        } catch (ArithmeticException e) {
            result += 2;
        } catch (ArrayIndexOutOfBoundsException e) {
            result += 3;
        } finally {          ← 예외와 상관없이 항상 수행
            result += 4;
        }
        System.out.println(result);
    }
}
```

```
7
```

Q3 스레드 적용하기

스레드를 사용하여 다음과 같이 코드를 수정해 보자.

```
import java.util.ArrayList;

class HeavyWork implements Runnable {
    String name;

    HeavyWork(String name) {
        this.name = name;
    }

    @Override
    public void run() {
        work();
    }

    public void work() {
        for (int i = 0; i < 5; i++) {
            try {
                Thread.sleep(100);
            } catch (Exception e) {
```

```
            }
        }
        System.out.printf("%s done.\n", this.name);
    }
}


public class Sample {
    public static void main(String[] args) throws InterruptedException {
        long start = System.currentTimeMillis();
        ArrayList<Thread> threads = new ArrayList<>();   ← 스레드를 저장할 리스트를 생성
        for (int i = 1; i < 5; i++) {
            Thread t = new Thread(new HeavyWork("w" + i));
            threads.add(t);   ← 스레드를 저장
            t.start();
        }
        for (Thread t : threads) {
            t.join();   ← 저장한 스레드가 종료될 때까지 대기
        }
        long end = System.currentTimeMillis();
        System.out.printf("elapsed time: %s ms\n", end - start);
    }
}
```

모든 스레드가 완전히 종료되는 것을 확인하기 위해 threads 객체에 스레드를 저장한 후 join 메서드로 스레드가 종료될 때까지 대기하였다. 이렇게 코드를 수정하고 실행하면 다음과 같은 결과가 출력된다.

```
w1 done.
w4 done.
w2 done.
w3 done.
elapsed time: 533 ms
```

work 메서드가 동시에 수행되어 0.5초 정도 소요된 것을 확인할 수 있다.

Q4 함수형 프로그래밍 활용하기 1

```
import java.util.Arrays;

public class Sample {
  public static void main(String[] args) {
    int[] numbers = {1, -2, 3, -5, 8, -3};
    int[] result = Arrays.stream(numbers)     <- IntSteam을 생성
        .filter((a) -> a >= 0)     <- 음수를 제거
        .toArray()     <- int[] 배열로 반환
        ;
  }
}
```

Q5 함수형 프로그래밍 활용하기 2

```
import java.util.Arrays;

public class Sample {
  public static void main(String[] args) {
    int[] numbers = {1, 2, 3, 4, 5};
    int[] result = Arrays.stream(numbers)     <- IntSteam을 생성
        .filter((a) -> a % 2 == 1)     <- 홀수만 취합
        .map((a) -> a * 2)     <- 각 항목에 2를 곱함
        .toArray()     <- int[] 배열로 반환
        ;
  }
}
```

자바 코딩 면허 시험 15제 정답 및 풀이

305~310쪽

Q1 문자열 바꾸기

문자열을 ':(콜론)' 문자로 분리한 후 '#' 문자를 삽입하여 다시 합친다.

```
public class Sample {
    public static void main(String[] args) {
        String a = "a:b:c:d";
        String[] temp = a.split(":");            // ':'로 분리
        String result = String.join("#", temp);  // '#'으로 합침
        System.out.println(result);              // a#b#c#d#으로 출력
    }
}
```

Q2 맵에서 값 추출하기

get 대신 getOrDefault 메서드를 사용한다.

```
import java.util.HashMap;

public class Sample {
    public static void main(String[] args) {
        HashMap<String, Integer> a = new HashMap<>();
        a.put("A", 90);
        a.put("B", 80);
        System.out.println(a.getOrDefault("C", 70));
    }
}
```

```
70
```

Q3 50점 이상인 점수의 총합 구하기

다음은 점수의 총합을 구하는 일반적인 해법이다.

```
public class Sample {
  public static void main(String[] args) {
    int[] A = {20, 55, 67, 82, 45, 33, 90, 87, 100, 25};
    int total = 0;
    for (int a : A) {
      if (a >= 50) {
        total += a;
      }
    }
    System.out.println(total);    ← 481 출력
  }
}
```

함수형 프로그래밍을 사용하면 다음과 같이 조금 더 간단하게 해결할 수 있다.

```
import java.util.Arrays;

public class Sample {
  public static void main(String[] args) {
    int[] A = {20, 55, 67, 82, 45, 33, 90, 87, 100, 25};
    int total = Arrays.stream(A).filter((a) -> a >= 50).sum();
    System.out.println(total);    ← 481 출력
  }
}
```

```
481
```

Q4 피보나치 수열 출력하기

피보나치 수열은 다음과 같은 순서로 결괏값을 반환한다.

1. fib(0) → 0 반환
2. fib(1) → 1 반환
3. fib(2) → fib(0) + fib(1) → 0 + 1 → 1 반환
4. fib(3) → fib(1) + fib(2) → 1 + 1 → 2 반환
5. fib(4) → fib(2) + fib(3) → 1 + 2 → 3 반환
6. …

n이 0일 때는 0을 반환, 1일 때는 1을 반환한다. n이 2 이상일 경우에는 이전의 두 값을 더하여 반환한다. 재귀 호출을 사용하면 피보나치 메서드를 다음과 같이 간단하게 작성할 수 있다.

```
public class Sample {
  static int fib(int n) {
    if (n == 0) {         ← n이 0일 때는 0을 반환
      return 0;
    } else if (n == 1) {  ← n이 1일 때는 1을 반환
      return 1;
    } else {              ← n이 2 이상일 때는 그 이전의 두 값을 더해 반환
      return fib(n - 2) + fib(n - 1);
    }
  }

  public static void main(String[] args) {
    for (int i = 0; i < 10; i++) {
      System.out.println(fib(i));
    }
  }
}
```

```
0
1
1
2
3
5
8
13
21
34
```

재귀 호출이란 자기 자신을 다시 호출하는 프로그래밍 기법이다. 이 코드에서 보면 fib 메서드에서 다시 자기 자신인 fib 메서드를 호출하는 것이 바로 재귀 호출이다.

Q5 한 줄 구구단 만들기

```
import java.util.Scanner;

public class Sample {
  public static void main(String[] args) {
    Scanner sc = new Scanner(System.in);
    System.out.print("구구단을 출력할 숫자를 입력하세요(2~9):");
    int num = sc.nextInt();        ← 사용자로부터 숫자 입력을 받음
    for (int i = 1; i < 10; i++) {
      System.out.printf("%d ", i * num);        ← 공백을 포함하여 구구단 출력
    }
  }
}
```

Q6 입력 숫자의 총합 구하기

숫자 문자열을 정수로 바꿀 때에는 Integer.parseInt(문자열)을 사용한다.

```
import java.util.Scanner;

public class Sample {
  public static void main(String[] args) {
    Scanner sc = new Scanner(System.in);
    System.out.print("입력해 주세요:");
    String userInput = sc.nextLine();        ← 사용자로부터 한 줄을 입력 받음
    String[] numbers = userInput.split(",");        ← ',(콤마)'로 구분
    int total = 0;
    for(String num: numbers) {
      num = num.trim();        ← 숫자 문자의 공백 제거
      int n = Integer.parseInt(num);        ← 숫자 문자를 정수로 변환
      total += n;
    }
    System.out.printf("총합은 %d 입니다.\n", total);
  }
}
```

```
입력해 주세요:65,45,2,3,45,8
총합은 168 입니다.
```

Q7 파일을 읽어 역순으로 저장하기

파일을 읽어 줄 단위로 리스트에 저장한 후 역순으로 정렬한다. 그리고 정렬된 데이터를 정렬된 순서로 result.txt 파일에 저장한다.

```
import java.io.BufferedReader;
import java.io.FileReader;
import java.io.IOException;
import java.io.PrintWriter;
import java.util.ArrayList;
import java.util.Comparator;

public class Sample {
  public static void main(String[] args) throws IOException {
    ArrayList<String> lines = new ArrayList<>();

    BufferedReader br = new BufferedReader(new FileReader("abc.txt"));
    while (true) {
      String line = br.readLine();
      if (line == null) break;
      lines.add(line);
    }
    br.close();

    lines.sort(Comparator.reverseOrder());

    // 정렬된 내용을 result.txt에 저장한다.
    PrintWriter pw = new PrintWriter("result.txt");
    for (String line : lines) {
      pw.println(line);
    }
    pw.close();
  }
}
```

파일을 읽어 각 라인을 lines에 저장

역순으로 정렬

정렬된 내용을 result.txt에 저장

abc.txt 파일은 프로그램을 수행하는 위치에 있어야 한다. 만약 인텔리제이의 경우에 c:/projects/jump2java/src/Sample.java와 같은 파일을 작성하여 실행한다면 abc.txt 파일은 c:/projects/jump2java/abc.txt 위치에 존재해야 한다.

Q8 파일을 읽어 평균 값 저장하기

파일을 읽어 줄 단위로 저장한 후 문자열을 숫자로 변환하여 총합과 평균값을 구한다. 그리고 계산된 평균값을 result.txt 파일에 저장한다.

```
import java.io.BufferedReader;
import java.io.FileReader;
import java.io.IOException;
import java.io.PrintWriter;
import java.util.ArrayList;

public class Sample {
  public static void main(String[] args) throws IOException {
    ArrayList<String> lines = new ArrayList<>();

    BufferedReader br = new BufferedReader(new FileReader("sample.txt"));
    while (true) {
      String line = br.readLine();
      if (line == null) break;
      lines.add(line);
    }
    br.close();

    int total = 0;
    for (String line : lines) {
      line = line.trim();               <- 공백을 제거
      int num = Integer.parseInt(line);    <- 문자열을 숫자로 변환
      total += num;
    }
    float average = (float) total / lines.size();    <- 평균값은 실수로 계산
    System.out.printf("총합:%d, 평균:%.2f\n", total, average);

    PrintWriter pw = new PrintWriter("result.txt");
    pw.write(String.format("%.2f", average));    <- 실수를 문자열로 변환하여 저장
    pw.close();
  }
}
```

(파일을 읽어 각 라인을 lines에 저장)

(총합과 평균값을 계산)

(평균값을 result.txt에 저장)

Q9 계산기 만들기

```
import java.util.Arrays;

class Calculator {
  int[] data;
  public Calculator(int[] data) {
    this.data = data;
  }

  public int sum() {
    return Arrays.stream(data).sum();
  }

  public float avg() {
    return (float) sum() / data.length;
  }
}

public class Sample {
  public static void main(String[] args) {
    int[] data1 = {1,2,3,4,5};

    Calculator cal1 = new Calculator(data1);
    System.out.println(cal1.sum());     <- 15를 출력
    System.out.println(cal1.avg());     <- 3.0을 출력

    int[] data2 = {6,7,8,9,10};

    Calculator cal2 = new Calculator(data2);
    System.out.println(cal2.sum());     <- 40을 출력
    System.out.println(cal2.avg());     <- 8.0을 출력
  }
}
```

```
15
3.0
40
8.0
```

Q10 오류에 상관없이 모두 수행하기

다음은 첫 번째 방법으로 try 문을 for 문 안쪽에 삽입하는 방법이다.

```
(... 생략 ...)

public class Sample {
  static void execute(int n) throws OddException {
    System.out.printf("입력 숫자: %d\n", n);
    if (n % 2 == 1) {
      throw new OddException();
    }
    System.out.println("짝수입니다.");
  }

  public static void main(String[] args) {
    Random r = new Random();
    for (int i = 0; i < 10; i++) {
      try {
        execute(r.nextInt(10));
      } catch (OddException e) {
        e.printStackTrace();
      }
    }
  }
}
```

for 문 안쪽에 try ... catch 문을 위치시킴

다음은 두 번째 방법으로 execute 메서드에서 OddException을 throws하지 않고 직접 처리하는 방법이다.

```
(... 생략 ...)

public class Sample {
  static void execute(int n) {          ← execute 메서드 내에서
                                          OddException을 직접 처리
    System.out.printf("입력 숫자: %d\n", n);
    try {
      if (n % 2 == 1) {
        throw new OddException();
      }
      System.out.println("짝수입니다.");
    } catch (OddException e) {
      e.printStackTrace();
    }
  }

  public static void main(String[] args) {
    Random r = new Random();
    for (int i = 0; i < 10; i++) {
      execute(r.nextInt(10));
    }
  }
}
```

Q11 dashInsert 메서드 만들기

```
import java.util.ArrayList;
import java.util.Arrays;

public class Sample {
  static String dashInsert(String data) {
    int[] numbers = Arrays.stream(data.split(""))    ← 숫자 문자열을 정수 배열로 변경
        .mapToInt(Integer::parseInt)
        .toArray();
    ArrayList<String> resultList = new ArrayList<>();
    for (int i = 0; i < numbers.length; i++) {
      resultList.add("" + numbers[i]);
      if (i < numbers.length - 1) {    ← 다음 수가 있다면
        boolean isOdd = numbers[i] % 2 == 1;    ← 현재 수가 홀수인지를 판단
        boolean isNextOdd = numbers[i + 1] % 2 == 1;    ← 다음 수가 홀수인지를 판단

        if (isOdd && isNextOdd) {    ← 두 수가 연속해서 홀수인 경우
          resultList.add("-");

        } else if (!isOdd && !isNextOdd) {    ← 두 수가 연속해서 짝수인 경우
          resultList.add("*");
        }
      }
    }
    return String.join("", resultList);
  }

  public static void main(String[] args) {
    String data = "4546793";
    String result = dashInsert(data);
    System.out.println(result);
  }
}
```

```
454*67-9-3
```

Q12 문자열 압축하기

```
public class Sample {
  static String compressString(String data) {
    String _c = "";          ← data 문자열 중 현재 진행 중인 문자를 임시로 저장하기 위한 변수
    int cnt = 0;          ← 해당 문자가 몇 번 반복했는지 알 수 있는 카운트 변수
    String result = "";
    for (String c : data.split("")) {          ← 입력받은 문자열 data에서 문자 하나씩 c에 대입
      if (!c.equals(_c)) {          ← 현재 진행중인 문자와 c가 같지 않은 경우, 즉 새로운 문자가 시작됨
        _c = c; //          ← 현재 진행 중인 문자와 같지 않으므로 현재 진행 문자는 c로 대입
        if (cnt > 0) {          ← 새로운 문자이므로 결과 문자열에 이전 문자의 카운트
          result += "" + cnt;          (있을 경우에만)에 해당하는 값을 더해 주어야 함
        }
        result += c;          ← 새로운 문자이므로 결과 문자열에 새로운 문자를 더함
        cnt = 1;          ← 새로운 문자이므로 카운트는 1로 초기화
      } else {
        cnt += 1;          ← 현재 진행 중인 문자와 c가 같기 때문에 카운트가 증가됨
      }
    }
    if (cnt > 0) {          ← for 문을 벗어났을 때 이전 문자의 카운트를 최종적으로 한 번 더해야 함
      result += "" + cnt;
    }
    return result;
  }

  public static void main(String[] args) {
    String result = compressString("aaabbcccccca");
    System.out.println(result);
  }
}
```

```
a3b2c6a1
```

Q13 chkDupNum 메서드 만들기

```
import java.util.ArrayList;

public class Sample {
  static boolean chkDupNum(String data) {
    ArrayList<String> result = new ArrayList<>();
    for (String c : data.split("")) {
      if (result.contains(c)) {
        return false;          중복된 숫자가 있으면 false
      } else {
        result.add(c);
      }
    }
    return result.size() == 10;          0~9까지 총 10개의 숫자인지를 확인
  }

  public static void main(String[] args) {
    System.out.println(chkDupNum("0123456789"));     // true
    System.out.println(chkDupNum("01234"));          // false
    System.out.println(chkDupNum("01234567890"));    // false
    System.out.println(chkDupNum("6789012345"));     // true
    System.out.println(chkDupNum("012322456789"));   // false
  }
}
```

```
true
false
false
true
false
```

Q14 모스 부호 해독하기

```
import java.util.ArrayList;
import java.util.HashMap;

public class Sample {
    static String morse(String data) {
        HashMap<String, String> info = new HashMap<>() {{
            put(".-", "A");
            put("-...", "B");
            put("-.-.", "C");
            put("-..", "D");
            put(".", "E");
            put("..-.", "F");
            put("--.", "G");
            put("....", "H");
            put("..", "I");
            put(".---", "J");
            put("-.-", "K");
            put(".-..", "L");
            put("--", "M");
            put("-.", "N");
            put("---", "O");
            put(".--.", "P");
            put("--.-", "Q");
            put(".-.", "R");
            put("...", "S");
            put("-", "T");
            put("..-", "U");
            put("...-", "V");
            put(".--", "W");
            put("-..-", "X");
            put("-.--", "Y");
            put("--..", "Z");
        }};
```

```
    ArrayList<String> result = new ArrayList<>();
    for (String word : data.split("  ")) {        ← 스페이스 2개로 구분
      for (String c : word.split(" ")) {          ← 스페이스 1개로 구분
        result.add(info.get(c));
      }
      result.add(" ");
    }
    return String.join("", result);
  }

  public static void main(String[] args) {
    System.out.println(morse(".... .  ... .-.. . . .--. ...  . .- .-. .-.. -.--"));
  }
}
```

```
HE SLEEPS EARLY
```

Q15 시저 암호 해독하기

```
import java.util.ArrayList;

public class Sample {
  static String caesar(String word, int n) {
    String A = "ABCDEFGHIJKLMNOPQRSTUVWXYZ";
    ArrayList<String> result = new ArrayList<>();
    for (String c : word.split("")) {
      int pos = A.indexOf(c);
      int newPos = pos + n;
      newPos = newPos % A.length();    ← 26자리가 넘어갈 경우 회전할 수 있도록 26을 나눈 나머지를 사용
      result.add(A.substring(newPos, newPos + 1));
    }
    return String.join("", result);
  }

  public static void main(String[] args) {
    System.out.println(caesar("CAT", 5));
    System.out.println(caesar("XYZ", 3));
  }
}
```

```
HFY
ABC
```

한글

영문

기호 및 숫자

Web Programming Course

웹 프로그래밍 코스

웹 기술의 기본은 HTML, CSS, 자바스크립트!
기초 단계를 독파한 후 응용 단계로 넘어가세요!

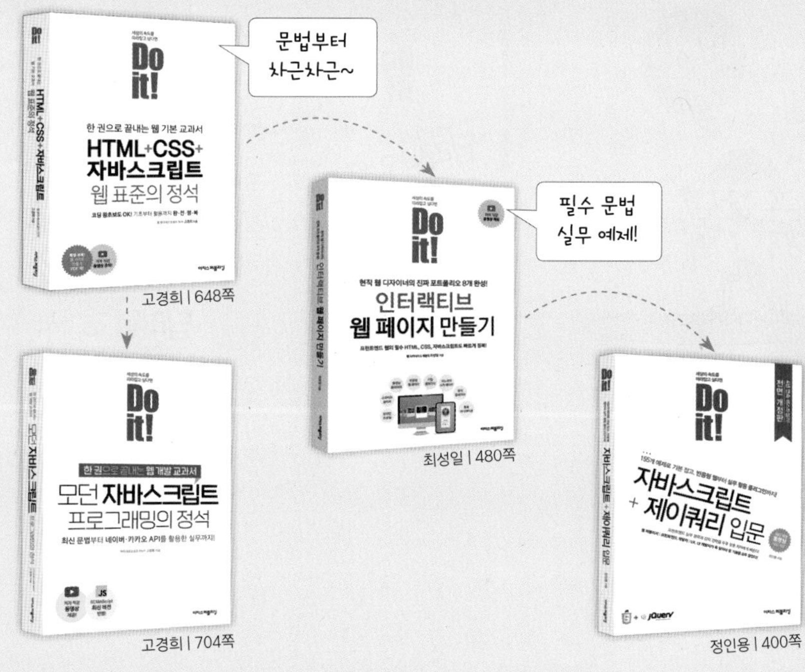

A 웹 퍼블리셔가 되고 싶은 사람

- Do it! HTML+CSS+자바스크립트 웹 표준의 정석
- Do it! 인터랙티브 웹 만들기
- Do it! 자바스크립트+제이쿼리 입문
- Do it! 반응형 웹 페이지 만들기
- Do it! 웹 사이트 기획 입문

B 웹 개발자가 되고 싶은 사람

- Do it! HTML+CSS+자바스크립트 웹 표준의 정석
- Do it! 모던 자바스크립트 프로그래밍의 정석
- Do it! 클론코딩 줌
- Do it! 클론 코딩 영화 평점 웹서비스 만들기
- Do it! 클론 코딩 트위터

AI & Data Analysis Course

인공지능 & 데이터 분석 코스

인공지능, 데이터 분석도 Do it! 시리즈와 함께!
주어진 순서대로 차근차근 독파해 보세요!

박해선 | 328쪽

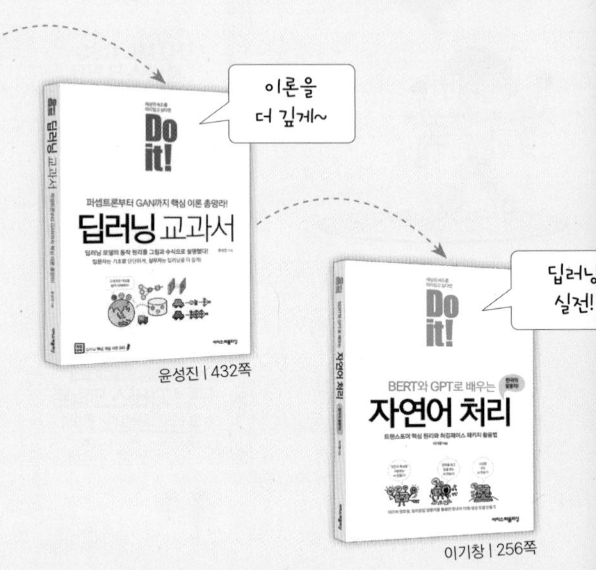

윤성진 | 432쪽

이기창 | 256쪽

김영우 | 376쪽

김영우 | 344쪽

김영우 | 472쪽

김철민 | 248쪽

나는 어떤 코스가 적합할까?

A 인공지능 개발자가 되고 싶은 사람

- Do it! 점프 투 파이썬
- Do it! 정직하게 코딩하며 배우는 딥러닝 입문
- Do it! 딥러닝 교과서
- Do it! BERT와 GPT로 배우는 자연어 처리

B 데이터 분석가가 되고 싶은 사람

- Do it! 쉽게 배우는 파이썬 데이터 분석
- Do it! 쉽게 배우는 R 데이터 분석
- Do it! 쉽게 배우는 R 텍스트 마이닝
- Do it! 데이터 분석을 위한 판다스 입문
- Do it! R 데이터 분석 with 샤이니
- Do it! 첫 통계 with 베이즈

Application Programming Course

앱 프로그래밍 코스

자바, 코틀린, 스위프트로 시작하는 앱 프로그래밍! 나만의 앱을 만들어 보세요!

기초 단계

김동형 | 856쪽

황영덕 | 680쪽

송호정, 이범근 | 704쪽

정재곤 | 800쪽

강성윤 | 720쪽

응용 단계

강성윤 | 712쪽

전예홍 | 856쪽

김응석 | 576쪽

나는 어떤 코스가 적합할까?

A 빠르게 앱을 만들고 싶은 사람

- Do it! 안드로이드 앱 프로그래밍
- Do it! 깡샘의 안드로이드 앱 프로그래밍 with 코틀린
- Do it! 깡샘의 플러터&다트 프로그래밍
- Do it! 스위프트로 아이폰 앱 만들기 입문
- Do it! 플러터 앱 프로그래밍

B 앱 개발 실력을 더 키우고 싶은 사람

- Do it! 자바 완전 정복
- Do it! 코틀린 프로그래밍
- Do it! 리액트 네이티브 앱 프로그래밍
- Do it! 프로그레시브 웹앱 만들기

'Do it! 점프 투' 시리즈를 소개합니다!

Do it!
점프 투 파이썬 — 개정 2판

프로그래밍 분야 8년 연속 베스트셀러!
중학생도 첫날부터 실습하는 초고속 입문서!
국내 최초 파이썬 책으로, 쉽고 빠르게
초보 탈출까지 쾌속 질주하자!

박응용 지음 | 22,000원

Do it!
점프 투 파이썬 — 라이브러리 예제 편

112개의 파이썬 라이브러리를
실전에서 사용해 보자.

박응용 지음 | 26,000원

Do it!
점프 투 플라스크

파이썬 입문자도 2주 만에
파이썬 웹 개발까지 정복!

박응용 지음 | 19,800원

Do it!
점프 투 장고

파이썬 웹 개발부터 서비스
배포까지 입문해 보자!

박응용 지음 | 19,800원